Schwäbisch vom Blatt

Schwäbisch vom Blatt

für Schwaben und andere

Wörter und Sprüch'
gesammelt von
Gerhard Widmann

Konrad Theiss Verlag
Stuttgart

Herausgegeben von der Südwest Presse Ulm mit ihren Partnerzeitungen: Alb-Bote, Bietigheimer Zeitung, Bönnigheimer Zeitung, Brenztal-Bote, Der Enztäler, Der Teckbote, Filder-Zeitung, Geislinger Zeitung, Gmünder Tagespost, Haller Tagblatt, Heidenheimer Neue Presse, Heidenheimer Zeitung, Hohenloher Tagblatt, Hohenzollerische Zeitung, Kreiszeitung Böblinger Bote, Kreiszeitung Herrenberger Nachrichten, Rundschau für den Schwäbischen Wald, NWZ – Göppinger Kreisnachrichten, Reutlinger Nachrichten, Sachsenheimer Zeitung, Schwäbische Post, Südwest Presse – Die Neckarquelle, Südwest Presse – Ehinger Tagblatt, Südwest Presse – Illertal-Bote, Südwest Presse – Metzinger-Uracher Volksblatt Der Ermstalbote, Südwest Presse – Neckar-Chronik, Südwest Presse – Rottenburger Post, Südwest Presse – Schwäbisches Tagblatt, Südwest Presse – Steinlach-Bote, Tauber-Zeitung, Wildbader Tagblatt, Zollern-Alb-Kurier

Redaktion: Gerhard Widmann, Ruth Eigner
Gestaltung: Michael Kasack, Frankfurt

CIP-Kurztitelaufnahme der Deutschen Bibliothek

Schwäbisch vom Blatt für Schwaben und andere
[hrsg. von d. Südwest Presse Ulm mit ihren Partnerzeitungen: Alb-Bote . . . Red.: Gerhard Widmann; Ruth Eigner]. – Stuttgart: Theiss, 1983.
ISBN 3-8062-0334-2

NE: Widmann, Gerhard [Red.]; Südwest Presse ‹Ulm›

ISBN 3 8062 0334 2

Gesamtherstellung: Ebner Ulm
Printed in Germany

Vorwort

„Schwäbisch vom Blatt“, Seite um Seite Wörter und Sprüch’, dazu Koch- und Backrezepte, alles von Schwaben aber nicht nur für Schwaben. Schwäbisches aus der Zeitung, aus dem Blatt, aus-em Blättle, wie viele Leser gern und oft fast liebevoll das Druckwerk nennen, das ihnen tagtäglich ins Haus gebracht wird, aus dem sie sich allmorgendlich informieren, mit dem sie sich nicht selten identifizieren und an dessen Entstehen sie sich, so sie die Möglichkeit haben, zuweilen auch intensiv beteiligen. Das war so, als gefragt wurde: Warum blühen bloß die Zirenga so spät? und als es um Budoola und Badenga ging und um Blätzdogga und Mauganeschtle.

Zeitungsleser waren gebeten worden, sich mit zu bemühen, in Menge und Qualität ansehnliches Landessprachliches ins Blatt zu bringen und auf diese Weise das Schwäbische auf- und hochleben zu lassen. Hunderte fühlten sich sofort angesprochen, stiegen voll ins gegebene Thema ein, bezeugten Bodenständigkeit und bewiesen beeindruckend, daß auch sie erkannt hatten: Sprache, sie will gepflegt sein wie eine Pflanze. Wird sie nicht genährt, ins Licht gestellt, geht sie zugrunde. Wird verkrusteter Boden um sie nicht gelockert, fehlt ihr die Luft, die sie zum Atmen braucht. Werden ihr die Wurzeln abgehackt, trocknet sie aus, verliert an Farbe, verdorrt.

Und da gibt es ja nun keinen Zweifel: Die Wurzeln aller Sprachen sind die Dialekte. Wäre ihre Ausdruckskraft nicht in die Hochsprachen eingeflossen, diese wären bestenfalls dünnbödige Verständigungsebenen geworden und geblieben. Über die Mundarten jedoch, die häufig verschmähten und gering geschätzten, sogen sie Saft, bekamen sie Leben.

Für den, der weiß, wie wichtig die Muttersprache ist – und diese ist im Normalfall nichts anderes als ein Dialekt – ist es besonders verwunderlich, daß sich viele Zeitgenossen wegen des ihnen angeborenen und zugewachsenen Zungenschlags genierlich gebärden und ihn zu vertuschen versuchen. Vor allem die Württemberger scheinen unter ihrem Idiom zu leiden, anders als ihre unmittelbaren Nachbarn, die Bayern, die selbstverständlich bayerisch reden, so wie die Amerikaner amerikanisch, ohne sich im geringsten darum zu scheren, wie der Anderssprachige ihre heimatlichen Laute aufnimmt. Wie sonst wäre es zu erklären, daß sich nicht wenige Schwaben selbst im eigenen Land nach Kräften mühen, dem sprachlichen Mutterboden zu entkommen und (von Ausnahmen abgesehen, erfolglos) das letzte Quentchen Akzent loszuwerden.

Haben Württemberger, Schwaben Grund, Abkunft und Zunge zu verleugnen? Mitnichten! Im Gegenteil: Wer schwäbelt, kommt doch an, in Hamburg nicht minder als in Berlin oder sonstwo, auch wenn im ersten Augenblick ein anderer Eindruck vorherrschen mag. Ganz nebenbei: Schwäbisch verstehen mehr Menschen, als man für möglich hält. Hier ist aber zu fragen: Wer schwätzt's denn no? Wer ist der alten Redensarten, der dem Land eigenen Wörter noch mächtig? Es sind auch hier mehr Leut', als man glauben mag.

Da hatte also die Zeitung unter der ins Auge fallenden Fraktur-Überschrift „Von a, wie ahäsa, bis Z wie Zeitbeer" ihre Leser dazu aufgerufen, schwäbische Wörter einzubringen, jene, die noch im Umgang, aber auch solche, die bedauerlicherweise schon weitgehend abhanden gekommen sind. Berge von Briefen kamen in die Redaktion. Ungezählte Leser schrieben fünfmal, zehnmal, erinnerten sich der Sprache ihrer Jugend, mancher Redewendung der Mutter und des Vaters und jener greifbar-beschreibenden treff-lich-blumigen Wörter, welche die Ahne und der Ähne benutzt hatten. „Au ja, so hont se äweil gsait", fiel Kindern und Enkeln wieder ein. Sie schrieben auf, was sie auf Anhieb parat hatten oder was ihnen noch im Ohr war. In der Zeitung mehrten sich die Teile einer Serie, die erfolgreich war, wie nie eine andere zuvor. Schwäbische Wörter zu Tausenden wurden gedruckt und gelesen, Blatt um Blatt wurde erwartet.

Man müsse diese Menge der Volksausdrücke unbedingt sammeln, festschreiben, erhalten, weitergeben, jedermann zugänglich und einsehbar machen. Ein Buch müsse werden, wurde vielhundertmal verlangt, eines mit wenigstens dem Wichtigsten von allem Eingesandten. Es ist geworden. Entstanden ist ein Volksbuch, das nicht im entferntesten den Anspruch darauf erhebt, irgendeinen wissenschaftlichen Rang zugestanden zu bekommen. Es will nichts anderes sein, als ein Gebinde aus schwäbischen Wörtern, in dem nachschlagen kann, wem ein früher alltäglicher Begriff nicht mehr geläufig – weil inzwischen abgegangen – ist; denn eines darf trotz aller Liebe zur und Freude an der Sprache des Landes nicht außer acht gelassen werden: Auch Worte und Wörter sterben zwangsläufig, wenn es die Dinge, für die sie stehen, nicht mehr gibt.

Dieses Buch will verstehen helfen und auch ein bißchen dazu beitragen, das Kräftig-deftige einer Mundart vor dem Versanden zu bewahren. Dies auch, weil sich in jüngster Zeit gezeigt hat, daß sich gerade jüngere Menschen wieder ihrer eigentlichen Muttersprache annehmen, ungenierter und unbefangener mit ihr umgehen, als zuvor ihre Eltern und also wieder schwätzet.

Daß sich Väter und Mütter in den zurückliegenden Jahren mehr oder minder von der Mundart abwandten, hat sicher mannigfaltige Gründe. Einer davon ist zweifellos der, daß viel zu lang der Dialekt als ein Merkmal des Ungebildetseins angesehen und als unterschichtig bewertet wurde, und in der Folge natürlich auch jener, der sich seiner bediente. Dialekt war, das kann ruhig behauptet werden, jahrzehntelang geradezu ein Karriere-Hemmer. Das ist – Gott sei Dank – nach und nach anders geworden. Was zunächst nur chic war und was viele anfänglich als kurzlebige Mode abtun wollten, hat sich als beständiger erwiesen, als es selbst Optimisten zu hoffen wagten. Immer mehr Württemberger bekennen ungeschminkt schwäbische Farbe, zumindest schwäbische Grundfarbe. Sie stehen wieder zu ihrem Stamm. In diesem Sinn: Nachdenkliche Freude beim Blättern.

Gerhard Widmann

Rezepte

Schwäbisch von A–Z mit schwäbischen Sprüchen und 35 schwäbischen Originalrezepten

Soweit dies möglich war, wurden Wörter und Begriffe alphabetisch geordnet. Wo es ging, wurden sie weitestgehend aussprachegerecht geschrieben. Daß jedoch da und dort ein Zugeständnis bzw. ein Abstrich gemacht werden mußte, ist eigentlich klar. „S'Letscht" ist halt auf Anhieb nur schwer verständlich. Mit „tz" ist es zwar nicht ganz so schwäbisch, aber leichter lesbar. „Briaz", nämlich Gebrühtes, ist als „Brüaht's" so übersetzt worden, daß es jedermann eingeht. Regionale Ausspracheunterschiede sind selbstverständlich. Sie völlig auszugleichen, war unmöglich. Stuttgarter schwätzen nun einmal nicht so wie Ostälbler, beide wiederum anders als Hoch- oder Westälbler. Aller Wortschatz jedoch ist, von kleinen Abweichungen abgesehen, im großen und ganzen gleich. Über Dialektvarianten in diesem Buch zu rechten, wäre sicherlich müßig. Sie, so es nötig erscheint, örtlichen Gegebenheiten anzupassen, ist ohne Frage nutzenbringender. Damit es keine oder zumindest weniger Schwierigkeiten mit der Betonung gibt, sind auf viele a und o Akzente gesetzt worden, die Zweifel beseitigen helfen sollen. Ansonsten wurden nur dort Zeichen verwendet, wo es notwendig erschien, Laute hervorzuheben oder Silben deutlich abzusetzen. Sie sind neben anderen Erklärungen nachstehend aufgeführt:

â, Â offenes a – wie bei „Palast"
a, A wie bei „Kanzel"
ô, Ô offenes o – wie bei „Ort"
o, O wie bei „Ofen"
st wird wie scht gesprochen
sp wird wie schp gesprochen
ö wird meistens als e (oder ee) gesprochen
p wird meistens wie b gesprochen
ao wie bei <u>Ao</u>ga|deggl
au wie bei <u>au</u>f|amsla
auf . . . fast immer auch uff . . .
d' immer weiblich (d' Dote)
dr immer männlich (dr Döte)
– Die Betonung liegt auf diesem Buchstaben (Vokal) (af<u>a</u>nga bzw. <u>a</u>fanga)
| Silbentrennung (als Lesehilfe oder zum besseren Verständnis)
pl. Plural = Mehrzahl
w weiblich
m männlich
fr. H. französische Herkunft
Platz(et) es ist sowohl „Platz" als auch „Platzet" möglich
(siehe . . .) Hinweis auf weitere Erklärungen

a-a, ha-a, hm-m, noi nein

Â(â)ftermedig, Âftermedig, Zeischdig Dienstag

Äagat Heide

äat/ead, äatlochet/eadlochet verlegen, fad, ohne Interesse; öd, heikel; tonlos; eingebildet, zimperlich, geziert

<u>â</u>badd(a) (fr. H.) besonder(e)s

â(b)ähnta, â(b)earnda Abernten eines Getreidefeldes

a|bäffa schimpfen, tadeln

a|bandla, a|bendla Kontakt aufnehmen/anknüpfen; sich an jemand heranmachen (zwecks Freundschaft zwischen Buben und Mädchen z. B.)

äbbes, ebbes etwas

äbb(e)r, ebb(e)r jemand

Äbbiera, Aibiera, Bodabiera, Eabiera, Eibiera, Erdepfel, Grobra, Grombiera, Herdepfel, Jâbbiera, Schnaufkugla Kartoffeln

Äbbierastobber, Dulg, Eabieramuas, Erdepfelmuas, Grombieramuas Kartoffelpüree

â(b)dâchtla (unsachgemäß oder auf „unmenschliche“ Art) töten, schlachten; abstechen

â(b)dâckla abrackern

â(b)drickna abtrocknen

âbe, âbersche abwärts, hinunter

Âbee, Âbtritt Klosett, Plumpsklo

(an) Âber (hau), (an) Daule (hau) Ekel, Widerwille vor etwas (haben)

âber, äber, âper frei von Eis und Schnee; auch: eben (z. B. abgeerntetes Feld); auch: leer (z. B. das Mostfaß)

â(b)fälga Unkraut oder Gras mit der Hacke dicht am Boden abhacken

a(b)fâtza, fâtza (plötzlich) abreißen (z. B. Schnürsenkel oder Hosengummi)

â(b)fiesla, â(b)fitzla etwas (z. B. Knochen) von kleinsten Resten befreien

â(b)fliaßa, â(b)flaißa abspülen (z. B. das Geschirr unter laufendem Wasser); auch: duschen

â(b)floa absuchen

â(b)fuggera, fuggera (etwas) so billig wie möglich einhandeln/abschwatzen

â(b)gschlâ, â(b)gschlâga raffiniert, schelmisch; listig, hinterlistig; mit allen Wassern gewaschen

â(b)hâua verschwinden, verduften (Person)

â(b)hâuba abschneiden (im Sinn von abhacken/abhauen)

a|bicha anbrennen, am Topfboden festsetzen

â(b)klâbbera von einem zum andern gehen; suchend/fragend ablaufen

â(b)krâtza dahinscheiden/eingehen

a|bläga unverschämt anschreien

â(b)râck(e)ra schuften, sich abarbeiten/(ab)schinden

â(b)rom(m)a abräumen (Tisch; auch Gärten im Herbst)

â(b)ropfa, ropfa (siehe ropfa) Blumen (lieblos) pflücken, eher abreißen, sinnlos/gedankenlos/aus Langeweile abrupfen (siehe ropfa)

â(b)schwâârta abnehmen (z. B. Rinde von Bäumen); auch: abmagern

's Âbweicha, d'Bauchbädsche, d'Lochschnäddere(r), 's Nâbelsurra, d'Scheißete, 's schnelle Fritzle, d'Schnellkätter, d' Strudelfurzet Durchfall

â(b)zischa (sanfte Nötigung), schnell weg(zu)gehen, sich eilig verziehen

â(b)zopfa (Beeren) entstielen, auch vom Stock/Busch pflücken

â(b)zwâgga abzweigen (z. B. vom Haushaltsgeld); kürzen, entziehen

â(b)zwigga abzwicken, abschneiden

â(b)zwitschera vergnügt (evtl. unbemerkt, lautlos) weggehen

ächzga, anzga, aochza, aozga, ozga stöhnen, seufzen

Âckerbutz, Pfendbutz, Butz Vogelscheuche (siehe Pfendbutz)

Âckermännla Odermennig

Âckerranka Zaun- oder Ackerwinde

Âckerschnâlla, Feckala, Schnâllastöck Klatschmohn

z'viel isch bitter, ond wenn's Honig wär

mr hôt no nia ghairt, daß s'Loch dr Maus nôchsprengt

gscheiter, mr denkt älles, wâs mr sâit, âls mr sâit älles, wâs mr denkt

wer selber gôht, braucht net zoga und net gschoba werda

oimôl em Jôhr isch ao em kleinste Ôrt Kirbe

âu dr stärkscht Rega fängt mit Tropfa a

wâs gern danzt, dem isch guat aufspiela

vo de reiche Leut ka mr s'Spâra lerna ond vo de ârme s'Schenka

Âckerschnâll auch: leichtsinniges Frauenzimmer

a|doa, a|gschirra, a|häsa, a|lega, a|schliefa, a|zia(ga), ei|häsa, ei|schlaifa, ei|schliafa, ei|schlufa, sich ens Hâbitle werfa (sich) ankleiden, (sich) anziehen (siehe auch â|häsa)
a|doa auch: antun
â|doa etwas abtun, gering werten/wenig schätzen

a|dôba berühren (mit den Fingerspitzen)

Adrecht(er), Lâ(â)trâch, Schnâggerler Erpel, Enterich

afanga anfangen

afanga, aheba allmählich; endlich

Affa|sôich abgestandenes Bier; auch: dummes Geschwätz

(a) Âffatheâter (mâcha) unnötiges Aufsehen (machen/erregen)

âfterbeera, âfterberga, âfzgaberg(l)a, speagla, stoopfercha Obst (Äpfel und Birnen) nachernten – vom 3. Sonntag im Oktober an (von fremden Bäumen); auch: Trauben aus dem Wengert nachernten, wenn der Besen (altes Gesetzeszeichen) vom Weinberg verschwunden ist

Âftermedig/Â(â)ftermedig, Zeischdig Dienstag

a|ganga (sei) (mit etwas/jemand ist man) angegangen/wurde (man) angeschmiert

aber:

â|ganga/â(b)ganga (etwas ist einem) abgegangen/hat gefehlt

wer als Ochs gebora isch, stirbt net als Nâchtigâll

oft muaß a Hâfa erscht hee gau, bis mr merkt, wâs mr an-em ghet hôt

wer Wind mâcht, isch no lang kôi Wettermâcher

wenn's pressiert, soll mr net hudla

wenn dr Stiefl henda a Loch hôt, setzt ma vorna kôin Blätz druff

wenn d'Weiber oms Feuer romstandat, môint a jede, se müeß a Scheitle neischmeißa

onder-ama schlechta Dâch mueß 's ganz Haus notleida

Spätzle (Grundrezept)

500 g Mehl, 2–6 Eier,
1 Teelöffel Salz, Wasser.

Die Zutaten zu einem festen, glatten Teig anrühren. Je mehr Eier man nimmt, desto weniger Wasser ist erforderlich. Man schlägt den Teig so lange, bis er Blasen wirft.

Eine kleine Menge Teig auf ein nasses Holzbrett (Spätzlebrett) streichen und mit einem langen Messer oder mit dem Spätzleschaber von der vorderen Brettkante rasch dünne Teigstreifen direkt in kochendes Salzwasser schaben. Das Messer von Zeit zu Zeit in kaltes Wasser tauchen, damit der Teig nicht daran kleben bleibt. Sobald die Spätzle in die Höhe kommen und einmal überkocht haben – nicht länger kochen lassen! –, nimmt man sie mit einem Drahtlöffel heraus, schwenkt sie eventuell kurz in lauwarmem, leicht gesalzenem Wasser und legt sie abgetropft auf eine vorgewärmte Platte. Das Wasser muß stets wieder aufkochen, ehe eine weitere Portion Spätzle eingelegt wird. Man kann die Spätzle natürlich auch mit einer Spätzlemaschine (Spatzenhobel oder „Spätzleschwob") herstellen. Dabei sollte der Teig etwas dünner sein.

Âgâtha, Keiwampel große Glasmurmeln

Âgâtha auch: große Tonkugeln (ca. 2 cm ∅)

a|gâttiga anstiften

âggra ackern, pflügen

a|glotza auffällig anschauen, anstieren

a|glufa anstecken, feststecken

a|goscha jem. anmeckern

Âgrâff, Schnâll(a) Gürtelschließe, Gürtelschloß (siehe Schnâll[a])

a|gschirra, (sich) ankleiden, (sich) anziehen (siehe auch a|häsa/â|häsa)

â|gschossa, gschossa, verschossa (teilweise/stellenweise) ausgebleicht, z. B. Kleidungsstück

a|gwâgglet komma ohne Hast/gemütlich/unbeholfen daherkommen

a-ha so, so; auch: ja

a|häsa, a|doa, a|lega, a|gschirra, a|schliefa, a|zia(ga), ei|häsa, ei|schlaifa, ei|schliafa, ei|schlufa, sich ens Hâbitle werfa (sich) ankleiden, (sich) anziehen

aber:

â|häsa, â|lega, â|schliafa, aus|doa, aus|gschirra, aus|häsa, aus|schliafa, aus|zieha (etwas) ausziehen

â|hâua/â(b)hâua verschwinden, verduften (Person)

aber:

a|hâua jem. formlos ansprechen; auch: jem. um etwas angehen

ahe̲ba, afa̲nga allmählich; endlich

a̲hefla Vorteig machen (siehe Zuafang)

â̲heldig etwas hat Überhang, geht leicht bergab

Âhle, Ahna, d'Nahna, Nee Großmutter

Ählte/Ehlte, E(h)hâlta Dienstboten

Ahn, Ähne, Ehle, dr Nähne, Neele Großvater

Ährat Ährenernte/Getreideernte

Ährn, Ern Hausflur, Hausgang

Ä(h)scha, E(h)scha Erbsen (reif, trocken, hart) (siehe Äscha)

Aiber Storch

Aibiera, Äbbiera, Bodabiera, Eabiera, Eibiera, Erdepfel, Grobra, Grombiera, Herdepfel, Jâbbiera, Schnaufkugla Kartoffeln

Aier, Aierglâs Henkel, Henkelglas

Aiper, Ananâs, Bodabeer, Bräschdleng, Prestling Erdbeere(n)
Erbela Walderdbeeren

Aiß(a), Eisse, Ôassa/Ôissa Furunkel

a|kaumeled, a|kauned, kaunig schimmlig, leicht von Schimmel überzogen, z. B. Wein, Most

âkkurât so genau so und nicht anders

âlafazig, âlafenzig, âlafetzig, âlafizig hinterrücks, durchtrieben, boshaft (aus Langeweile/im Unverstand)

A̲lamôis, Be̲rames, Emes Ameise

a̲|langa berühren (mit den Fingern oder den Händen)

a|lâssa (wörtl. anlassen) aus Sauerteig/Hefel einen Vorteig machen/werden lassen; auch: ein Kleidungsstück anbehalten

Âlawâhs, Âltrwâchs, âlter Wâsa, Âltwâchs Sehnen im Fleisch, die zäh geworden sind; sulziger Einwuchs im Fleisch (siehe Hârwâhs)

Âlbertla Brödla mit Löchla, keksähnliches (Weihnachts)Gebäck

Âlda̲na, Wera̲n̲da Veranda; Balkon (allerdings aus Holz), evtl. überdacht, manchmal seitlich verglast

a|lega, (sich) ankleiden, (sich) anziehen (siehe auch a|häsa/ â|häsa) (siehe ei|gschirra)

âllbott/ällbott zuweilen, manchmal

âll/äll Furz lang, âll/äll häck, âll/ äll Hennafurz, âll/äll hui, âll/äll Pfitz/Hennapfitz, âll/äll rücks, âll/äll tritt alle paar Augenblicke (also zu̲ oft); wiederholt hintereinander

âlled immer (im Sinn von immer wieder)

ällaweil, ällig, äwwel immer, allemal

ällig auch: ab und zu/hin und wieder

Âllmâchtsbâchel, Âllmâchtsdâckel selten ungeschickter Mensch

âllweag/ällweag drunter und drüber; **(s'gôht ällweag)**

âl(t)bâcha altgebacken; auch: altmodisch

âlte Gäul großer Spitzwegerich

A-me-na-Schlupferle, A-me-na-Schnuggele Schmusekatze; anschmiegsames Mädchen; Kosewort für zärtliches liebebedürftiges Wesen **(o du mei . . .)**

amend am Ende; sogar **(willscht amend . . .?** = willst du gar/etwa . . . [letztendlich]?)

(s'wâr) amôl . . . (es war) einmal . . .

Ananâs, Aiper, Bodabeer, Bräschdleng, Prestling Erdbeere(n);
Erbela Walderdbeeren

ananderngôregau schnell(er) vorangehen, Zug um Zug **(mâch' ananderngôre!)**

anderscht, anderschter (= verstärkt) anders

Andieve Endivien(salat)

ane . . . (z. B. . . . schaffa) ohne Eile ständig weiter . . . (z. B. . . . arbeiten)

anebreagla (fortwährend) vor sich hinsprechen

anedöpfla, anedäbbla stetig, aber langsam gehen

anedudera langsam, aber beständig/gemütlich vor sich hintrinken

anegangs unterwegs

anegau weitergehen

anemâcha, mach' ane! weitermachen; beeile dich

Änes Milchschorf

wer a Kälble will, mueß a Kuah bettla

wenn's lang gnuag g're(n)gnet hôt, werdet z'letscht älle nâß

billig verkâufa ond schlecht heirâta kascht äll Däg

wâs schee isch, brauchschd net lang butza

dô hôißt's au: Ôier lega därfschd, bloß net gâckera

a Kâtz mit Handschuah fängt kôine Mäus'

besser a Brot em Sâck als a Feder uff-em Huat

mit kloine Schritt kommt's Geld rei – naus macht's große

beim Erba isch's guat, daß dr Mensch allein sei

Krautspätzle

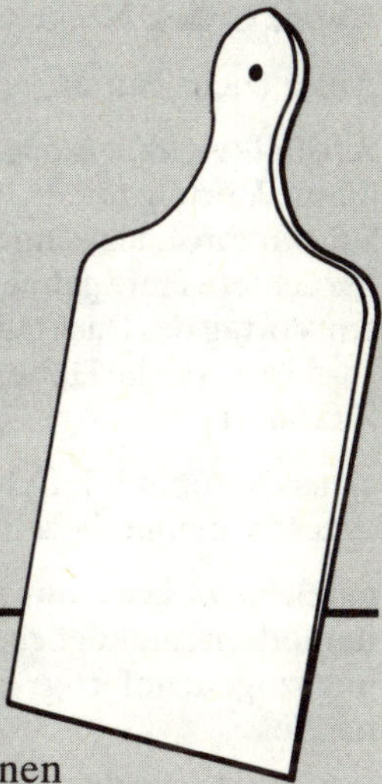

In einer Kasserolle 500–1000 g (je nach dem gewünschten Mischungsverhältnis) rohes Sauerkraut mit einer feingeschnittenen Zwiebel in Schweineschmalz braun rösten, salzen, pfeffern. Anfangs kann ein wenig heißes Wasser dazugegeben werden. Die frischen Spätzle (Grundrezept S. 15) und das geröstete Sauerkraut abwechselnd auf eine vorgewärmte Platte häufen. Zwiebelbutter (eine Zwiebel, feingeschnitten, in 3 Eßlöffeln Butter gelb rösten) darübergeben und heiß servieren. Man kann die Spätzle auch in einer Pfanne goldgelb rösten und danach erst mit dem Sauerkraut mischen.

aneschmärrla sich einem andern gegenüber wichtigtuerisch äußern

anesurra fortwährend jammern

anewerkla, werkla ständig werken

Angerscha, Dickriaba, Rauschi, Sauriaba Futterrüben, (Feld-)Rüben

Anka, Gnâck Nacken, Genick

Anka auch: Butter

A(n)lâßteig/dôig/dôâg hieß der dünne Vorteig für Schwarzbrot, als es noch keine gezüchtete Hefe gab; er wurde am Vortag des Backtages „a|glâssa" (siehe Hebe) (siehe Zuafang)

a|nosa herumschnüffeln; exzessiv neugierig sein

aobâcha, obâcha, obâcka unmodern; unmöglich; ungezogen; unfertig; gehirnlos; maßlos

ao|berrig, strâblig sperrig, unbiegsam, nicht zu ordnen

ao|brestierlich unausstehlich

Aoga|deggl Augenlid

ao|gâttig/o|gâttig unartig, unpäßlich, anpassungsunwillig

ao|ghoblet/oghoblet ohne Anstand; ohne Benimm/Schliff **(a ao|ghobleter Siach** = ein Mensch, der nicht weiß, was sich gehört)

ao|griabig/o|griabig unruhig, rastlos, umtriebig

Aogsch|nüss Haselnüsse

aokeit/okeit wenn es einem nicht so gut/wohl ist

ao|kiak/o|kiak scheu (z. B. ein Kind); kontaktarm

ao|leidig/o|leidig, gräg, grätig schlecht gelaunt, grantig, in übler Stimmung; ungenießbar (bei Personen)

ao|mär unverständlich

Ao|nama, O|nama Übername

ao|negla, hôrnigla, negla, ôi|negla wenn eiskalte/durchgefrorene Finger/Zehen wieder warm werden

Aora, Ohrwâtschla Ohren (siehe Bah(n)wärtersdäfela)

Aorabläserei/Ohrabläserei Geflüster

Aoraglonker/Ohraglonker, Aoraschreifla (= Ohrenschräublein), **Buddoo(le), Klonker** Ohrringe

Aoraklemmer, Aorawuurzler, Aorazwicker, Mauritzeler, Ohragrüabler, Ohrahelder, Ohrahilser, Ohraschliafer, Ohrawusler Ohrwurm

Aorosa, Duroasa, Oraosa, Urausa kleine Reste; übriggebliebenes Essen (vom Vortag); Brösel

aosselig umtriebig, unruhig, mißgelaunt; auch: benommen, schwindlig

aozga, aochza, anzga, ächzga, ozga stöhnen, seufzen

âper, âber, äber frei von Eis und Schnee; auch: eben (z. B. das abgeerntete Feld); leer (z. B. das Mostfaß)

Äpfel|klâu|hosa, Epfel|klâu|hosa Knickerbocker

a|pfurra jem. schelten, anfauchen

Ârâ|grätta Arm-/Henkelkorb

a|ra(u)nza anpfeifen, zurechtweisen

a|rega anfassen, betasten

ârg sehr **(dees isch mir ârg**/tut mir leid)

Ârme|leut(a)|most frische Luft

ârschlengs, ärschlengs rückwärts

(a) Ärvele ein kleiner Arm voll (z. B. Holz oder Frucht)

âsa|grea, fâtza|grea durch und durch unreif, z. B. bei Zwetschgen, Äpfeln

Äscha (kurzes Ä) Asche (siehe Ä[h]scha)

Äschakâschda Metallbehälter zum Auffangen der Asche in Ofen oder Herd

äschdamiera, äschdimiera (fr. H.) achten, anerkennen, hoch (ein)schätzen, ankommen lassen

a|schliefa, a|doa, a|häsa, a|lega, a|gschirra, a|zia(ga), ei|häsa, ei|schlaifa, ei|schliafa, ei|schlufa, sich ens Hâbitle werfa (sich) ankleiden, (sich) anziehen (siehe auch â|häsa)

â|schlôifa ausziehen, z. B. Kleidung

a|schmiera anmalen; auch: hereinlegen

a|schugga anschieben, anstoßen (z. B. Schaukel/Perpendikel – aber auch bei Personen: Aufforderung, etwas zu tun)

âs-da-gaz, âs-da-ganza, âs-da-ganzer, âse-ga(a)z ganz und gar; vollständig, total

A|ständ Beanstandungen/Schwierigkeiten **(mâch' koine A|ständ)**

ätepetäte, etepetete übertrieben genau, zimperlich, geziert

Atre(e) (fr. H.) Garderobe (am Eingang); auch: Eingang

ätsch, ätschgäbele Ausdruck der Schadenfreude; Auslachwort

Âtte, Ätte, Dâdde, Dâtte, Dätte, Dâttl, Vâdder, Vâdr, Vôdr Vater

Aubâtl, Aubettel, Auwertel, Auwetter, Maulwerfer, Sche(a)r, Wolwelfer Maulwurf

aube aufwärts, nach oben

aubedâ in der Kindersprache: hochkommen, z. B. auf den Schoß

Aubes Pflaumen

auf|amsla/uffamsla demjenigen ist kaum mehr zu helfen; stirbt bald/geht bald zugrunde (z. B. Tier)

aufbaia/uffbaia nochmals aufbacken (z. B. Wecken)

aufer(hol[l]a) herauf(holen)

aufheba/uffheba hochheben, aufsammeln; auch: aufbewahren

aufklauba/uffklauba aufsammeln, auflesen

aufmucka/uffmucka aufbegehren

aufnasa/uffnasa naseweis zuhören

auf|rom(m)a/uffrom(m)a aufräumen

auf|ru(a)dla/uffru(a)dla etwas fast Vergessenes ins Bewußtsein (zurück)rufen; auch: aufrühren von Flüssigem/Halbfestem (z. B. auch Schlamm)

leider hôt's en dr Welt meh' Hond als Knocha

nôch-am Märkt send älle Weiber schlau

des isch ganz andersch, wenn dr Pfarr' âu danzt – ond âu no lenks rom

wenn d'Frâua verblühet, verduftet d'Männer

s'isch net jeder a Spitzbua, wo vom-a Hond a|bellt wird

bisch du a Kerle, ond dei Vadder isch so a Ma'

den kennt mr, der isch äll Märkt dô

aufschaicha/uffschaicha aufstöbern, aufschrecken, aufjagen

aufschlâga/uffschlâga teurer werden

auftreiba/ufftreiba anhängen (z. B. einen Spitznamen)

ausanandglamiesera entwirren, ordnen

ausanand(er)klâbuschdera verlesen, sortieren

ausbäbbera Anvertrautes ausplaudern

ausbäffa verspotten

ausbälga ausräumen

ausdiftla austüfteln

Ausdinghaus, Austrâghaus, Pfreadhaus/häusle, s'Stüble Ausgedingehaus; Altenteil neben dem Bauernhof für den Altbauer und seine Frau

ausdudla leertrinken

ausfeaga Großreinemachen im Haus(halt)

ausgfuchst schlau, durchtrieben

ausgongela zwischen aufwachen und aufstehen noch ein bißchen dösen

ausgruaba, gruaba ausruhen

ausgschamt schamlos unanständig (auch im Sinne von rücksichtslos)

Ausguß, Guß, Schüttstoi steinerner Wasserausguß in der Küche; Spülstein

aushausa nicht sparen, nicht einteilen; verschwenden

aushausig, überhausig verschwenderisch

aushäusig oft (und gern) außer Haus; lieber anderswo als daheim

auskugla ausrenken

auslau, (sich) auslau auslassen, (sich) auslassen; auch: **Schmalz aus Speck auslau**

ausloschora etwas (hinten herum) ausfindig machen; ausspionieren

auslottera ausleiern (z. B. Hosengummi)

ausmiederla (kommt von „müde“) sich liegenderweise etwas erholen; nach dem Aufwachen nicht gleich aufstehen (müssen)

ausnäha beruflich außerhalb der eigenen Wohnung bei anderen Familien Näharbeiten ausführen

ausnäsa jemand ausfragen, aushören

ausri(e)chta (über jemand) bei anderen Schlechtes/ Ungünstiges sagen; biblisch: afterreden

d'Ausscherre(te), d'Bâchete Angesetztes in Topf oder Pfanne (z. B. von Brei oder Dampfnudeln)

Auwertel, Auwetter, Aubâtl, Aubettel, Maulwerfer, Sche(a)r, Wolwelfer Maulwurf

Auwertelschocha, Auwetterschocha Maulwurfhügel

Âvemärga läuta, Ave-Maria-Läuten; Abendläuten, (siehe s'Märga läuta)

â-wâ! aber nein! auch (staunend): ist so etwas möglich?

Âwango Dacherkerzimmer

a|weata, ei|gschirra Zugtier einspannen

a|wenda (Brot) anschneiden

äwwel, ällaweil, ällig immer allemal

a|zettla anregen, (eine Sache) in Gang bringen/anweisen; eine etwas hinterlistige, heimtückische Angelegenheit vorbereiten/ankurbeln

a|ziaga, a|doa, a|häsa, a|lega, a|gschirra, a|schliefa, ei|häsa, ei|schlaifa, ei|schliafa, ei|schlufa, sich ens Hâbitle werfa (sich) ankleiden, (sich) anziehen (siehe auch â|häsa)

a|zwärla Kraut oder Gemüse mit Mehl binden

B

Bâ(â)dschäffle hölzerne Kinderbadewanne

bâ(â)tscha sich (lange) unterhalten, tratschen

Ba(a)gsiedel (wörtl.: Bank . . .) Sitztruhe

Bâ(â)tschkâchel, Bâ(â)tsch|weib, Dâgbläddle, Dôrfbeasa, Dôrfbritsch, Dôrfschell, Kesselbutt, Râ(â)tsche, Râ(â)tschkâttel, Rä(ä)tschkätter, Schwätza|maiere, Schwätzbâs, Schwätzkätter, Trâtschkâchel Frau, die gerne viel redet/alles im Ort weitererzählt; Klatschmaul; eine, die in allen Häusern des Dorfes herumkommt

bä(a)ffzga, bäffa kläffen; das Bellen kleinerer Hunde (große Hunde **bullet**); auch: vorlaut maulen, keifen, dazwischenreden

(a) **Bäärle** (wörtl. Pärle) ein Doppelwecken

Bä̲-Âug', Be̲-Âug' Augenschaden, z. B. schielen

bä̲-âugig, be-aiget, schilleg/schialig schielend

Bâbb ungereimtes Zeug; dummes (unwissendes) Geschwätz

Bâ̲bbade̲ggl Pappdeckel

bâ̲bbelâ̲ leer, (z. B. Teller) ausgegessen – vor allem Kindersprache

Bâbbelbâs, Schnâtterlies(e) eine, die viel redet – ohne lange zu überlegen

Bâ̲bbeldäschle Kind, das viel redet

bâbbla plappern, schwatzen, unüberlegt reden, kindlich daherreden, erste Sprechversuche von Säuglingen

Bäbb Klebstoff

bäbba kleben

bäbbera vor sich hin sprechen; Anvertrautes ausplaudern

Bäbbere Mund

Bäbberle Aufkleber

bäbbig klebrig; bei Reden auch schlüpfrig, unerträglich langes Gelabere

bä̲bela, doggela mit Puppen spielen (siehe doggela)

bä̲bela auch: schmusen

Bä̲bele, Dogg(a), Doggan(g), Döggle, Musch Puppe

mr macht s'Öhmd net vor-em Hâi/Heu ond schneid't da Hâber net vor-em Kôrn

mit so bäriche Mala wia du, dô hemm-er früher d'Kellerlöcher zuagstopft

Sempel wia di hôt mr eigrâba bis zom Hâls – ond wâs rausguckt hôt, des hôt mr weggstâlbt

bhiate/pfiate Gott, Schlotterbeck! (dei Kraut hôt Würm!)

i hair de schao, bloß ka-i-de it langa

Bâchbombla, Bâchkätter(a), Butterbloam(a) Sumpfdotterblume(n)

Bâch(e)l dummer, tolpatschiger Kerl; Trottel

bächela eine Winzigkeit (Bissen) zurechtkochen/-braten/-backen

Bâch|engela, Schlüsselblumen (siehe Bâdeng|ga)

d'Bâchete, d'Ausscherre(te) Angesetztes in Topf oder Pfanne (z. B. von Brei oder Dampfnudeln)

Bâchfârzer, Gugauche, Guggelgaich, Guggigai, Hâbermârk, Süaßleng Wiesenbocksbart

Bâchgâbel Bratenwender

Bâchrolla, Wâsserrolla Trollblumen

Bâchstoikäs, Bâckstoikäs Limburger Käse

Bächtla, Bredla/Brötla, Guadala, Guatsla, Zuckerdoggela Weihnachts-Kleingebäck (siehe Guatsle)

Bäckat große Backschüssel zum (Weiß)Brotbacken

(ebber) bâddera (jem.) tätscheln; herumtätscheln

s'bâdded es gibt aus; es genügt

Bâdeng|ga, Bâgeng|ga, Bâch|engela, Gold-/Kreuzbadeng|ga Schlüsselblumen; (Kreuzbâdeng|ga = dottergelbe, kleinblütige Schlüsselblumen)

Bâder Barbier; früher auch Heilgehilfe; **Schnuddabutzer** Barbier (wörtl. Schnutenputzer)

Bäffzger aufdringlich bellender/bellfreudiger Hund; auch: kleiner Bub (siehe bä(a)ffzga)

bägera quengeln; immer nochmals um etwas bitten/betteln

dr Bâgga die Wange

Bâggaschell Ohrfeige

bägga heftig/trocken husten; auch: hacken

bäggela wenn Speck nicht mehr so ganz frisch „schmeckt"

Bägger (trockener/heftiger) Husten

Bäggl lange, gebogene Tabakspfeife mit Porzellankopf und Bobbela; **Glo(o)ba, Rotzglo(o)ba, Rotzkocher** (gebogene) Tabakspfeife

bä(h)a leicht rösten, dörren, überbacken, trocknen

Bähmull(e) ewig grantige, entschlußlose, langsame,

langweilige Person, die die Beleidigte spielt; eine Frau, mit der nichts anzufangen ist

Bah(n)wärtersdäfela große, abstehende Ohren (siehe Aora)

Bah(n)wärterküahle, Geiß/Goaß/Gôiß, Hädd(a)le Ziege **Gôißahädd(a)la/mäddala** kleine Geißen

Bâ(h)ra, Bârra Futtertrog/Futterkrippe fürs Vieh

bais böse, schlimm

Baisele/Beasele, Fäa(h)l, Fexele, Waile, Wehwehle etwas Böses/Schmerzendes; kleine Wunde/Entzündung (Wundmal)

Baisel(e), Beisel(e) Pinsel(chen)

Baisele, Ketzle/Kötzle, Ôiterbebbele, Pfuch, Pfu(u)tzger, Sierle, Suirle Pickel (eitrig); entzündete Hautpore

Baizle/Bôizle, Beizle einfaches, aber gemütliches Wirtschäftle

Bâjâss, Bâjâzz Hanswurst

bâl weil, aber, wenn

bâlâdra viel und lebhaft erzählen

dr Bâlka, d'Bälka der Balken, die Balken

Bâllâ dummer (ungeschickter) Mensch

Bâlla, Bleames, Bloddr, Bolla, Dibbel, Dulles, Dullo, Fifâz-Rausch, Glâpf, Granâtafetza, Ruaß, Säbel, Seire, Semseler, Suriâs, Vier|fescht|däglicher Schwips/Rausch/Allmachtsrausch

bâlla Ball spielen

Bâllada, Bâliedla, Bâliete(n), Dätscher, Gligger, Glubetza, Glucker, Hâbergôiß, Märbel, Näggl, Niggel, Schneller, Schusser, Steinis, Stôiling, Stôinißles, Werbel Murmeln **Bâllada** = größere Murmeln aus buntem Glas

Bâlladafurzer Kleinkrämer

Bâllo(h) Alkoholrausch

Bâlo Paletot, Mantel

bamba Notdurft verrichten; Darmentleerung

bambla, bammla baumeln, beweglich hängen

Bankert uneheliches Kind, unmögliches Kind (auch: siadiger Siach)

banna bezwingen

bantscha (ver)wässern, z. B. Wein oder Milch

Baole, Bô(h)le, Kâtzabô(h)le, Menker, Râlle, Rälling Kater

Bäpf, Schlotz, Schnulle, Zâpfa, Zäpfle (Gummi-)Sauger, Schnuller „Kinderzufriedenstellungszapfen“

Bäradreck Lakritzen; auch: Kraftausdruck zur Einleitung für eine Ablehnung

Bärasock, Blätzsock (liebevoller: Blätzsöckla), Enddäpper, Endschuah, Endsock aus Stoff- (z. B. Trikot- oder Filz-)Resten genähte (geflochtene) Hausschuhe (für da Sonndig zuweilen sogar aus feinen Samtblätz)

bârdu(h) (fr. H.) unbedingt

bärhäm wund sein zwischen den Schenkeln (engl.: Schinken = ham)

bärig kaum; ein wenig; auch: vorhin

Bärmel erbarmungswürdige/bedauernswerte Frau

Bârn Heuboden/Heustock (in der Scheuer)

bârra spielend toben; Spiel von jungen Katzen oder Hunden untereinander

Bärra Schubkarren ohne Seitenwände

Bâs, Bäs, Bäsle Cousine

Bâsbol, Bâschbl glatte Borte an Kleidungsstücken (von innen angenäht)

bässela, leisela vorsichtig schauen (z. B. beim Versteckspielen)

(zom) Bâßleda (zum) Zeitvertreib

bâsta/ond dômit bâsta! genug! und damit genug! Schluß jetzt!

ade, (âlder) Huat, i kâuf mr a Kâpp

mit de beschde Vorsätz gôht mr fôrt – ond mit de dreckigschde Absätz kommt mr hôim

deam sei Gschwätz (Sprô[ô]ch) hôt kôi Handhâb ond kôi Hôimet

a Frau isch aushausig, wenn se em Schu(u)rz meh naustrecht/mai naustrait, âls ihr Ma em Sâck hôimbrengt
was d’Frau em Schurz nausträgt, ka dr Ma em Wâga net eiführa

Bâtsch Händedruck, Handschlag

bâtscha, bätscha Beifall klatschen; auch: laut (zu)knallen, z. B. Türe/ Ohrfeige

Bâtschele, Bâtschala (das) Patschhändchen, (die) Patschhändchen

Bâtscher (Teppich-)Klopfer; u. U. auch: Knall **(s'hôt an Bätscher do)**

Bâtza (feuchter) Klumpen, z. B. **Dôigbâtza**; dicker Brocken

Bätz kleines Geldstück, ursprünglich mit dem Bild des Bären (Petz)

bâtzig barsch; auch: klebrig, breiig, bollig

d'Bauchbädsche, 's Âbweicha, d'Lochschnäddere(r), 's Nâbelsurra, d'Scheißete, 's schnelle Fritzle, d'Schnellkätter, d'Strudelfurzet Durchfall

Bauchpflätscher Bauchlandung im Wasser

Bauchstöbber, Brugghölzer, Buabaspitzla, Gänswergl, Schlang|gangger, Sperrknecht, Wampabäbber, Wampastecher, Wârgela/ Wergela Schupfnudeln

Baurabüable, Herrgottschlegele, Himmelfâhrtsblüamle, Himmelsschlegele, Kohlraisle, Kriagle, Maus|aierle/ Mausöhrle, Pfâffa|raisle Traubenhyazinthe

Bauralöffelkraut Sonnentau

Baurasächle, Sächle, Giatle/ Güatle kleiner bäuerlicher Besitz

Bauraseufzer, Peitschastecka, Landjäger etwa 15 cm lange flache geräucherte/getrocknete Hartwurst mit Kanten (siehe Landjäger)

Bauscht, Bäustle Kopfpolster (= ringförmiges Kissen) zum Tragen von Lasten, z. B. (Back-)Körbe oder Kübel

Bauza fingerdicke Würstchen aus Kartoffelteig (Schupfnudelart)

Bea(h)ne, Behne, Biehne, Bühne, d'Lâuba Dachboden, Speicher

Bea(h)nestiag(a), Behnestiag(a), Biehnestiag(a) Dachboden-Treppe

be-aiget, bä-âugig, schilleg/ schialig schielend

Beasa|litz wollene Fransenborte, die zum Schutz bodenlanger Röcke am Saum angenäht wurde

Beasa|boom Birke

Beasakraut, Jungfraukraut, Männerkrieg, Weiberkraut Beifuß

Be(a)sawirtschaft Weinausschank in Privatstuben von Wengertern im Herbst/vor dem Herbst, wenn die Fässer für die neue Ernte leergemacht werden müssen

Beasele/Baisele, Fäa(h)l, Fexele, Waile, Wehwehle etwas Böses/Schmerzendes; kleine Wunde/Entzündung (Wundmal) (siehe Baisele)

Be-Âug', Bä-Âug' Augenschaden, z. B. schielen

Bebbale kleines Knäuel

Bebbales|kohl Rosenkohl

be|däbbert verdattert; auch: niedergeschlagen

be|dädera, be|dudera betrinken, besaufen

Beeda/Beta, Beten (pl.), **Blâ(â)tz, Dennada/Dünneta, Flâd(a), Plâtz(et), Zelta** dünn ausgewellter Kuchen aus Hefeteig, z. B. mit Zwiebeln, Kümmel, Luggeleskäs, aber auch mit Obst belegt – je nach Jahreszeit; auch: dünne Brotfladen ohne Belag – im Holzbackofen gebacken

Be(e)gleise Bügeleisen

be(e)gla, glätta bügeln

Bee|nâgel spitzes Hartholz (ca. 40 cm lang) zum Binden von Garben mit Strohbändern

beera Beeren pflücken

dr Begg, dr Begga der Bäcker, die Bäckerei

begga Reisig hacken mit Schnaier

(a) Beggaschläfle ein kurzes Nickerchen (wie bei Bäckern zwischa zwei Backeta)

Beig aufgeschichteter Stoß/Stapel (z. B. Holz)

beiga stapeln

Beisel(e)/Bâisel(e) Pinsel(chen)

(an) Beiß, (an) Bi(i)ß (ein) Juckreiz

s'beißt es juckt

Beißzang keifende Frau, die anderen nichts gönnt; bösartig-bissige Frau

Beizel Beule

Beizle, Baizla/Bôizle einfache, aber gemütliche kleine Wirtschaft

Bellale kleiner Klumpen; kleines rundes Etwas

Beller, Böller (runder) Hut; Zylinderhut

belzig, weser nicht mehr im Saft (z. B. Rettiche, die nicht mehr fest sind); auch: gefühllos (z. B. Finger, die nicht richtig durchblutet sind)

Belz|mä(ä)rte, Butza|ma Knecht Rupprecht, manchmal auch Nikolaus

Bember, Bembes(le) liebevolle Bezeichnung für kleinen Jungen

Bendl (Geschenk-)Bändchen, Schnürsenkel, (dünne) Schnur, Kordel

Bengele kleiner Prügel

Benna|wâga Wagen zur Beförderung von Sand und Steinen

Berames, Emes, Âla|môis Ameise

Bernerwägele darauf wurden kleine Mengen befördert, weil ein großer Wagen sich nicht lohnte

Berzel, Dergel kleines Kind

s'Bett, d'Better das Bett, die Betten

Bett-Deppich Wolldecke

Bettfläsch Wärmeflasche

Betthupferle, Bettmämpfele Nascherei vor dem Schlafengehen

Bettkittel früher übliches kurzes Nachtgewand für Frauen (also: **a bschnoddes** Nachthemd)

Bettlâd(e), Bettschet, Bettstâtt Bettgestell

Bettlädle, Bettstättle Kinderbett

Bettlermantele/mäntele Frauenmantel (Tee)

Bettsäck' Unterbetten, z. B. gefüllt mit getrockneten Maisblättern

Bettscheißer, Bettsôicher, Milbuscha, Milcherleng, Milcheta, Sôichblum/bloam/bleamle, We(a)gsôicher (siehe We(a)gsôicher) Löwenzahn

Bettsôicherle Goldstern

Bettziach, Ziach Bettbezug

Betzich, Gschnipf Gemüseabfall

bhäb knapp, eng (anliegend), nah; (zwischen zwei Dingen eine so enge Verbindung herstellen, daß kein Zwischenraum mehr da ist)

bhäb, hoimkrâtzig, int(e)ressiert, kneafrig, knigged geizig, knauserig

(a) Bhäber (ein) Geiziger

bhiate, pfiate, Pfiagott Abschiedsgruß (Behüt dich Gott)

Biagl, Biegel Winkel; Ecke im Zimmer oder draußen; auch: kleiner, enger Raum

Kässpätzle

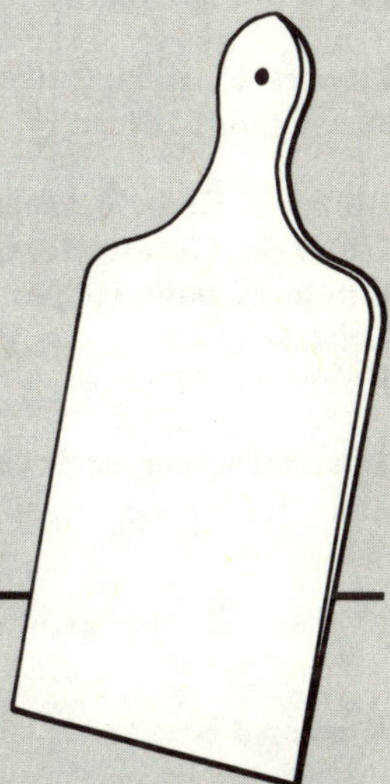

Spätzle aus 500 g Mehl (Grundrezept S. 15), 150 g geriebenen Emmentaler Käse, 2 Zwiebeln, Butter

Auf eine heiße Platte lagenweise die gut abgetropften Spätzle und den geriebenen Emmentaler Käse schichten. Die kleingeschnittenen Zwiebeln in Butter goldbraun werden lassen und darübergeben. Käsefäden bilden sich am besten, wenn man das Gericht kurz in den heißen Backofen stellt. Vor dem Servieren mit zwei Gabeln gut untereinanderheben.

Biast, Bostamilch, Briester, Bruaster, Kuahbruaster, Pfâfferschlâppa erste Milch von Kühen nach dem Kalben (entsprechend bei Ziegen); sie ist quarkartig dick und wird in Tonformen (salzig) gebacken (eine Art Auflauf)

Bibbele kleiner Pickel, Stich

Bibbeleskäs, Dobba, Healeskäs, Knolla(käs), Luggeleskäs Quark

bibbera vor Kälte (oder vor Aufregung) zittern

Bibberle, Biebele, Gnesele, Gnetzele, Gnies(e)le, Gräle, Griele, Grôale, Heale, Hus(s)el(e), Luggele, Wussele Küken (s. Heale)

Biberle, Schnäpperle Glied eines Buben (Buabaspitzle)

Biche angetrockneter Dreck/ Schmierfleck; auch: längere Zeit angeschriebene Schulden

Biddam, Budda, Butsche, Butte Bütte; Behälter, in dem der Wengerter die Trauben auf dem Rücken trägt; Rückentrage; Gefäß zum Tragen von (halbflüssigem) Gut

Biddel, Bittel/Büttel Gemeindediener, Ausrufer, Amtsbote, u. U. auch Ortspolizist

Biehne, Bea(h)ne, Behne, Bühne, d'Lauba Dachboden, Speicher

Bienaweid Basilikum

Bi(e)ra Birnen

Bierabrot, Bieralôible, Schnitzbrot, Singadde

i bee it wonderfitzig, i wett no gern älls wissa – sogâr no s'Wü(r)zele

wenn d'Kuah kôin Schwanz meh' hôt, wôiß se erscht, für wâs'r guat wâr

am Zuagucker isch kôi Ârbet z'viel

liebe deinen Nächsten, âber lâß da Zau(n) standa

dr Herrgott läßt dr Gôiß da Schwanz net z'lang wâchsa – sie dät sich sonst d'Auga auspfitza

onder-era Mark därf's kosta, wâs-es-will

Früchte(Birnen-)Brot, Hutzelbrot

Bierahôka Stange mit Haken zum Obstschütteln

Bieraschnitz Hutzel, getrocknete Birne (für Hutzelbrot)

biesela pinkeln

Bi(e)zel Schwellung

Bigg (a kloine Bugg =) kleine Delle/Vertiefung (nicht bei Landschaft)

(a) Biggale (ein) kleiner Hügel

(an) Bi(i)ß, (an) Beiß (ein) Juckreiz

Bildstöckle Holz- oder Steinpfeiler mit Nische für Kruzifix oder Heiligenbild, oft mit Blumen geschmückt

Bilferle Pulver, z. B. Medizin in Pulverform

Bilg|ôa, Bilg|ôi Nestei

Bill(i)ettle Fahrkarte

Birleng kleiner Heuhaufen

Birzel, Bôrzer, Burz, Bu(u)z, Dutt, Ne(a)st, Pfiffes, Pfipfes Haarknoten

Bischele, Krähle/Krehle/Kröle, Welle Reisigbündel/-büschel

(a) bißele, (a) bißle (ein) bißchen

Bitsch, Butsch Holzgefäß mit Deckel und Henkel zum Tragen und Kühlhalten von Flüssigkeit, z. B. Milch (siehe Mil[ch]-Bitsch)

bitschiert hereingefallen, ausgeschmiert/angeschmiert; bei Faß auch: abgedichtet

Bittel/Büttel, Biddel Gemeindediener, Ausrufer, Amtsbote, u. U. auch Ortspolizist

Bitzget, Butza, Epf(e)lbutza,

älles g'heert dir, was d'Henna legat, bloß d'Ôier net

wâs nützt mi de schönschd Kuah, wenn se kôi Milch geit

ohne Kopf wärsch du âu scheener

i werd doch no a Zwetschg von-era Pflomm onderscheida kenna

nemm' bloß kôi Ârme! Se frißt soviel wia a Reiche

Gâgga (Apfel-)Kernhaus (siehe Butzen)

bizzla kribbeln, in allen Fingern jucken, reizen

bläad, bled, blöd durchgescheuerte, schüttere, dünne Stelle (z. B. bei Kleidung)

blä(ä)ra, bräaga, brâlla, brella, briaga, flenna, flerra, greina, heina, plärra (fr. H.), **zenna** heulen, weinen

Blâ(â)tz, Beeda/Beta, Beten (pl.), **Dennada/Dünneta, Flâd(a), Plâtz(et), Zelta** dünn ausgewellter Kuchen aus Hefeteig, z. B. mit Zwiebeln, Kümmel, Luggeleskäs, aber auch mit Obst belegt – je nach Jahreszeit; auch: dünne Brotfladen ohne Belag – im Holzbackofen gebacken

Bläbl Farbstift

blächa zahlen (müssen)

bläddla, râssla, rôifla, saua, socka, sprenga, surra, wetza laufen, eher rennen

Blädsch, Bledsch großes Blatt (z. B. von Futterrüben); auch: dumme Frau; auch: Mund, Maul

bläga, bleaga quengelnd schreien; wehleidig jammern

blähd langsam

blaia, bluia, verbluia schlagen

blanga etwas sehnlich verlangen; mit Sorge/Ungeduld auf etwas warten; (**'s blangt mi** = es betrifft mich/rührt mich)

Blaoza, Blonza Blutwurst (in Schweinemagen gefüllt); auch: dicke Frau

bläschga laut/schwer atmen (z. B. nach Anstrengung)

Bläschga|michel Asthmatiker; auch einer, der bei der Arbeit heftig/stoßweise atmet

blätza flicken; etwas mit einem Fleck versehen

Blätz(a) Stoffrest(e), Stoff-Fleck

Blätz(a), Flärra/Flerra auch: Verletzung (siehe Flärra)

Blätzdogg(ele) handgearbeitete Stoffpuppe, mit Sägemehl oder „gerupften" Stoffresten ausgestopft; auch: Liebste

blätzerlings etwas mit geschlossenen Augen/blindlings tun

Blätzkätter Modepuppe

Blätzsock (liebevoller: **Blätzsöckla**), **Bärasock, Enddäpper, Endschuah, Endsock** aus Stoff- (z. B. Trikot- oder Filz-)Resten genähte (geflochtene) Hausschuhe

s'blâuderd, s'blôter(e)t es zeigen sich (Luft)Blasen

Blauer Sonnawirbel, Hans am Weg Wegwarte

Blaukraut Rotkohl

blâu's Mô(ô)l, blaue Mäler (pl.), **Blomel** Hämatom/ leichter Bluterguß; blauer Fleck/blaue Flecken

(a) Bleagere stets jammerndes weibliches Wesen

Bleames, Bâlla, Bloddr, Bolla, Dibbel, Dulles, Dullo, Fifâz-Rausch, Glâpf, Granâtafetza, Ruaß, Säbel, Seire, Semseler, Suriâs, Vier|fescht|däglicher Schwips/Rausch/ Allmachtsrausch

Blechbätscher Flaschner

bled, bläad, blöd durchgescheuerte, schüttere, dünne Stelle (z. B. bei Kleidung)

bledla/blödla mit anderen zusammen aus Spaß Unsinn treiben/Unsinn reden

(dr) Blei (das) Bleistift

blendermonsla im Dunkeln etwas suchen

Blercha Ampfer

Blessur Verwundung, Verletzung

(a) Blô(a)s eine zusammengehörende Gruppe (Menschen)

blocka, blogga bohnern, glänzen

Blocker, Blogger Bohner(besen)

Blodder Milchhaut; auf der Milch abgesetzter Rahm; Milchrücksatz im Kochgeschirr

Bloddermilch gestandene Milch

Blôder, Bläderle, Blôter, Blôs Blase; Luftblase

Blôder, Blôter auch: dämliches Frauenzimmer; Wichtigtuerin

blôdergsteppt pockennarbig

d'Blôich(e) früher: gemeindeeigener oder privater Grasplatz zum Bleichen der (großen) Weißwäsche; mit der Gießkanne wurden die ausgebreiteten Wäschestücke besprengt und dann getrocknet

Blonder Heu wurde früher in große Tücher gepackt und zum „Blonder" gebunden

Blonza, Blaoza Blutwurst (in Schweinemagen gefüllt); auch: dicke Frau

(a saubere) Blôs minder geschätzte Gesellschaftsgruppe; unzuverlässige Leute

d'Blôs, 's Bläsle die Blase; (**er hôt's am Bläsle** = er hat ein Blasenleiden/schwache Blase)

Bloschkopf geblähte Birne (beim Dörren); auch: dummer, hohlköpfiger Mensch

Blotz Rahm

blotza Butter machen, buttern

Blotzfâß Butterfaß

Blotzfäßleswââla wenn sich zwei Kinder eng umschlungen einen Abhang hinunterrollen lassen

Blotzmilch Buttermilch; auch: Most, der nicht hell und klar geworden ist

Bluasch(t) Blüte, Baumblüte

Bluatwurzel Tormentill

bluia, blaia, verbluia schlagen

blümerant flau zumute, leeres Gefühl

boagla wenn junge Kerle im Übermut Kraft ablassen

Boale, Boile kleiner Knochen (siehe Boi)

Bôarzler Weihnachtsmann

Bobb(e)l Wollknäuel

Bobbele putziges Kind

Bobbes, Bobbo, Bomberle, Fiedla, Hinterebâcka Hinterteil

Böbbesle kindliches (also kleines) Hinterteil, Ärschle

bockela strapaziert den Geruchssinn; auch Milch/Fleisch kann bockela, d. h. nach Bock bzw. nach einem ungepflegten Stall riechen/schmecken

bockla klopfen (z. B. an eine Türe); poltern (z. B. mit schweren Schuhen)

Bock|seggala Küchle, die es am 1. Fastensonntag gab: lange

Gott erhâlt' mir mei' Gsondheit – ond meim Weib sei' Ârbeitskrâft

der wär âu besser, wenn er sich net für besser hâlta dät

der wär erscht recht, wenn mr-n oba ond onda absäga und nô d'Mitte wegschmeißa dät

wenn dem sei ersta Luge a Fülle (Fohlen) gwea wär, nô wär d'Welt voller Gäul

Würstle, gefüllt mit Hutzla und Dörrzwetschga

bock|sterrig steif, starr

bodabâis abgrundtief/über die Maßen böse

Bodabeer, Aiper, Ananâs, Bräschdleng, Prestling Erdbeere(n)
Erbela Walderdbeeren

Bodabiera, Äbbiera, Aibiera, Eabiera, Eibiera, Erdepfel, Grobra, Grombiera, Herdepfel, Jâbbiera, Schnaufkugla Kartoffeln

(a) Boda|deggad(e) wenig – es ist nur noch der Boden von etwas bedeckt (z. B. Milch im Milchhafa)

Bodahocker Buschbohnen

bodalätz, erdalätz (sehr/außerordentlich) schlimm, schlecht; sehr ungünstig

bodamend/bo(o)mend, bo(o)nix, bo(o)schlecht die negativste Form von schlecht

bogga trutzen/trotzen, beleidigt sein (besonders bei Kindern)

boggadiv trotzig/bockig sein (auf Kinder bezogen)

Bogga|râole, Bogga|râub, Nâ(â)chtkrâbb, Nâchtmâhr, Nâchtschombe(r)ler, Schombeler abendliche/nächtliche Schreckgestalt für Kinder, die nicht heimgehen (wollen)

boggelhârt, boggelheert knallhart; auch: steinhart

Boggis spiela, gluckera, märbla, näggla/neckla, schnellera, Schneller jâga mit Murmeln spielen

Bô(h)le, Baole, Kâtzabô(h)le, Menker, Râlle, Rälling Kater

dem sei Weib braucht net ens Gschäft sprenga – er weckt se beizeit

âu-era Hutzel sieht mr no a, wâs amôl a scheene Bir(n) xei/gwea isch

wer sich jong hängt, wird net âlt ond wüascht

wenn mr gnuag gessa hôt, hilft a Pfeif Tâbâk gega da Honger

de Reiche ihre Mädla ond de Ârme ihre Kälbla kommet no älleweil an da Ma

d'Boi Fensterbank, Sims

(a) Boi, d'Boiner (pl.) Knochen
(a) Boile/Boale kleiner Knochen

Boiner-Kârle sehr magerer Mensch, hauptsächlich aus dem Skelett bestehend

Bôizle/Baizle, Beizle einfache, aber gemütliche kleine Wirtschaft

Boll, Bolla kassiert man beim 66-Kartenspiel

Bolla Klumpen; rundliche Erhebung (z. B. unter der Haut)

Bolla, Bâlla, Bleames, Bloddr, Dibbel, Dulles, Dullo, Fifâz-Rausch, Glâpf, Granâtafetza, Ruaß, Säbel, Seire, Semseler, Suriâs, Vier|fescht|däglicher Schwips/Rausch/ Allmachtsrausch

Bolla|gfühl Hochgefühl

Bolla|glocker laut und polternd auftretender Mensch

bolla|hôiß sehr/fast unerträglich heiß

Bolla|kârra einrädriger Karren zum Stallausmisten

Boll|aog(a) große (hervorstehende) Augen; auch: geschwollenes Auge

Bolla|wuat Sauwut; wenn man sich über die Maßen ärgert

Böller, Beller (runder) Hut; Zylinderhut

bolza derb, systemlos Fußball spielen; auch: einen über den Durst trinken (= Bolzwein)

bomba (wörtl. pumpen) ausleihen; auch: aufblasen; auch: einem eine(s) bomba = einen Boxhieb versetzen

Bombel beleibte Frau/ Mädchen

Bomb|hosa weite (Unter)Hosen

Bombole, Brocka, Guatsle, Ziggerle
Bonbon(s) (siehe Brockel)

Bommakâpp (runde) Pelzmütze

bommela muffig riechen

Bommer Hund

Bommerla kleine Hunde

Bomm(e)rla Kastanien in der Schale

Bommerle (rundliches) Kind, das für seine Größe zu dick geraten ist

Bond/Bood, Hirabond Kopftuch (um die Stirn gewickelt)

bo(o)mend/bodamend,

bo(o)nix, bo(o)schlecht die negativste Form von schlecht

Bô(ô)tsche (zu große) Hausschuhe

Bopfer sagte man früher zu dem (noch seltenen) Motorrad

borrada barfuß

Bôrscht, Buurscht Kinder

Bôrzer, Birzel, Burz, Bu(u)z, Dutt, Ne(a)st, Pfiffes, Pfipfes Haarknoten

Boscha Busch, Büsche; Hecken; auch: Blumen

Boscha, Hägele, Hommele junger Stier

Boschahâfa Blumentopf

Boschbodd Postbote, Briefträger

Bossa schwere, ungeschlachte (Arbeits-)Schuhe

zom Bossa zum Schaden, zum Nachteil; **grad zom Bossa** = jetzt erst recht

Bossa|dâg Tag vor dem 1. Mai

Bossel|bua einer, den man für jedes Dreckärbetle (jede Arbeit) einspannen zu können glaubt

bossla fast pausenlos schaffen

Bostamilch, Biast, Briester, Bruaster, Kuahbruaster, Pfâfferschlâppa erste Milch von Kühen nach dem Kalben (entsprechend bei Ziegen); sie ist quarkartig dick und wird in Tonformen (salzig) gebacken (eine Art Auflauf)

(ebbes) bo(t)sga/bozga/boosga (jemand) etwas (zu dessen Nachteil) anstellen

d'Botte kleiner abgegrenzter Platz, in dem man z. B. beim

wer nix glernt hôt, ka auch nix vergessa

wer an Nâgel bis an da Kopf nei'schlä(g)t, ka kôin Huat dra uffhänga

de Li(a)derliche wird Gott richta, âber de ganz Li(a)derliche ganget d'Hôôr raus

aus stolze Mädla wer(d)et meistens schlampige Weiber

a ehrliche Luge schâdet nix

du wirscht bestimmt amôl hondert Jôhr âlt – du siehscht jô heit scho aus wia neina|neinzig

„Fangerles"-Spielen nicht mehr gefangen werden konnte

Bottschamber, Bottschamberle (fr. H.), **Hâfa, Häfele, Sôichhafa** Nachttopf; „Mitternachtsvase"; Nachttöpfle für Kinder (siehe Hâfa)

Bôzel fettes Schwein

Brâchquâddle Engerling

brâffla, bräffla oberflächlich/tadelnd über jem. reden

brägla/breagla, schmerra ausgiebig/endlos reden, nörgeln, lamentieren (siehe Breagler)

braifa Federvieh rupfen zwecks Bettfederngewinnung

's braischtelat, 's bredelat, 's brenntelat, 's brenzelat es riecht leicht angebrannt (brenzlig/nach Brand)

Braisela, Bre(a)sela, Brösela Krümel, Brosamen

Brâll lauter Schrei

brâlla, bräaga, brella, briaga, blä(ä)ra, flenna, flerra, greina, heina, plärra (fr. H.), **zenna** heulen, weinen

bräschda drängen

Bräschdleng, Aiper, Ananâs, Bodabeer, Prestling Erdbeere(n)
Erbela Walderdbeeren

Bräschdleng auch: große unförmige (rote) Nase

Bräschdlengsgsälz Erdbeermarmelade

brässant (fr. H.) (wörtl. pressant) eilig, dringlich **(i han's/hao's brässant)**

brässiera (fr. H.) (wörtl. pressieren) eilig sein, drängen **(mir brässiert's)**

brätla wenig, aber Schmackhaftes (an)braten

Bräz(g), Bre(t)ze, Brezged Brezel
Bräzga, Bräzla Brezeln

Breagela, breaglete Äbbiera Bratkartoffeln

Breagler nörgelnder, umständlich formulierender Mensch; Nörgler, dem man nichts recht machen kann (siehe brägla)

Breaglets Gebratenes

Bream, Brems Bremse (Insekt)

Breama|öl Öl, mit dem das Vieh im Sommer bestrichen wurde zur Abwehr von Bremsen

Breaselesglauber, Breaselesknicker Kleinkrämer; übergenauer Mensch

Breber Brombeeren

Bredla/Brötla, Bächtla, Guadala, Guatsla, Zuckerdoggela Weihnachts-Kleingebäck (siehe Guatsle)

Bredullje (fr. H.) Verlegenheit, Bedrängnis

s'bregschd, s'Bregschd mittelschön, das Mittelschönste

Breisle Ärmel- oder Kragenbündchen

Brend, Spialgölt Spülschüssel

Brenne, Ei|brenne (dunkle) Mehlschwitze

bresthaft mit Gebrechen behaftet

brezdürr rippendürr

Brezgamârkt/märkt oberflächliches/umständliches Geschwätz

briaga leise vor sich hin weinen/ wimmern

Bria(h)le (gute) Fleischbrühe; auch: Seifenlauge

Briaz (Briaht's) Angebrühtes fürs Vieh

(a) Briaz|ki(i)bel Ausdruck für verwahrlosten Rauhbautz (der Briazkübel mit dem angebrühten Futter war nicht gerade das sauberste Geschirr im Stall)

Briazkrätta Korb, in dem das geschnittene Futter dem Vieh gebracht wird

Briazmâschée Futterschneidmaschine; Stroh- und Heuhäcksler

Briegel dicker Holzstecken; auch: Schläge

Briesle Gericht aus Briesen (= Brustdrüsen) des Kalbes

Briester, Bruaster, Biast, Bostamilch, Kuahbruaster, Pfâfferschlâppa erste Milch

du kascht gâr et so âlt wer(d)a/weara wia da heit scho aussiehscht

ma/mr hält manchen für fett, ond 'r isch bloß gschwolla

i hao's heit schendiger wia d'Braut am Samschdig

des isch a Gscheidle – der hâirt s'Grâs wâ(ch)sa

dui sieht vo henda aus wia elfe ond vo vôrna wia dreiviertel zwelfe

von Kühen nach dem Kalben (entsprechend bei Ziegen); sie ist quarkartig dick und wird in Tonformen (salzig) gebacken (eine Art Auflauf)

Briggl, Broggl Brocken

(a) Briss-bissle, Neidhämmele Scheibenvorhängle

brissla heimlich flüstern

Brocka, Bombole, Guatsle, Ziggerle Bonbon(s) (siehe Brockel)

Brockel, Klompa, Messbröckel dicke (Messe-)Bonbons (siehe Brocka)

bröckelèsweis bröckchenweise; nicht auf einmal, sondern Stück für Stück

brockholza Holz, das der Sturm von den Bäumen gerissen hat, sammeln und in große Wellen bündeln

d'Bröder die Brote

Brôdesbriah Bratensoße

Brôdeskâchel, Brôdeskâr Kasserolle

Brôdesrock Gehrock

brogga pflücken

Broggela, Zuckerschäafa (Zucker-)Erbsen

Brôitlôiser verfügt über einen besonders großen/breiten Vorfuß

bromig wôr(d)a schwarz geworden

Brommeler, Brommhommeler, Hommseler Hummel

Bronnamäntele abgetragener/abgeschabter Mantel (gerade noch recht, um am Brunnen Wasser zu holen)

bronsa, bronza, sôicha Wasser lassen (siehe sôicha)

Bronzgâigler der überzählige (5.) Mann beim Kartenspiel Kreuzgaigel, der einspringt, wenn einer der vier Gaigelbrüder amôl naus muaß, eh 'r wieder reikommt

Bronzmichl Bettnässer

brotzla, brutzla (an)braten, bräteln

Bruadare, Bruadl Bruthenne (siehe Gluck[are])

Bruadrtochter, Schwestertochter Nichte

Bruddelsupp' einer, dem man nichts recht machen kann

bruddla, goscha maulen; (vor sich hin)schimpfen; nachschwätzen; viel/ungehalten reden

Bruddler Nörgler

Brugg Brücke

Brugghölzer, Bauchstöbber, Buabaspitzla, Gänswergl, Schlang|gangger, Sperrknecht, Wampabäbber, Wampastecher, Wârgela/ Wergela Schupfnudeln

Brustgschirr Büstenhalter

Bschälknecht Aufsichtsperson beim Beschälen (Decken) von Stuten

bscheißa (meist harmlos) betrügen; jem. übervorteilen

s'bschiaßt es gibt aus/ist reichlich vorhanden

bschissa (meist harmlos) betrogen; **s'isch bschissa** es steht schlecht

bschnodda zu kurz geraten (bei Kleidung); auch: es reicht, aber nur ganz knapp; auch: knauserig

Buabahägela, Meahlbemberla Mehlbeeren = Früchte des Weißdorns

Buabalaus, Buabaläus Klette, Kletten

Buaba(p)fitzeler Mädchen, das (oft) hinter Jungen her ist

Buabaschenkel große Sä(ä)len/ Seelen (siehe Sä[ä]la)

Buabaspitzla, Bauchstöbber, Brugghölzer, Gänswergl, Schlang|gangger, Sperrknecht, Wampabäbber, Wampastecher, Wârgela/ Wergela Schupfnudeln

buabla scherzhaft raufen

Bu(a)chala Bucheckern

(a) Bubâbberlesgfräß wenig geschätzte Kost

Bubâbberlesgeschäft fitzelige Arbeit, die nichts einbringt

bubâbberlich gekünstelt, geziert

bubäbberla, rom|bubäbberla sinnlose, unnütze Arbeit verrichten

Bubi|nôdel Haarklemme

dr Buckel der Rücken

an Buckel ein Hügel

Buckelkrätta Rückenkorb

buckelkrätza, buckelranza, ranzabuckla huckepack auf dem Rücken tragen (z. B. ein Kind)

buckla schöntun; katzbuckeln

Budda, Butsche, Butte, Biddam Bütte; Behälter, in dem der Wengerter die Trauben auf dem Rücken trägt; Rückentrage; Gefäß zum Tragen von (halbflüssigem) Gut

buddla wühlen, graben (z. B. im Sand)

Buddoo(le), Aoraglonker/ Ohraglonker, Aoraschreifla (= Ohrenschräublein)

büeza nähen

Buff Stoß

buffa stoßen, im Sinn von leicht boxen, also auch: einen Buff (Schubser) geben = den Anstoß dazu geben, etwas zu tun

Bugg, Dâlla, Dâll(e), Hui (kleinere) Vertiefung, Beule, Einbuchtung, Delle

bugga bücken

Bühne, Bea(h)ne, Behne, Biehne, d'Lauba Dachboden, Speicher

(a) Bull Schimpfwort für ein eigensinniges weibliches Wesen

bulla das Bellen großer Hunde (während kleine bä[a]ffzget)

Bullabä(a)ffzger, Bullabeißer Hofhund; Köter; Bulldogge; auch: ewig schimpfender, giftiger Mensch

Burra Beule, Geschwulst, Wölbung; auch: kleiner Hügel; auch: steiniges Grundstück (Hanglage)

Bur(r)ascheißer einer, der sich gescheit vorkommt

Bürrle kleines, landwirtschaftlich genutztes Grundstück(le); auch: kleiner Hügel **(a kloiner Burra)**

Burz, Bu(u)z, Birzel, Bôrzer, Dutt, Ne(a)st, Pfiffes, Pfipfes Haarknoten

Burzelbaum/boom, Butzagaigel, Schirabu(ur)zler, Stu(u)rzebockel Purzelbaum; Rolle vorwärts (Überschlag)

dir henk i s'Kreiz aus, nô kascht da Ârsch en dr Schleng hoimdrâ(â) (heimtragen)

dô hilft älls bädda (beten) nix – do ghâirt/ghört Mischd/Mist na

s'isch so wârm, daß d'Fresch (Frösche) em Wasser lâllet

s'isch zom Uffdrsaunausreita

en fuffzg Jôhr keiet se mit deine Knocha d'Epfel râ

aus-em-a Scheißhâfa wird nia a Suppaschissel

Gurken-Spätzle

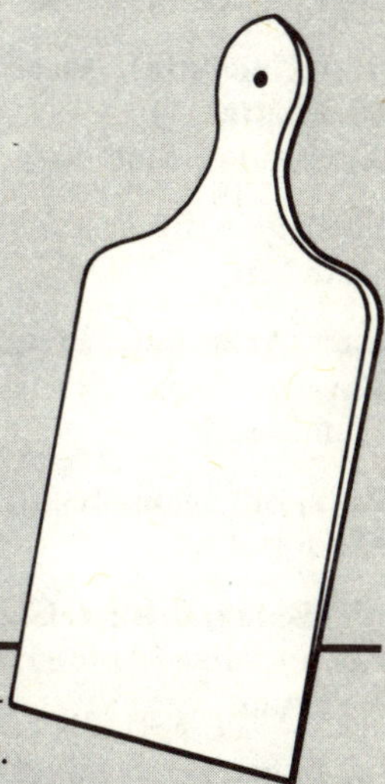

Spätzle (Grundrezept S. 15), 1 Salatgurke, Salz, Pfeffer, Muskat, 1 Becher Sahne.

Frische, sehr heiße Spätzle locker in eine vorgewärmte Schüssel schichten. Darauf die zuvor schon in feinste Scheiben gehobelte Salatgurke geben, kräftig gewürzt mit Salz, Pfeffer und Muskat. Die (ungeschlagene) Sahne darüber verteilen. Alles kräftig mischen und schnell servieren. Essen, solange die Gurken-Spätzle noch heiß sind.

Burzelküah, Dannamoggel, Dannamoggla (pl.), **Fâckla, Hâttel, Kiahla, Mogg(e)la, Muspel** Tannenzapfen

Bussâ(â)sch (fr. H.) (Poussage) Geliebte; Liebelei

bussiera (fr. H.) flirten; umwerben, um etwas zu erreichen

Butscher/schär (wörtl.) Putzschere, die man zum Lichtputzen brauchte

Butterbloam(a), Bâchbombla, Bâchkätter (a) Sumpfdotterblume(n)

Buttiggele zurückgebliebenes Mädchen

Butz, Ackerbutz, Pfendbutz Vogelscheuche (siehe Pfendbutz)

Butz, Butza|ma, Belzmä(ä)rte Kinderschreck

(dr) Butza, Bitzget, Gâgga, Epf(e)lbutza (Apfel-) Kernhaus

(a) Butza, Butzagaigel, Butzakegel, Butzamäggele(r), Nesa-/Nasabutza, Pobl/Popl angetrockneter, verhärteter Nasenschleim

Butzamäggele auch: Nichtigkeit
Butzagaigel auch: verkümmert gewachsene Birne/Apfel

Butzagaigel, Burzelbaum/boom, Schirabu(ur)zler, Stu(u)rzebockel Purzelbaum; Rolle vorwärts (Überschlag)

Butza|ma, Belzmä(ä)rte Knecht Rupprecht, manchmal auch Nikolaus

Butzele, Butzawâggele Klein(st)kind

Butzelwâr mehrere Klein(st)kinder

Butzlarâtzla Gestrüpp (z. B. dürres Tannenreisig)

Bu(u)del, Schobba, Schoppa Milchflasche für Säuglinge
Bu(u)del (fr. und engl. H.) auch: Flasche

Buurscht, Bôrscht Kinder

Bu(u)rzguhler unfruchtbarer Hahn **(lautrig wia a Bu(u)rzguhler)**

Bu(u)scht heute würde man „Freund" sagen; auch: Bursche

C

Cânâpee, Kanabee (fr. H.)
Sofa; gepolstertes Ruhebett
mit Rücken- und Seitenlehne

Christkendle Person, die sich
ungeschickt verhält

Christnüss/Christnussa,
Klôsanüss/Klôsanussa,
Welschnüss Walnüsse

Clur alte Puppe

Flädlesupp'

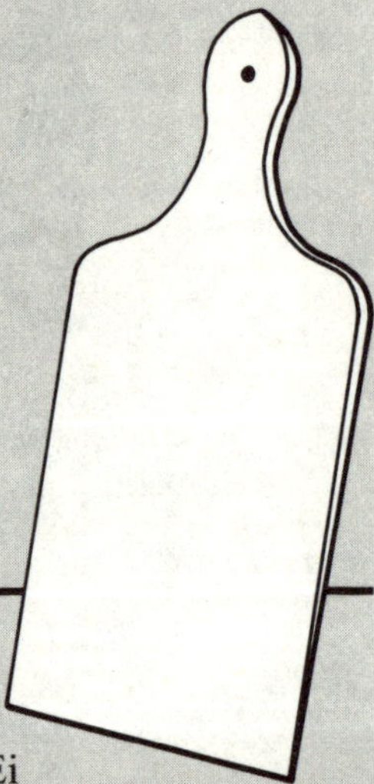

Grundrezept: 125 g Mehl, ¼ l Milch, 1 Ei, Salz, evtl. eine Prise Muskat.

Das Mehl mit der Hälfte der Milch, dem Ei und dem Salz zu einem glatten Teig rühren, den man erst nach und nach mit der restlichen Milch verdünnt.
In heißer, mit Speck oder wenig Fett eingeriebener Pfanne kleine Teigportionen dünn auslaufen lassen und auf beiden Seiten goldgelb backen. Diese Flädle, wenn sie abgekühlt sind, in feine Streifen schneiden und in einen Liter heiße, klare Fleischbrühe geben. Mit Schnittlauch und Muskatnuß bestreut servieren.

s'dâ(â)get, s'dâ(â)gnet es wird Tag/hell

Dââs Tannenreisig (z. B. zum Abdecken von Gräbern oder Rosenstöcken)

Dâätsche (Zwetschgen-) Kuchen aus Hefeteig

dä(ä)tschig, dâlget, dôigig, knä(ä)tschig . . . ist z. B. zu weiches (weil nicht durchgebackenes Brot/ Gebäck[inneres])

Dä(ä)tz(e) Kopf (siehe Deetz)

dâbba langsam, schwerfällig, unsicher gehen

Dâbber Mann, der gern Mädchen anfaßt

dâbbig ungeschickt

Däbber/Debber, Dâpper, Lââtscha, Schlâbba, Schlâpper, Schläpper Hausschuhe, Pantoffeln

däbbet nicht normal; leicht blemblem

däbbla kleine Schritte machen (schnell, auch unbeholfen)

Dâbdaile, Dâddeile, Däddääle, Dôdôle ungeschickte, unbeholfene, zimperliche Person; eine Überempfindliche; auch: körperlich schwaches Kind

däbla, dôba, na|dôba (etwas mit Händen oder Fingern) berühren, was gar nicht erwünscht/erlaubt ist

Dâchhürle Dachreiter; Ausguck (Türmle mit Fenster) auf dem Dachfirst

Dächle, Re(a)gadächle (Regen-)Schirm

Dâchschâda geistiger Defekt; nicht richtig im Kopf

Dächtele Kleinkind, das nicht so recht gedeihen will (siehe Dôdôle)

Dâchtrâufschwôba Grenzlandbewohner (zum Badischen hin)

dâchtla schlagen, verklopfen

dâckla unentwegt werken

Dâdde, Dâtte, Dätte, Dâttl, Âtte, Ätte, Vâdder, Vâdr, Vôdr Vater

Däderle Teigschaber

Dädscha Mohnblüten

Dâfel, Tâfel (großes) Bild an der Wand

Däfer, Täfer (Holz-)Wand (**am Däfer nâ|rutscha** = in Ohnmacht fallen)

Dâgbläddle, Bâ(â)tschkâchel, Bâ(â)tsch|weib, Dôrfbeasa, Dôrfbritsch, Dôrfschell, Kesselbutt, Râ(â)tsche, Râ(â)tschkâttel, Rä(ä)tschkätter, Schwätza|maiere, Schwätzbâs, Schwätzkätter, Trâtschkâchel Frau, die gerne viel redet/alles im Ort weitererzählt; Klatschmaul; eine, die in allen Häusern des Dorfes herumkommt

Dai, Daia, Deia Salzkuchen, vor allem zur Kirchweih gebacken (also: „schwäbische Pizza")

dâiba wiederkäuen (Vieh)

(a) Dâible (eine) Prise (z. B. **a Dâible Salz**)

Dâif Taufe

dâlga kneten

dâlget, dä(ä)tschig, dôigig, knä(ä)tschig . . . ist z. B. zu weiches (weil nicht durchgebackenes) Brot/ Gebäck(inneres)

dâlget, dôigig auch: schwunglos, saft- und kraftlos (bei Personen)

Dâlla, Dâll(e), Bugg, Hui (kleinere) Vertiefung, Beule, Einbuchtung, Delle

Dampfnudla aus Hefeteig bereitete Speise („aufgezogene" Nudeln)

Dandana (pl.) Tanten

Dandle, Dändele, Tantle geliebte oder unterschwellig belächelte Tante („Tantle" wurde auch in Todesanzeigen oder auf Grabsteinen verwendet)

Dannamoggel, Dannamoggla (pl.), **Burzelküah, Fâckla, Hâttel, Kiahla, Mogg(e)la, Muspel** Tannenzapfen, genaugenommen Fichtenzapfen

dantschig, dämpfig, deepfig schwül

Dänzer, Dopf, Dremmseler, Hâbergitz (Schnur-)Kreisel, der mit der Peitsche angetrieben wurde

Daoda|adoare/ Do(a)da|adoare, Leicha|sâgere/Leicha|sägere Leichenbesorgerin (sie hat im Ort den Tod eines Menschen – und den Beerdigungstermin – von Haus zu Haus bekanntgemacht)

Daoda|adoare/ Do(a)da|adoare, Ei|nähere Frau, die Tote einkleidet und in den Sarg bettet

s'geit bloß zwôi guete Weiber uff dr Welt: de ôi isch gstôrba ond de ander fendt mr nemme

s'geit bloß ôi Beißzang uff dr Welt – âber jeder môint, er häb se dahôim

beim Biegla (Bügeln) gibt sich viel, hôt dr sell Schneider gsait, mô/wo da Hosalâda henda-na gmâcht hôt

wenn dia amôl stirbt, muaß ma d'Gosch no extra z'daodschlâ/ dotschlâga

der hôt nix em Beitel (Beutel) ond nix em Sâck

Daoschdig, Do(o)schdig, Dunnschdig Donnerstag

dâpfer! dâpferle! schnell! (Aufforderung)

Dât, Dätle, Ne(a)badätle (Neben-)Fach in einem Möbel(stück) oder in der Handtasche

Dâtterich Zitterer

dâtterig zittrig

Dätscher, Bâllada, Bâliedla, Bâliete(n), Gligger, Glubetza, Glucker, Hâbergôiß, Märbel, Näggl, Niggel, Schneller, Schusser, Steinis, Stôiling, Stôinißles, Werbel Murmeln (siehe Bâllada)

Dâtschkâpp, Dä(ä)tzkâpp (Schirm-)Mütze

Dâtz, Dâtza (pl.) wurde(n) vom Lehrer in der Schule ausgeteilt: Schlag mit dem Rohrstock auf die offene Hand

dâub blöd, fad

Dâubastâißel (wörtlich: Taubenstößel) Sperber

(em) Daubedicht fast im Trancezustand; ohne eigenes Dazutun; gedankenlos; etwas tun, ohne es eigentlich richtig wahrzunehmen

dauderla, doggela mehr spielen als arbeiten

daula bedauern; leid tun; auch: sich vor etwas ekeln

dâulâus, dolâus energielos, müde, schlaff, fad (z. B. nicht schmackhafte Speise)

(an) Daule (hau), (an) Âber(hau) Ekel, Widerwille vor etwas (haben)

dui vergonnet ôim et de guat Luft

hilf dr Gott en a Rehfiedla nei, nô kommscht au naus en Wâld

lâß mich an deinen Busen strâcken, vergonne mir die Loinerei

wâ(s) gôht mi mei saudomms Gschwätz von (vor)gestern a?

dô soll no glei a siadigs Donderwetter neifâhra

wenn dei Dommheit Äpfelkuacha wär, nô hättsch du s'ganz Jôhr Kirbe

dâus|âurat, dees|âured, dollohrig, doos|ohret, doos|ohrig schwerhörig; auch: wenn jemand nicht hören will

Däxle, Däxla (pl.) kleine Schusternägel

deagamäßig zahm (geworden), zurechtgestutzt, anständig

Debber/Däbber, Dâpper, Lââtscha, Schlâbba, Schlâpper, Schläpper Hausschuhe, Pantoffeln

deebera schimpfen, toben, poltern

Debbich Wolldecke, Zudecke

deepfig, dämpfig, dantschig schwül

deert, dett dort (siehe dô)

deesa, doosa, dösa, dossa versunken ausruhen, vor sich hindösen, schlummern, wachend träumen

dees|âured schwerhörig; auch: wenn jemand nicht hören will (siehe dâus|âurat)

Deetz, Dä(ä)tz(e), Gre(n)d, Meckl/Möckl, Megges, Melle, Riabahâfa, Riebeleskopf Kopf

deezera, dopfa, goaßla/gôißla, hâbergitza mit Kreisel/Dopf spielen

Deffala Pantöffelchen

degga Begattung bei Tieren

Deggel, Dohlabutzer Hut

Deia, Dai, Daia Salzkuchen, vor allem zur Kirchweih gebacken (also: „schwäbische Pizza")

deixla (wörtl. deichseln) etwas Schwieriges zustande bringen

Deizetle Wandbrett im Zimmer, auf dem z. B. Milchhafen, Mostkrug oder Bücher ab-/aufgestellt wurden

demmela schimmlig riechen/ schmecken

denderla Zeit vertrödeln

(a) Dend|sau, (an) Dolka (wörtl. Tinten . . .) (ein) Tintenklecks/Tintenfleck

(a) Dengad Jahreslohn für die Magd

dengla Sense (mit einem Hammer) schärfen

denna drinnen

Dennada/Dünneta, Beeda/ Beta, Beten (pl.), **Blâ(â)tz, Flâd(a), Plâtz(et), Zelta** dünn ausgewellter Kuchen aus Hefeteig, z. B. mit Zwiebeln, Kümmel, Luggeleskäs, aber auch mit Obst belegt – je nach Jahreszeit; auch: dünne Brotfladen ohne Belag – im Holzbackofen gebacken

d(e)rbiescht, d(e)rbis, d(e)rweil inzwischen, solange, währenddessen

Dergel, Berzel kleines Kind

Dergel auch: kleinwüchsiger Mensch

Dergele etwas, das nicht richtig gedeiht; ein schwaches Kind

d(e)rweil (hau) (viel) Zeit zu etwas haben

dia, dui die, diese

Dibbel, Bâlla, Bleames, Bloddr, Bolla, Dulles, Dullo, Fifâz-Rausch, Glâpf, Granâtafetza, Ruaß, Säbel, Seire, Semseler, Suriâs, Vier|fescht|däglicher Schwips/ Rausch/Allmachtsrausch

Dibbeler, Dibbl, Dippel Tölpel, Dummkopf, Tolpatsch

dick|ohret wenn jemand absichtlich nicht hören will (siehe dollohrig)

Dickriaba, Angerscha, Rauschi, Sau|riaba Futterrüben, (Feld-)Rüben

dieba drüben

diefa den Beleidigten spielen

diesema, diesla, disemla leise sprechen; tuscheln; flüstern; heimlich ins Ohr sagen

Diftale Erfindergeist; Tüftler; einer, der (scheinbar) für alles eine Lösung hat

Diftridi(e) Diphtherie

(em) Diicht (in) Gedanken

Dil(l) Zaun aus Holzlatten

Dilledâpp ungeschickter, tapsiger Mensch

Dillspälter Holzlatte, Zaunlatte

Dinkelrâite rundes, enges Getreidesieb

Dipfele|scheißer Pedant; Genauigkeitsfanatiker

dirmelig, dremmelig, drems(e)lig, dromelig, durmelig (leicht) schwindlig, taumelig

s'dischbelet es dunkelt

Disch|debbich Tischdecke

dischk(u)riera diskutieren

Diwan Sofa in der guten Stube

dô hier (siehe deert)

Do(a)da|adoare/ Daoda|adoare, Leicha|sâgere/ Leicha|sägere Leichenbesorgerin (sie hat im Ort den Tod eines Menschen – und den Beerdigungstermin – von Haus zu Haus bekanntgemacht)

Nudelteig (Grundrezept)

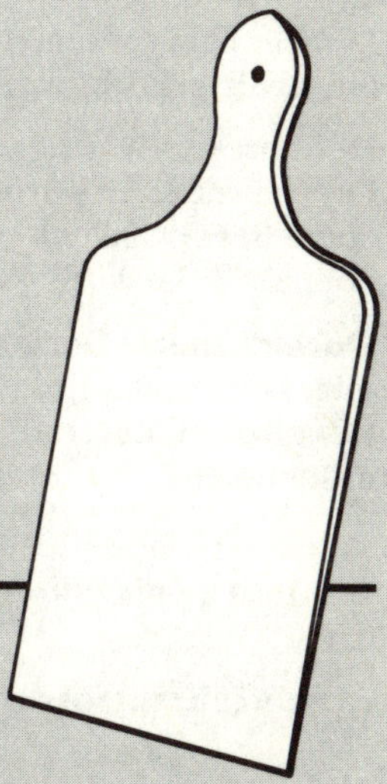

300 g Mehl, 2–3 Eier, 2–3 Eßlöffel Wasser, einige Tropfen Essig (damit der Nudelteig rascher trocknet), Salz.

Eier und Wasser kräftig durchschlagen, Essig und Salz beimischen, nach und nach das Mehl darunterarbeiten. Den ziemlich festen Teig so lange kneten, bis er vollkommen glatt und zart ist und durchgeschnitten kleine Löcher zeigt. Mit einer Schüssel zugedeckt etwa eine halbe Stunde ruhen lassen. Erst dann weiterverarbeiten.

Do(a)da|adoare/ Daoda|adoare, Einähere Frau, die Tote einkleidet und in den Sarg bettet

Dôba, Griffel Finger

dôba, däbla, nadôba (etwas mit den Händen/Fingern) berühren, was gar nicht erwünscht/erlaubt ist

Dobba, Bibbeleskäs, Healeskäs, Knolla(käs), Luggeleskäs Quark

Dobba auch: geronnene Milch, die zuvor gekocht worden war

Dobblwegga (wörtl. Doppelwecken =) Brötchen in doppelter Größe/mit doppeltem Gewicht

Dochtr|kender (Dochtrmädle oder Dochtrbua) Enkel (wenn sie von der Tochter abstammen)

Kendskender Enkel

Dochtr|ma, Eidam Schwiegersohn

dô-deana (dô), dô-homma, deert-homma da/dort drüben; gleich nebenan

dod|hälenga klammheimlich

Dôdôle, Dâbdaile, Dâddeile, Däddääle ungeschickte, unbeholfene, zimperliche Person; (eine) Überempfindliche; auch: körperlich schwaches Kind

Dodsch|nas Stupsnase

Dogg(a), Doggan(g), Döggle, Bäbele, Musch Puppe

Dogg(a) auch: junges (aufgeputztes) Mädchen

Doggakommeede Puppenspiel

Doggastub, Dogglstub Puppenstube

jetzt gôht's voll dâpfer, hôt dr Spâtz gsâit, wia-n-an d'Kâtz d'Beahnestiag nuff hoît

du bräglescht wieder so lang rom, bis d'Kâtz da Boom nuff ond s'Wâsser da Bâch nâ isch

du goldigs A-me-na-Schlupferle ond nemme-vo-mr-Weggangerle

s'Herz uff-em rechta Fleck ond emmer grâd raus

an Ârsch voll Schläg hôt no kôim gschâd't

jetzt leck mi no am Ârsch – (wo kommschd denn du her?)

dui/dia wôiß, wo dr Deifl z'Mittâg ißt

Doggawâga Puppenwagen

doggela, dauderla mehr spielen als arbeiten

doggela, bäbela mit Puppen spielen

doggelig klein, zierlich, puppig nett

do-han(n)a hier an diesem Ort

dô-han(n)a-rom hier herum, in dieser Gegend

Dohla, Gilla/Gülla, Mistlâch(a) Jauche

Dohlabutzer, Deggel Hut

Dôig Teig

Dôigâff Schimpfname

dôigig überreif, teigig (z. B. Birnen)

dôigig, dâlget schwunglos, saft- und kraftlos (bei Personen)

dôigig, dâlget, dä(ä)tschig, knä(ä)tschig . . . ist z. B. zu weiches (weil nicht durchgebackenes) Brot/Gebäck(inneres)

dôigla (etwas Weiches, z. B. Teig) mit den Fingern bearbeiten, aber ohne Hast

dolâus, dâulâus energielos, müde, schlaff, fad (z. B. nicht schmackhafte Speise)

dô-letzt letzthin, neulich, vor kurzem

(an) Dolka, (a) Dend|sau (ein) Tintenfleck/Tintenklecks

dollohrig, doos|ohret, doos|ohrig, dâus|âurat, dees|âured schwerhörig; auch: wenn jemand nicht hören will (siehe dick|ohret)

Dollweck Schimpfname

dombâcha unecht (z. B. Schmuck); auch: geistig nicht ganz auf der Höhe

(dr) Domma/(dr) Do(o)ma (der) Daumen

domma, dô-domma, dô-dromma drüben, dort drüben

Dommähle, Domme(h)ne dumme, ungeschickte Person

Dommbâddl ungeschickter, unkluger Mensch

Dommede Belag für Apfel- oder Zwetschgenkuchen

donderschlächtig sehr, gehörig, arg, fest; ungehörig, unglaublich, boshaft

d'Donk, d'Dunk frühere Weberwerkstatt, meist unter der Wohnstube – aber immer im Untergeschoß – gelegen

donka jem. unter Wasser drücken; jem. tauchen

Donk-Esel Kellerassel

Donnerbleamle Arnika

Maultaschen

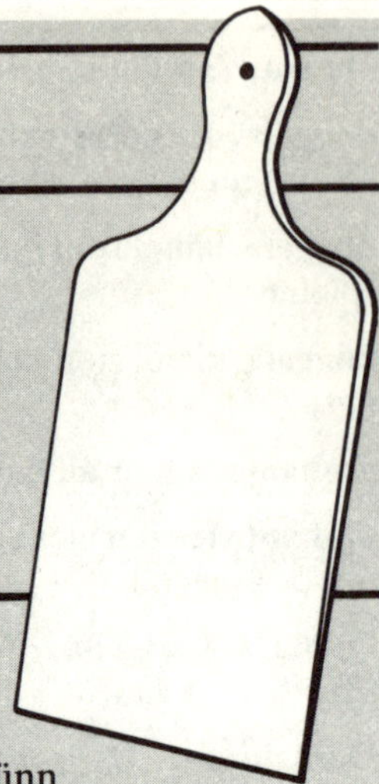

Nudelteig aus 300 g Mehl, (s. Grundrezept S. 57) bereiten.

Den Teig zu Streifen (etwa 15 cm breit) dünn und möglichst lang ausrollen; etwas abtrocknen lassen. Die Fülle, die recht verschieden sein kann, etwa 1–1½ cm dick auf eine Längshälfte des jeweiligen Nudelflecks streichen. Dabei einen etwa 1 cm breiten Rand frei lassen und ihn mit Wasser bepinseln. Die leere Teighälfte überklappen, mit leichtem Druck Luft aus der Tasche entfernen. Die Ränder zusammendrücken. Mit dem Rand eines dicken, glatten Tellers oder mit einem Kochlöffelstiel Vierecke abpressen, ausrädeln. Die Maultaschen sofort in kochendes Salzwasser geben, 8–10 Minuten ziehen lassen.

Entweder: in heißer Fleischbrühe – man kann gut auch einen Teil der Kochbrühe verwenden – servieren;
oder: überschmälzt mit gerösteten Weckbrosamen;
oder: mit gerösteten Zwiebelwürfeln oder -ringen und in Butter gebräunten Bauchspeckwürfeln;
oder: ein bis zwei Eier über die in Streifen geschnittenen Maultaschen schlagen und rösten.

FÜLLUNG:

250 g Fleisch (Hackfleisch, Brät, Bratenreste usw.), 1 Paar Landjäger, 2 Eier, 2 eingeweichte, ausgedrückte Weckle, 1 Zwiebel, Petersilie, Zwiebelröhrle, 1 Tasse Spinat, Butter.

Feingehackte Zwiebel, Petersilie, in Ringe geschnittene Zwiebelröhrle und zwei eingeweichte, ausgedrückte Wecken in Butter dämpfen. Mit zwei Eiern, einer Tasse gekochtem Spinat, 250 g Fleisch und einem Paar feingeschnittene Landjäger vermengen. Würzen mit Salz, Pfeffer und Muskat.

Es bleibt der Hausfrau überlassen, ob sie lieber mehr Spinat und/oder gedünstete Zwiebelröhrle oder gehackte Petersilie beifügt, ob sie Hackfleisch, Brät, durch den Wolf gedrehte Bratenreste, Schinken- oder Rauchfleischwürfelchen oder feingeschnittene Landjäger verwendet; auf alle Fälle gehören auch in die Fülle ein bis zwei in Wasser eingeweichte und dann ausgedrückte Weckle, 2 Eier, Zwiebeln, Salz, Pfeffer und Muskat.
Dazu paßt vorzüglich Kartoffelsalat und Endivien-, Acker- oder Kopfsalat.

Angeblich sind Maultaschen nichts anderes als „Herrgottsbscheißerla“. Ihre „Erfinder“, so wird erzählt, hätten, am „fleischlosen Freitag“ und während der Fastenzeit, wohl auf ein gutes Gewissen, gleichzeitig aber auch auf uneingeschränkten Genuß bedacht, das „Christenmenschen an solchen Tagen verbotene Fleisch“ einfach in den Maultaschen versteckt und so vor den Augen des Herrgotts verborgen, ihn also hinters Licht geführt (bschissa).

Donnerknöpf Dach-Hauswurz

dôô da, hier

Doofele geistig Minderbemittelter; Dorfdepp

doosa, dösa, dossa, deesa versunken ausruhen, vor sich hindösen, schlummern, wachend träumen

Do(o)schdig, Daoschdig, Dunnschdig Donnerstag

Dopf, Dänzer, Dremmseler, Hâbergitz (Schnur-)Kreisel, der mit der Peitsche angetrieben wurde

dopfa, deezera, goaßla/gôißla, hâbergitza mit Kreisel/Dopf spielen

Dôrfbeasa, Dôrfbritsch, Dôrfschell, Bâ(â)tschkâchel, Bâ(â)tsch|weib, Dâgbläddle, Kesselbutt, Râ(â)tsche, Râ(â)tschkâttel, Rä(ä)tschkätter, Schwätza|maiere, Schwätzbâs, Schwätzkätter, Trâtschkâchel Frau, die gerne viel redet/alles im Ort weitererzählt; Klatschmaul; eine, die in allen Häusern des Dorfes herumkommt

Dôrstel, Gnaischbl, Kâga/ Käge, Kôga, Krautdôôsch, Krautdôrstel, Stôrzel Kohlstrunk

Dotavetter Mann der Patin

d'Dote, 's Dötle, d'Dottabäs, d'Dodde, d'Go(a)ddere, d'Gotta, d'Gottabäs, Rockdot(t) Patin

dr Döte, dr Go(a)ddere, dr Götte, Hosa|dot(t) Pate

Dötesbäs, Dötlesbâs Frau des Paten

deam dät i am liebschda ôine stiera, dâß'r môi(n)t, a Bär häb en kretzt (gekratzt)

wer uff-am Scheißhâfa gebora isch, kommt uff kôi Kadabritt

ehrlich währt am längschda, wer it stiehlt, der kommt zu nix

deane gheert d'Zong gschâbt

a Geizhâls ond a fette Sau, dia send erscht nôch-em Tod zu ebbes nütz

heul no fescht, nô brauchschd net sov(ie)l bronza

Bsuach isch scho recht, wenn-er no net d'Schuah râ|duat

Dotsch, Dötschle, Dösch, Ôierdötschle Küchle; dicke (Eier-)Pfannkuchen, in schwimmendem Fett gebacken

Dotsch auch: Brot, das beim Backen zusammenhockte

Dotterbloama, Koppala, Koppeler, Schmâlzbloama Sumpfdotterblumen

drâlâtscha vielerlei backen

Drâlle, Drâllewâtsch ungeschickter Mensch, Tölpel, Tolpatsch

drana|dâbba (zufällig) zu etwas/an jemand herankommen – erwünscht oder unerwünscht

Draostel, Drommsel, Drôschtl, Liesabärmel, Troaschdl, Trutschel langsame/begriffsstutzige Frau, der nichts von der Hand geht

drätza reizen; necken, eigentlich schon ärgern (evtl. sogar schinden)

(a) Draufnauferle eine nette Zugabe

Dreckbauer, Kârrabauer Arbeiter bei der Müllabfuhr

dreckla, Dreck-kottla (mit Wonne) im Dreck arbeiten/spielen

dreckla auch: ohne Eile vor sich hinwerkeln

Drecklâch(a) Pfütze

Dreiangel, Driangel herausgerissenes Stück Stoff (z. B. aus einem Kleidungsstück)

Dreib(e)la, Hannesträubla, Hannsaträubla, Träubla, Zeibeer, Zeitbeer rote Johannisbeeren (siehe Kâtzabeer)

Dreierles-äs ß

dreineikniala/-kniabla/-knuibla sich besonders intensiv mit etwas befassen

Dreipfünder, Pfünder, Pfenderle Bezeichnung für Brot (z. B. Kipf/weißer Laib), die gleichzeitig das Gewicht beinhaltet

dreißa, treaska stöhnen, jammern, quengeln, meckern; auch: knarren

drei Vierleng 375 Gramm; auch: Mensch, der nicht ganz bacha isch

dreiviertel . . . (Vier) Zeitangabe: Viertel vor . . . (vier), also: **dreiviertelviere**

dremmelig, drems(e)lig, dromelig, durmelig, dirmelig, (leicht) schwindlig, taumelig

dremmla träumen, leicht einnicken, säumig arbeiten

Dremmle, Näh(t)leng eine Fadenlänge, wie zum bequemen Nähen erwünscht

Dremmseler, Dänzer, Dopf, Hâbergitz (Schnur-)Kreisel, der mit der Peitsche angetrieben wurde

drensa schwer atmen, keuchen

drhoimd(a) daheim

drhoim|rom, drhoimda|rom zu Hause (herum), also innerhalb des Hauses (herum)

Dribbel Stufe/Treppe (außerhalb des Hauses)

dribeliera herumkommandieren, drängeln

drichla gemächlich arbeiten

(a) Driefel langsamer, umständlicher Mensch

driefla, drilbla, drilla drehen

Dri(e)schlâg ungehobeltes, derbes, aber nicht bösartiges Mannsbild; schwerfälliger Mensch

Drillnudla, Schupfnudla schwäbische Spezialität (siehe Buabaspitzla)

dritthalb anderthalb

Drôdler effektlos Arbeitender

drohla, hurgla, husela, rugla, rusela (mit Schwung) rollen; etwas/sich rollen (siehe wââla)

Drommsler, Dromsel, Surmel, Zwirbler aufgeregte Person, die verdreht/ohne Überblick handelt

dromslig langsam

dees wär gschickt, a Bâch glei bei dr Miehle

wer net will, hôt ghet

dees duat mr guat bis en d'Zâiaspitza/Zeaspitza (nâ)

Muadr, sperr d'Mâ̲rie ei – d'Manöverer/d'Soldâta kommet

scho mancha kluaga Henn hôt sich ens ôigene Nest gschissa

ussa hui ond enna pfui

du ka(a)sch mr da Buckel nuffsteiga! – *oder:* **rârutscha**

Dro(o)m/Dromm umfangreiches (also großes und langes) Stück/Brocken; auch: große Person

Druch niederer Schlitten

Druch(a) Truhe

Drucketse Gedränge; qualvolle Enge

drussa, dussa draußen

drvier (kommt wohl von „davor“:) wenn schon vor der Hochzeit ein Kind erwartet oder geboren wird/wurde **(se isch drvier komma)**

ds' onder(sch)übersche umgestülpt; drunter und drüber; durcheinander; kopfüber (siehe kopfiebersche) **(s'isch/s'gôht ds' onder(sch)übersche)**

Dubb(e)l, Dubbeler schwerfällig-ungeschickter Mensch

Duck Posse; auch: (Böses) antun

duck(sel)mauset scheu, verängstigt; auch: unterwürfig

Dudderer junger, ahnungsloser Mensch; auch: Säugling

dudera vor sich hin trinken; vor sich hin sprechen/murmeln/schimpfen

Duduwärgele Drehorgel

dugga bücken (um sich zu schützen, zu verstecken, unterwerfen)

dui, dia die, diese

dukka gut essen (Festessen bei Silvesterfeier)

Du|klâpf gewaltiger Donnerknall

Dulg, Äbbierastobber, Eabieramuas, Erdepfelmuas, Grombierabrei Kartoffelpüree

Dulles, Dullo, Bâlla, Bleames, Bloddr, Bolla, Dibbel, Fifâz-Rausch, Glâpf, Granâtafetza, Ruaß, Säbel, Seire, Semseler, Suriâs, Vier|fescht|däglicher Schwips/Rausch/Allmachtsrausch

d'Dunk, d'Donk frühere Weberwerkstatt, meist unter der Wohnstube – aber immer im Untergeschoß – gelegen

Dünneta/Dennada, Beeda/Beta, Beten (pl.) **Blâ(â)tz, Flâd(a), Plâtz(et), Zelta** dünn ausgewellter Kuchen aus Hefeteig, z. B. mit Zwiebeln, Kümmel, Luggeleskäs, aber auch mit Obst belegt – je nach Jahreszeit; auch: dünne Brotfladen ohne Belag – im Holzbackofen gebacken

Dunnschdig, Daoschdig, Do(o)schdig Donnerstag

Gaisburger Marsch

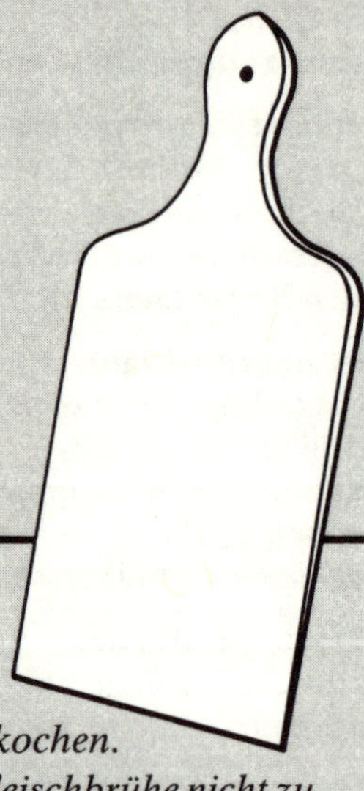

250–500 g mageres Rindfleisch, Suppenknochen, 1 Bund Suppengrün, Salz, eine kleine Zwiebel (man kann sie mit einer Gewürznelke spicken) zu Fleischbrühe kochen.
400–500 g rohe gewürfelte Kartoffeln in Fleischbrühe nicht zu weich kochen lassen.
Spätzle (Grundrezept S. 15) zubereiten.

In einer vorgewärmten Suppenschüssel Kartoffeln und Spätzle (etwa zu gleichen Teilen), das in Würfel geschnittene Siedfleisch und so viel durchgesiebte heiße Fleischbrühe mischen, daß eine dicke Suppe entsteht. Mit Salz und Muskat würzen. Vor dem Auftragen wird der Eintopf mit in Butter gebräunten Zwiebeln übergossen.

So soll der Gaisburger Marsch zu seinem Namen gekommen sein: Vor dem Ersten Weltkrieg hatten die Offiziersanwärter in Württemberg neben anderen auch im Hinblick aufs Essen Vorrechte. So mußten sie nicht in der Kaserne speisen, sondern durften gewisse Mahlzeiten auch in Wirtshäusern einnehmen. Da es ihnen aber nicht selten am Geld mangelte, achteten sie meist darauf, daß die auswärtige Kost nicht zu teuer war. Die angehenden Offiziere der Stuttgarter Bergkaserne schätzten aus diesem Grund besonders die „Bäcka-Schmiede" in Gaisburg, deren Wirt einen delikaten, kräftigen und billigen Eintopf anbot, den er aus Fleischbrühe, Rindfleisch, Kartoffelschnitz und Spätzle zusammenstellte. Wer in der „Bäcka-Schmiede" essen wollte, hatte dies beim diensthabenden Offizier zu melden. Der ließ dann kurz vor der Essenszeit zum gemeinsamen Marsch nach Gaisburg, also zum Gaisburger Marsch antreten. Davon soll das Gericht seinen Namen haben.

Ganz nebenbei bemerkt: Spart man nicht an den Zutaten, so ist ein kerniger Gaisburger Marsch heutzutage alles andere als billig. In manchen bekannt guten schwäbischen Gasthäusern findet man ihn gar in der Nachbarschaft ausgesprochen teurer Spezialitäten. Eines aber ist er nach wie vor: wohlschmeckend und dem Land eigen deftig.

dupfagleich genau gleich, ohne die kleinste Abweichung

Dura Turm

Duranand, Gschmôrgl, Krâtzede, Schärrede, Schollabrei, Schollamöggela, Stierum, verropfte Pfannakuacha Eierhaber

Duranand auch: Sauerkraut und Spätzle (durcheinander), in der Pfanne (an)gebraten (siehe Goosnescht)

durchkustera durchsuchen

dure|hechla/dur(ch)hechla unfreundlich über jemand reden, ihn auseinandernehmen

Durenes Langweiler

Dure|schlechta Narben von der Pockenschutzimpfung (ein Mädchen – stolz – zum andern: „meine Dureschlechta sieht mr kaum")

Durmel Schwindel; auch: ungeschickter Mensch

durmelig, dirmelig, dremmelig, drems(e)lig, dromelig (leicht) schwindlig, taumelig

dur-nâ von oben bis unten; den ganzen restlichen Weg (entlang)

s'durnet es donnert

Duroasa, Aorosa, Oraosa, Urausa kleine Reste; übriggebliebenes Essen (vom Vortag); Brösel

dürrfiedrig, dürrlochet, dürrohret sehr mager

Dusa Schnupftabaksdose (sie gehörte in den Hosensâck)

duschur (fr. H.) immer, immerzu, alle Tage

dusenig dunstig, schwül

dusma! (fr. H.) (sei) vorsichtig, leise, sachte, zurückhaltend

dussa, drussa draußen

Dutt, Birzel, Bôrzer, Burz, Bu(u)z, Ne(a)st, Pfiffes, Pfipfes Haarknoten

du(u)dla (unmäßig) in einem fort trinken; auch: eintönig/ monoton musizieren

Duuft Rauhreif

E

Eabiera, Eibiera, Erdepfel, Äbbiera, Aibiera, Bodabiera, Grobra, Grombiera, Herdepfel, Jâbbiera, Schnaufkugla Kartoffeln

Eabieramuas, Erdepfelmuas, Äbbierastobber, Dulg, Grombierabrei Kartoffelpüree

ead/äat, eadlochet/äatlochet verlegen, fad, ohne Interesse; öd; heikel; tonlos; eingebildet, zimperlich, geziert

Eagesle/Eegasle Eidechse

eahnd früher, einst

e(a)hner, eandr, ehndr früher als gedacht; vorher

ebb(e)r, äbb(e)r jemand

ebbes, äbbes etwas

edda, et, it, net nicht; auch: halt (ein)!

Egert Grasgarten

eha! brrr! halt! (Zuruf an Zugtiere)

E(h)halten, Ehlte/Ählte Dienstboten

Ehle, Ahn, Ähne, dr Nähne, Neele Großvater

Ehma, Emma, Imma Bienen, Immen

Ehma|siaßlenger Schön(nach)schwätzer

ehra|käsig ehrsüchtig; leicht eingeschnappt; auf Ruhm/ Anerkennung bedacht

E(h)scha, Ä(h)scha Erbsen (reif, trocken, hart) (siehe auch Äscha)

Ei|bende, über s'Môhl (Mahl) schenka die an einer Hochzeit beteiligten befreundeten oder verwandten Mädchen wurden (während des Hochzeitsmahls) mit kleinen „eingebundenen" (= hübsch eingepackten) Geschenken bedacht

Eibiera, Kartoffeln (siehe Eabiera)

Eibieraspâtza, Grombieraschnitz ond Spâtza, Gôißburger/Gâißburger Marsch beliebtes schwäbisches Gericht

Ei|brenne, Brenne (dunkle) Mehlschwitze

ei|brock(l)a Brot-, Wecken- oder Hefezopf-Stücke zum „Kaffee essa", (z. B. in Milch oder Kaffee) einlegen

eidalig rein, pur

Eidam, Dochter|ma Schwiegersohn

ei|dämpfa durch Köcheln verdicken; auch: Eskaliertes auf ein gangbares Maß zurückbringen

ei|diepft verschlagen, boshaft

ei|doa (z. B.) Enten und Gänse in den Stall bringen; auch: einen Mann/eine Frau/eine Sache „erwerben"/ „anschaffen"

ei|donka Brot-, Wecken oder Hefezopf-Stücke (z. B. in Milch oder Kaffee) eintauchen

Ei|donke, Kâffeedonka Backwerk in Kaffee (oder Milch) tunken (nicht nur, damit's weicher wird)

ei|dosa, ei|dusla einnicken, leicht schlafen/schlummern

ei|dünsta (wörtl. eindünsten) einwecken, einkochen

ei|fädemla einfädeln

eifera eifersüchtig sein

(a) Ei|gflôischde (eine) „Eingeborene“, seit eh und je im Ort/Land Lebende

ei|gschirra, a|weata Zugtier einspannen; **alega** anbinden; **âlega** losbinden von Tieren

Ei|gschlâif, Ei|gschliaf Kleidung

eigschnâppt beleidigt

ei|häsa, ei|schlâifa, ei|schliafa, ei|schlufa, a|doa, a|häsa, a|lega, a|gschirra, a|schliefa, a|zia(ga) sich ens Hâbitle werfa (sich) ankleiden, (sich) anziehen (siehe auch â|häsa)

ei|hutzla eintrocknen

Ei|nähere, Daoda|adoare/ Do(a)da|adoare (siehe Daoda|adoare) Frau, die Tote einkleidet und in den Sarg bettet

eine|gea (Groß)Vieh im Stall füttern

eine|läbbera fortwährend trinken (z. B. ewig durstige Kinder)

eine|mampfa beim Essen tüchtig zugreifen

eis, eiser, eisere uns, unser, unsere

ei|sâcka, eischobba einschieben, (etwas) mitgehen lassen; (etwas) in die Tasche schieben

ei|sâga vorsagen

ei|schiaßa im Backhaus wurde das Brot in den Ofen „eingeschossen“

ei|schlâifa, (sich) ankleiden, (sich) anziehen (siehe auch a|häsa, â|häsa)

ei|schmoddera, eischnôrra eintrocknen, (ein)schrumpfen

ei|schmotza einreiben, fetten

eischobba etwas einstecken (in die Hosentasche)

deam zôig-e, mô dr Zemmerma s’Loch neigemâcht hôt

deam ka ma nia nix recht mâcha

d’Kâtz hocket uf der Bôi ond fôiget mit-ema Bobbel Gâra

wer ghett/gheet hôt, braucht nix meh/mai

aus a-ma au-/ofröhlicha Ârsch ka koi fröhlicher Furz komma

doppelt gnäht, hebt besser

ei|sprenza Bügelwäsche anfeuchten

Eisse, Aiß(a), Ôassa/Ôissa Furunkel

eis|zâpfakâlt hundekalt

eitelig pur, unvermischt

ei|wettera einstürzen

ei|zâisla, ei|zamsla, ei|zamserla, ei|zeisla (jem. für sich) einnehmen/in Beschlag nehmen

Ellaboga|deifele, Seela|fuhrwerkle Ausdruck für ein Kind, das man ins Herz geschlossen hat

emda Baum/Bäume veredeln

Emeler Imker

Emes, Âla|môis, Berames Ameise

Emesbärzel Waldameisenhaufen

Emma, Ehma, Imma Bienen

End|däpper, Endschuah, Endsock, Bärasock, Blätzsock (liebevoller: **Blätzsöckla)** aus Stoff (z. B. Trikot- oder Filz-)Resten genähte (geflochtene) Hausschuhe

enderletzt schließlich, endlich

Eneskranz (vermutlich von: Aniskranz), **Kranzbrot, Kranzes** Hefezopf, Hefekranz

enna weara inne werden/etwas erfahren

Entaklemmer Geizhals

Entawâggel kleine Ente (z. B. auch Spielzeugente)

Epf(e)lbutza, Bitzget, Butza, Gâgga (Apfel)Kernhaus (siehe Butza)

Epf(e)lhurt, Hurt Gestell zum Einlagern von Äpfeln (siehe Kartoffelhurt)

Epf(e)l|klâu|hosa, Äpfel|klâu|hosa Knickerbocker

Erbela Walderdbeeren

Âiper, Ananâs, Bodabeer, Bräschdleng, Prestling Erdbeere(n)

Erbet Arbeit

Erda|fetz Erzlump; mit allen Wassern Gewaschener; auch: anerkennend für einen, der Vorteile für sich schon von vornherein erkennt bzw. zu nutzen beabsichtigt

erda|lätz, boda|lätz (sehr/außerordentlich) schlimm, schlecht, sehr ungünstig

erda|liadrig, erda|mend bodenlos liederlich/schlecht

Erdepfel, Äbbiera, Aibiera, Bodabiera, Eabiera, Eibiera, Grobra, Grombiera, Herdepfel, Jâbbiera, Schnaufkugla Kartoffeln

Brennte Mehlsupp'

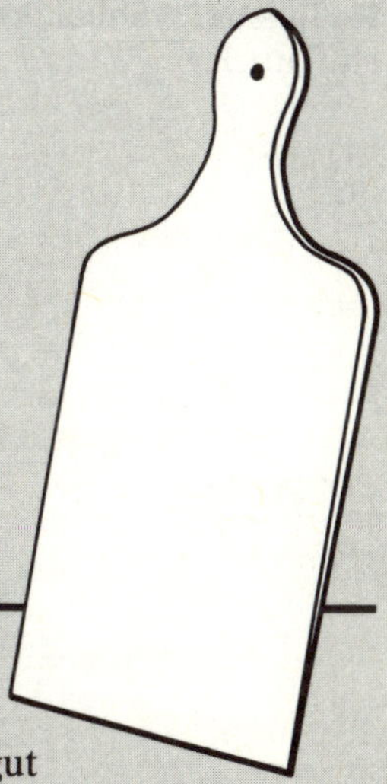

60–80 g Mehl in 50 g Fett braun rösten, eine halbe kleine Zwiebel (am Stück lassen, damit man sie vor dem Servieren gut herausnehmen kann) kurz mit anbräunen; mit einem Liter Würfelbrühe ablöschen; mit Salz und Muskat würzen. Die Suppe gut durchkochen. Zum Schluß ein verquirltes Ei in die Suppe einrühren.
Das Mehl kann auch ohne Fett mit etwas Salz geröstet werden; dann eignet sich die Suppe besonders bei Magen- und Darmverstimmung.

Erdepfelmuas, Äbbierastobber, Dulg, Eabieramuas, Grombierabrei Kartoffelpüree

Ern, Ährn Hausflur, Hausgang

Erzdâckel Schimpfwort

Esch|hai Feldschütz

Eselsfuß, Lâbâtscha, Roßhuaba, Wühlhubberle Huflattich

Eselskraut, Essla, Zenger|essla Brennesseln

Essigmuader quallenartige Pilzhaut, die in Most/Wein liegend (eingelegt) Most/Wein zu Essig werden läßt

et, edda, it, net nicht; auch: halt (ein)!

etepetete, ätepetäte übertrieben genau, zimperlich, geziert

Fäa(h)l, Baisele/Beasele, Fexele, Waile, Wehwehle etwas Böses/Schmerzendes; kleine Wunde/Entzündung (Wundmal) (siehe Baisele)

Fâätsche Verband, Binde

Fâckla, Burzelküah, Dannamoggel, Dannamoggla (pl.), **Hâttel, Kiahla, Mogg(e)la, Muspel** Tannenzapfen

Fâckla, Küahla Herbstzeitlosen im Sommer (Samenbeutel)

fâdagrâd als Lob gedacht: streng korrekt; auch: (z. B. bei Straße) kerzengerade

Fâdakrättle Nähkorb

Fädemle Faden

Faeschdr/Faister Fenster

Fähnele/Fehnele, Fätza, Flâigerle leichtes Kleid(chen)

fâlga, felga hacken

Fâlligwâih Epilepsie

Fangerles Fangen spielen

Fârra, Hâga, Häge, Hägl, Hommel, Hummel männliches Rind, Bulle

Fâschâd Dachausbau mit Fenster

d'Fâsnet die Fasnacht

s'Fasnetshäs, s'Häs, s'Nârrahäs die Fastnachtskleidung

Fäßle, Käpsele „geistiges Genie"; einer, dem etwas Schwieriges gelungen ist

Fätz/Fetz Schlingel; durchtriebener Bursche; Gauner (liebenswürdige Form)

fâtza, â(b)fâtza (plötzlich) abreißen (z. B. dr Schuahbendel oder dr Hosagummi)

fâtza|grea, âsa|grea durch und durch unreif, z. B. bei Zwetschgen, Äpfeln

fâtzaleer leerer geht's nicht

fâtzanüchtern, stocknüchtern das Gegenteil von „stock|bsoffa", nämlich total nüchtern

Fâzanettle, Fâzinettle Einstecktuch; kleines Taschentuch; Seidentüchlein, aus der oberen linken Rocktasche der Herren „herausguckend"

Feager Luftikus; auch: spitzbübischer Bub

feand, ferig, väareg, varndich letztes Jahr (siehe vorfeand)

Feckala, Âckerschnâlla, Schnâllastöck Klatschmohn

Fee(h)l, Föhl Mädchen

Feife|grädler Kirchturm mit 4 Ecktürmen; davon sind von unten immer nur 3 zu sehen, also insgesamt 4 (mit der Spitze des Kirchturmes): also 5 erscheinen als 4 – daher: **feif(e) grad sei lau**

Feiferle/Faeferle Fünfpfennigstück

Feim Scheune abseits der Hofgebäude

Feischtl Fäustlinge, Fausthandschuhe

Feldschütz Feldhüter

felga, fâlga hacken

Felsa|nägela Kartäusernelken (wachsen auf steinigen Böden)

Femel Hanf

Fendl Putzlappen

Saure Kartoffelrädle

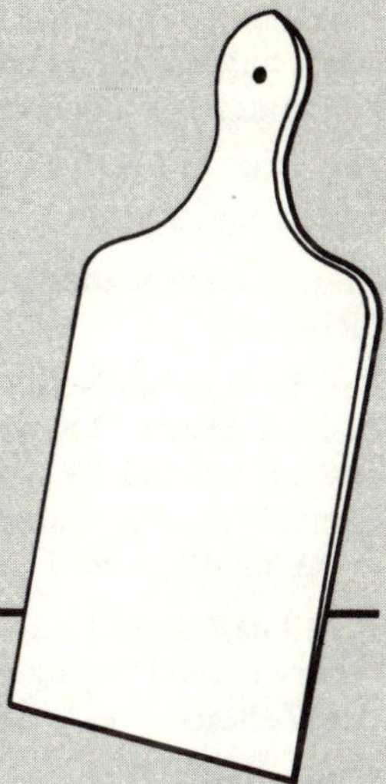

In 2 Eßlöffeln heißem Fett werden 2–3 Eßlöffel Mehl hell angebräunt. Einen Eßlöffel feingeschnittene Zwiebel darin glasig dünsten. Mit knapp ½ l Fleisch- oder Würfelbrühe ablöschen. Würzen mit etwa 3 Eßlöffeln Essig, einem Kaffeelöffel Senf, einem Lorbeerblatt, einer Nelke, eventuell einem Stückchen Zitronenschale, Salz und Pfeffer. Alles zusammen einmal aufkochen.

1 kg Kartoffeln (nicht zu mehlig) inzwischen sieden, noch warm schälen, in nicht zu dünne Scheiben schneiden und dazugeben. Die Kartoffelrädle mindestens 15 Minuten gut durchkochen lassen.

Tip
Sie eignen sich als Beilage zu Siedfleisch.

fergelig nörgelnd

Fetz/Fätz Schlingel; durchtriebener Bursche; Gauner (liebenswürdige Form)

Fetzaberger einer, der immer (lächelnd) darauf bedacht ist, den andern zu übervorteilen

Fetzahäs Gewand in schlechtem Zustand

s'fetzel(a)t es schneit ganz sachte

Fexele, Baisele/Beasele, Fäa(h)l, Waile, Wehwehle etwas Böses/Schmerzendes; kleine Wunde/Entzündung (Wundmal) (siehe Baisele)

Fiaß/Füaß Beine (am Oberschenkel beginnend bis zu den Zehen)

fiaßla, fuaßla Kontaktaufnahme unterm Tisch (mit den Füßen/Beinen) (siehe fuaßla)

fidel lustig, heiter

Fidug, Gluschda Appetit auf etwas; Verlangen nach . . .; Gelüste

fiedalig/fiadalig fürchterlich, furchtbar

Fiedla, Bobbes, Bobbo, Bomberle, Hinterebâcka Hinterteil

Fiedla auch: „Erziehungsfläche"

Fiedleshänger Penner; nichtsnutziger, schlampiger Mensch, an dem alles herunterhängt/schlottert

Fiedleskrâtzer, Fiedlesschlitta einsitziger Holzschlitten

fieregrubla/firregrubla hervorholen (von ganz hinten/ unten)

fierekomma/firrekomma hervorkommen

Fierfeaschdr, Vorfenster (zusätzlich einhängbares) Doppelfenster

fierne(a)hm vornehm

fi(e)rsche/fürsche vorwärts

Fifâz- . . . (z. B. -Lump, -Dackel, -Rausch) jeweils die Steigerungsform von z. B. Lump, Dackel, Rausch

Fifâz-Rausch, Bâlla, Bleames, Bloddr, Bolla, Dibbel, Dulles, Dullo, Glâpf, Granâtafetza, Ruaß, Säbel, Seire, Semseler, Suriâs, Vier|fescht|däglicher Schwips/Rausch/ Allmachtsrausch

Figge Ausrede

figgerig zappelig, nervös

Filu (fr. H.) Spitzbube

firchdig/fürchtig schrecklich (eigentlich furchterregend) – wird im Zusammenhang mit

Eigenschaftswörtern (zu deren Bekräftigung) verwendet

firgelig übergenau

firre/verre nach vorn

Fiseela (fr. H.) Stangenbohnen

fitschla reiben

fitzelig feinnervig; die Nerven strapazierend

Fitzger cleverer, gutaussehender junger Mann

fitzig eitel

Flâd(a), Beeda/Beta, Beten (pl.), **Blâ(â)tz, Dennada/ Dünneta, Plâtz(et), Zelta** dünn ausgewellter Kuchen aus Hefeteig, z. B. mit Zwiebeln, Kümmel, Luggeleskäs, aber auch mit Obst belegt – je nach Jahreszeit; auch: dünne Brotfladen ohne Belag – im Holzbackofen gebacken

Flädla Pfannkuchen; auch: in schmale Streifen geschnittene Pfannkuchen (für d'Flädlessupp')

flâgga, strâcka sich „hinhauen"; (unschön) (hin)liegen; sich hinstrecken

flâigera hinausfliegen (lassen)

Flâigerle, Fähnele/Fehnele, Fätza leichtes Kleid(chen)

Flâigerle, Flenderle auch: Windrädchen (Marktkram)

flâißa Wäsche spülen

Flanka begrenztes, bebautes Gebiet

Flärra/Flerra, Blätz(a) Verletzung (siehe Blätz[a])

Flärra/Flerra auch: ein abgeschlagenes/abgerissenes Stück z. B. von einem Topf; auch: Hautfetzen

der sieht da Hennadreck durchs Gitter
ein Mensch, der sich besonders schlau vorkommt, der gescheiter sein will als andere

lâß dir ôine giaßa en Wâsserâlfinga
Rat für einen ledigen Mann, dem keine Frau gut genug ist

der hôt a Heerafiedla gfressa
einer, der alles ausplaudert

der isch kôi/koa g'löchrete Hâselnuß wert
ein Taugenichts

Flâschner Klempner, Spengler, Installateur

flâttiera jem. schöntun/-reden; schmeicheln

Flaumer/Flommer Mop

Fle(a)drawisch Staubwischer aus Federn; auch: flatterhafte Frau

Flecka Dorf, Ort; auch: Ortsmitte

flecka, s'fleckt vorankommen; es ist hochwirksam

Fleckabäs außerhausiges Weib (die ständig im ganzen Flecken [Dorf] unterwegs ist)

Fleckabeasa, Fleckaflantena tratschendes Frauenzimmer, das im ganzen Ort „Neuigkeiten" verbreitet

Flegel Werkzeug zum Handdreschen

flenna, flerra, blä(ä)ra, bräaga, brâlla, brella, briaga, greina, heina, plärra (fr. H.), **zenna** heulen, weinen

(a) Fliager (ein) Flugzeug

Flôischkiachle Frikadelle

Fluiga, Mugga (die) Fliegen

Fluiga auch: kleine schwarze Weinbeeren im Hefezopf

Fluigabätscher, Mugga|bâtscher Fliegenklappe

Fluigafenger, Mugga|fenger Leim-Klebestreifen zum Fliegenfangen

Fogga kleine, frisch gemähte Getreidehaufen

Föhl, Fee(h)l Mädchen

fôika sich spielerisch herumbalgen; mit den Pfoten spielen (z. B. junge Katzen)

Fôisa Fischnetz

der geit Gott ond dr Welt kôin/koan Docht, ond wenn'r d'A(m)pel en dr Ha(n)d hôt
ein Geizhals

dô könntescht Baumöl soicha!
über etwas entsetzt/verbittert sein

der hôt da Pferch nôregschlâ(ga)
er hat (wohlweislich) eine Ortsveränderung vorgenommen

wenn der da Geischt aufgibt, braucht er net viel aufgeba
der ist dumm

fommla (wörtl. fummeln) reibend putzen/glänzen; auch: sich unsachgemäß/ unangebracht an etwas zu schaffen machen

Fonzel trübe Lampe, schlechte Lichtquelle, schwache Laterne

Fôrch(e), Fôrra Föhre/Kiefer

Fotö(j) (fr. H.) Lehnsessel

frâgâdiera herunterhandeln (z. B. den Preis für die Holzzufuhr)

Frâua|list, Kâtza|aigla, Kommwiederkraut, Männertreu Ehrenpreis(arten)

Frâuavögele Marienkäfer

freile freilich

fremdala scheu sein; keine „Fremden" sehen wollen (z. B. bei Kleinkindern)

Fretterei, (a) Gfrett (hau/han) große Anstrengung; (unnötige) Umstände (haben)

Froschmetzger/ Froschquiekser, Krottagiegser/ -gitzger/-quiekser, Krottametzg(er)/-schnâpper/ -stecher (stumpfes) Taschenmesser (von Buben)

Frucht/Fruucht Dachbezeichnung für alles Getreide

Füaß/Fiaß Beine (am Oberschenkel beginnend bis zu den Zehen)

fuaßla schnell gehen, eher rennen

fuaßla, fiaßla Kontaktaufnahme unterm Tisch (mit den Füßen/Beinen)

Fuaßnet unteres Bettende

fuchsa (sich) ärgern; **(dees fuchst mi/dean)**

(a) Fuchtel eine aufgeregte Weibsperson: (**er stôht onder dr Fuchtel** = . . . unter dem Regiment der [Ehe]Frau)

fuchtla, rom|fuchtla mit den Händen/Armen gestikulieren/ um sich schlagen, diese (drohend) schwenken

fuggera, â(b)fuggera (etwas) so billig wie möglich einhandeln/ abschwatzen

Fu(h)rtle(h)r Dorftrottel

Fuierhäfele (wörtl. Feuer . . .) Fegefeuer (damit drohte man früher ungezogenen Kindern) **(sonscht/nô kommscht ens Fuierhäfele)**

fuira feuern

furba, fürba Boden/Treppen säubern/kehren, fegen **(d'Trepp nâ-furba)**

fürbâß vorwärts

fürchtig/firchdig schrecklich (eigentlich furchterregend) – wird im Zusammenhang mit Eigenschaftswörtern (zu deren Bekräftigung) verwendet

für|gschuhet vorne/an der Spitze geflickter Schuh

Furka vierzinkige Heugabel mit langem Stiel

furkla schneien

fürsche/fi(e)rsche vorwärts

Fürwitz(le) Naseweis

Furzgrill Sopranistin

Furzkästla, kurze Wix, Sepplhos(a), Türleshos(a) Lederhosen

Furzkist Person mit übermäßigen Winden

Furzklemmer, Zensheuler Geizhals

Furzrugele (noch) sehr kleines Kind

furztrocka, käferfiedlestrocka äußerst (brüchig) trocken

furzwurst, Wurst völlig gleichgültig; **(dees isch mir Wurscht)**

Fut|igel Ackerhahnenfuß (wegen der igelartigen Früchte)

futsch weg auf Nimmerwiedersehen; verloren; auch: kaputt/zerstört

futt . . . fort . . ./weg . . .

Futterluck Mund (zum Essen)

futtgau ausgehen

futtjaicha, jaicha, laicha/läucha etwas/jemand vertreiben, verscheuchen, jagen, treiben

fuuchtig fürchterlich

G

gâ(â)gera zornig weinen

gä(ä)ra gern(e)

Gä(ä)rtle kleiner Hausgarten

d'Gaas/Goos, d'Gees (pl.) (die) Gans, (die) Gänse

Gaasnescht/Goosnescht, Stubagschloapf Sauerkraut mit Spätzle vermischt (geröstet) (siehe Duranand)

gäbla leichter Wortwechsel

gäbsch verkehrt/bei Stoff(sachen) das Innere nach außen gewendet (anziehen); auch: beim Stricken = linke Maschen

Gâdd(e)r/Gâttr Holzzaun, Gitter

Gädderle/Gätterle Holz-Gartentürlein; kleine Umzäunung

Gäder Handgelenk

Gäder|he(e)dschich, Gäderstutza, Staucher, Steeßer, Stoß/Stößla, Strupfer Pulswärmer (gestrickt)

gäga, gäaka neigen, beugen; einen Gegenstand (z. B. ein Faß) in Schräglage bringen/ kippen; auch: spucken, speien (ohne Material); auch: umstürzen

Gâge Krähe

Gägets, Gautsch(e), Gautschets, Gigampfe, Hosche Schaukel

Gâgga, Bitzget, Butza, Epf(e)lbutza (Apfel)Kernhaus (siehe Butza)

Gâggele Ei

Gâggelesgrind Eierkopf

gâggelig (zu) bunt, grellbunt

Gähunger Heißhunger

Gähwenda, Gaiwenda Schneewächten, Schneewehen

Gaigale Ausrutscher (mit einer Drehung um sich selbst)

Gâißburger/Gôißburger Marsch, Eibieraspâtza, Grombieraschnitz ond Spâtza beliebtes schwäbisches Gericht

gaitscha, gambla, gampa, gautscha, geitscha, gigampfa, gôgera, hoscha schaukeln , hin und her wiegen

gâlettera schnell gehen

Gâlganägel, geale/gelbe Riaba/ Riabla Mohrrüben, gelbe Rüben

gammelig, gämmelig/gemmelig übermütig, erregt, ausgelassen/ wild (z. B. ein hafersattes Pferd)

gampa, geiga in die Pedale treten; auf einem Fahrrad fahren, bei dem der Sattel zu hoch/oder die Beine zu kurz sind (auf dem Sattel hin und her rutschen (siehe gaitscha)

Gäng(e)le schmale Gasse

ganggelig zu lang geraten – daher ohne Halt

Gang|ôdra Kniekehlen; auch: Beine

Ga(n)skâchel, Ga(n)skâr darin wird die Gans zubereitet

Gänswergel, Bauchstöbber, Brugghölzer, Buabaspitzla, Schlang|gangger, Sperrknecht, Wampabäbber, Wampastecher, Wârgela/ Wergela Schupfnudeln

gao/gau gehen; (**i muaß gao gao** = ich muß gleich/demnächst weggehen)

Gâra-Bobbel Garnknäuel

Gârbabender, Gârbasôal/sôil, Gârbastrickle Seil zum Zusammenbinden der Garben

Gârgel Haut auf abgekochter Milch (bekam man früher statt Butter aufs Brot)

Gârta-Hâlle/Häule kleine Hacke

Gärtnerspeck Zwiebelröhrle

Gâschthendere/ Gôschthendere (wörtl. gehst du . . .) Rock mit Rockschößen (vielleicht sollten sie „hinten" bleiben)

Gasger, Gäzeng, Geesger Gänserich

Gäspes Faxen, Aufhebens (unerwünscht)

Gâß, uff d'Gâß Straße, Hof, eben draußen – außerhalb des Hauses; eher: Kinder gehen zum Spielen ins Freie **(= uff d' Gâß)**

Gâssabua, Gâssafee(h)l/föhl/ mädle nennt man Kinder, die stets außerhalb des Hauses sein wollen, niemals daheim

Gäßnägela, Sirenka, Ziren|ga Flieder

Gâtsch, Geit (w), **Geiter** (m), **Geitla** (pl.) Ente(n)

Geitleguhler Erpel (siehe Schlicker)

gâttig schön, sauber, passend; auch: komisch, abnorm

gâtzga gackern; Gehabe der Hühner nach dem Legen

gauba, golga, pflotzga schwappen

gauba auch: plumpsen (z. B. ein Stein ins Wasser)

gaucksa, gauzga Luft stöhnend ausatmen (bei harter Arbeit)

i zôig dir glei, mô dr Bârtl da Mo(o)scht hollat/holt!
jemandem ankündigen, ihm die Meinung zu sagen

em Nârra ens Säckle langa
unentwegt kichern/lachen, gut aufgelegt sein

du ka(a)sch mi bugsfeiferla
du kannst mich mal . . .

der wird em Schmâlzhâfa net fett
er ist spindeldürr/rippendürr

gib amôl an schöna Bâtsch!
Aufforderung an Kinder, die Hand zum Gruß zu reichen

Gaude, Mordsgaude Spaß mit anderen zusammen; auch: aufwendig-umständliches Verfahren, bei dem nichts vorwärts geht; (Mordsgaude = Höchstform der Gaude) **(hend mir a Gaude ghett!)**

(a) Gaufat soviel, wie in zwei Händen Platz hat

gauma Kind hüten; „babysitten"

Gaumel, âlte altes, wehleidiges Weib

gaura knarren

Gausgâlle/Goosgâlle einer, der mit Witzen oder sonstigem Geschwätz nicht/schlecht zurechtkommt

gäzga reizen

Gâzzger/Gezger, Gluckser/ Gluzger, Hägger/Hecker Schluckauf

geal gelb

geale/gelbe Riaba/Riabla, Gâlganägel Mohrrüben, gelbe Rüben

d'Gees (pl.), **d'Gaas/Goos** (die) Gänse, (die) Gans

geesdreckzia(h) kleinliches Kappeln um nichts

Geesdreckzieher einer, der pedantisch jeder Kleinigkeit nachgeht/jede Kleinigkeit „ausdappt"

Geesfiaßla Gänsefüßchen = Anführungsstriche

Geesger, Gasger, Gäzeng Gänserich

Gefitzel entnervende Kleinarbeit

Gefutter Geschwätz

Gega|schwäher, Gegaschwieger Vater und

er hôt sein Wâsa
er hat eine beherrschende Stellung/keine Konkurrenz zu fürchten

ma ka wega-ma Ôisa hahnabüacha s'Kreizwaih hao
man kann wegen eines Furunkels starke Rückenschmerzen haben

jetzt muaß-e gao, i hao no (so) veil/viel Flachs uff dr Ko(u)nkel
ich muß jetzt gehen, ich habe noch (so) viel zu tun

dô kasch bâld Riabasama/soma säe
wenn jemand sich ums Waschen (vor allem ums Ohrenwaschen) gedrückt hat

Brennte Grießsupp'

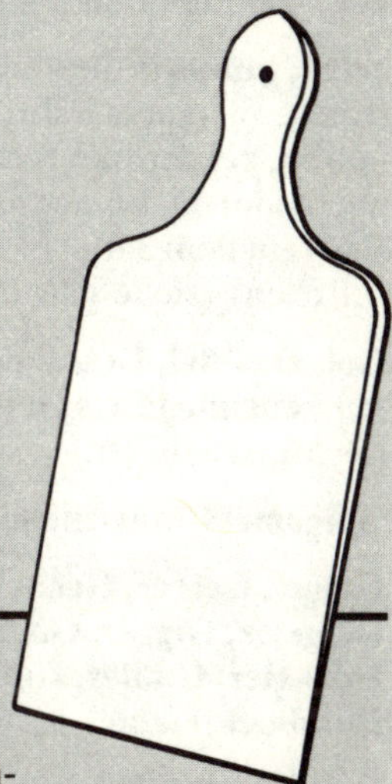

Für die gebrannte Grießsuppe bräunt man 3 Eßlöffel Grieß in 1–2 Eßlöffel Butter oder Margarine, löscht mit Fleisch- oder Würfelbrühe ab, würzt mit Salz und Muskat. Vor dem Anrichten die Suppe mit einem Eigelb (mit ein wenig Wasser durchgeschlagen) legieren. Mit Schnittlauch bestreuen. Man kann auch zusätzlich angeröstete Weißbrotwürfel einlegen. Außer dem angegebenen Grieß kann zum Binden noch ein gestrichener Eßlöffel Mehl mit angeröstet werden. Dann sitzt der Grieß nicht ab, wenn die Suppe länger steht.

Mutter der Schwiegertochter bzw. des Schwiegersohns

Geherdâ einer, der ständig zu allen möglichen Arbeiten (Lumpageschäftla) herangezogen und dabei ausgenutzt wird

Gehudsche ungeliebtes Anhängsel; Pöbel

Geifitzle schelmisches Kind; überspanntes Fräulein

geiga, gampa in die Pedale treten; auf einem Fahrrad fahren, bei dem der Sattel zu hoch/oder die Beine zu kurz sind (auf dem Sattel hin und her rutschen) (siehe gaitscha)

Geigaknödel, Geigaknöpfla Suppeneinlage aus Geigamehl (= Mutschelmehl)

Geigamehl Mutschelmehl

Geigel, Geiger, Geckel (pl.), **Giggeler, Gigger, Gockel, Gockeler, Guhler, Gulle, Hearbock** Hahn

Geiß/Goaß/Gôiß, Bah(n)wärtersküahle, Hädd(a)le Ziege

Geißel/Gôißel Peitsche, Treibstecken

Geißhirtle/Gôißhirtla Birnenart – klein, süß, sehr gut zum Dörren/zu Hutzeln **(wia au d'Fäßlesbiera oder d'Âlbecker)**

Geit (w), **Geiter** (m), **Geitla** (pl.), **Gâtsch** Ente(n) (siehe Gâtsch)

geitscha, gaitscha, gambla, gampa, gautscha, gigampfa, gôgera, hoscha schaukeln, hin und her wiegen

geizla Wasser unnötig vertun; Wasser hin und her leeren/schütten

Gelbveigela/Gealveigela, Pechveigela Goldlack

Gelbveigelesschwäbisch Honoratiorenschwäbisch

Geldbeutelstehler Hirtentäschelkraut

gell, gelletse nicht wahr! (wird an den Anfang oder das Ende eines Satzes gestellt – nichtssagende/Zustimmung erwartende Redewendung)

Gelt, Gelta, Gölte größeres Gefäß, meist aus Holz, ohne oder mit nur einem Griff; (Wasch-)Kübel; Wanne aus Holz oder Zink zum Wäschewaschen

gemmelig/gämmelig, gammelig übermütig, erregt, ausgelassen/wild (z. B. ein hafersattes Pferd)

genza umkippen

Geppel/Göppel, Hemmoriddaschaukel altes

Fahrrad; klappriges Fahrzeug

Gerstle (kleiner Land-)Besitz (ursprünglich von „Gerste“)

Gesaires, Geseire Geschwafel, inhaltloses Geschwätz

Geschnuder/s'Gschnuder, s'Gschneif, d'Schnuderede, Schnudert Schnupfen, Katarrh

gest, gestig, geschd(ig) gestern

gfâtzt, â(b)gfâtzt/âgfâtzt abgerissen, abgebrochen

(em) gfiernei im voraus

Gflädleds, Gschläpp, Pflädder Kuchenguß

Gfrä(ä)ß schlechtes/ unappetitliches Essen

gfräß (jem. **isch gfräß**) kein Kostverächter: ißt alles, was kommt (**gsond ond gfräß** drückt Wohlbefinden aus)

(a) Gfrett (hau/han), Fretterei große Anstrengung; (unnötige) Umstände (haben)

Gfries Gesicht

ghâirig, gheerig sehr, arg, gehörig; **(s'hot gheerig g'schneit)**; (auch: **a ghâiriger Kerle** = ein großer Mann)

gheia bereuen, leidtun **(s'gheit mi)** (siehe keia)

Giatle/Güatle, Baurasächle, Sächle kleiner bäuerlicher Besitz
Giatle/Güatle auch: (kleines) Gärtle (abseits des Hauses)

gibelegäbele jemand sticheln; gemäßigt streiten

Gichtrosa Pfingstrosen

Giechter Gesichtskrämpfe (bei Säuglingen); aber: **Giechter kriaga/dô kenn'dsch jô Giechter kriaga** = etwas schier nicht mitansehen können

gieksa, gilfa, grilla kreischen, schrill schreien; höchste, schrille Töne von sich geben (besonders Kinder)

Giftglock, Wâldschella Roter Fingerhut

Giftnudel böse Frau

Gigäg Eichelhäher

gigägig wenn etwas zu klein ist und nicht mehr paßt

gigampfa, gaitscha, gambla, gampa, gautscha, geitscha, gôgera, hoscha schaukeln, hin und her wiegen

Gigampfe, Gägets, Gautsch(e), Gautschets, Hosche Schaukel

gigela unerhört auf etwas gespannt sein

Giggel Eidotter

Giggele, Kneisle, Raiftle/Reiftle, Renftle, Rengg(e)le, Riebel(e) Brotanschnitt oder -ende

Giggeler, Gigger, Geigel, Geiger, Geckel (pl.), **Gockel, Gockeler, Guhler, Gulle, Hearbock** Hahn

Gilla/Gülla, Dohla, Mistlâch(a) Jauche

Girbel Baumwipfel

Girgele, Gurgel Kehle

Gispel überspannte, unruhige/nervöse Person; Zappelphilipp

gispelig überspannt, unruhig, nervös, fahrig

Gitzle ganz junge Ziege, Geißle

Gizgibele Erkerturm

glâichelig/glôichelig, gleichig/glôichig gelenkig, sportlich

Glâif komischer Gang **(a Glâif)**; auch: die Beine **(s'Glâif)**

Glanner, Glender Geländer

Glâpf, Bâlla, Bleames, Bloddr, Bolla, Dibbel, Dulles, Dullo, Fifâz-Rausch, Granâtafetza, Ruaß, Säbel, Seire, Semseler, Suriâs, Vier|fescht|däglicher Schwips/Rausch/Allmachtsrausch

Glastür Wohnungseingangstür (sie muß nicht unbedingt aus Glas sein)

glatt lustig, humorvoll

glätta, be(e)gla bügeln

Glätterles-(Kleckerles-)Werk Stückwerk

Glesser, Glotzerla, Gsichtla, Pas<u>ee</u>la, Sametschüahla, Sperräugla, Tâg- ond Nâcht-

s'wird scho reacht wär(r)a, bis d'Knöpf nakommet/dra send
beruhigend: es wird schon gelingen

dia lâchet uff de Stockzeh (Stockzähne[n])
sich das Lachen verbeißen

dô zia(g)t's dr jô s'Hemmad nei
Kommentar z. B. nach einem Schluck sehr sauren Mosts oder Weins

deam wur-e gao s'Gweih verbiaga
mit dem werde ich mich anlegen; ich werde ihn zurechtweisen

Blümla/-Schättla/-Veigela, Viegaila Stiefmütterchen

Gligger, Glubetza, Glucker, Bâllada, Bâliedla, Bâliete(n), Dätscher, Hâbergôiß, Märbel, Näggl, Niggel, Schneller, Schusser, Steinis, Stôiling, Stôinißles, Werbel Murmeln (siehe Bâllada)

glischdig/glüschdig Gelüste haben, begierig sein auf . . . (z. B. bestimmtes Eßbares)

glitza glänzen

glitzig glänzend, glitzernd

Glöck(e)lesstock Fuchsie

Glöggel, Glöpfel Mädchen, das überall dabei sein muß

Glôich (Ketten-)Glied

Glomp wertloses, auch reparaturanfälliges Zeug; Ramsch; schlecht konstruierter Gegenstand

glomped durchtrieben (bei Menschen); auch: defekt, daher fast wertlos (bei Dingen); auch: lumpig (bei Kleidern)

Gloms, Glomsa (pl.), **Glu(h)b** Spalte(n), Ritze(n)

glonka vor Nässe triefen

Glo(o)ba, Rotzglo(o)ba, Rotzkocher (gebogene) Tabakspfeife (s. Bäggl)

gloschda (gerade noch) glühen

Glotza Wirrwarr (z. B. bei einem Wollknäuel)

glotza auffällig schauen

Glotzbebbel, Glotzer(la) Augen

s'glotzget wenn eine Wunde ungleich weh tut

glotzig verheddert, z. B. Wolle oder Haar(e)

Glotzmâschee(na), Nasafâhrrädle, Spekulier|eisa Brille

Glubber leicht abfällige Anrede unter Jugendlichen/Kumpeln

Gluck(are), Glutzga, Grôzgere Henne mit Küken (siehe Bruadere)

gluckera, Boggis spiela, märbla, näggla/neckla, schnellera, Schneller jâga mit Murmeln spielen

Gluckser/Gluzger, Gâzzger/Gezger, Hägger/Hecker Schluckauf

Gluf, Gliefle Stecknadel; auch: Sicherheitsnadel

Glufa|bäuschtle (siehe Bauscht) Nadelkissen

Glufa|gosch Blasen um den Mund

Glufa|häfele Stecknadelbüchse

Glufamichel übergenauer, kleinlicher Mensch

Gluschda, Fidug Appetit auf etwas; Verlangen nach . . .; Gelüste

glutzga wühlen, schaffen; (auch ein Huhn glutzget, gibt eigenartige Krächztöne von sich)

Gmäch Leistengegend; auch: Genitale, nur männlich

Gmäle Abbildungen aller Art – außer Photographien

Gmoids|häge Zuchtstier im gemeindeeigenen Farrenstall; Farre, Bulle

gnäadfiedlig, nâotschôißig/ notscheißig übereilt, verschusselt; quengelig-ängstlich

Gnâck, Anka Nacken, Genick (s. Anka)

Gnâddle einfältiger/ schwerfälliger Mensch; auch: scherzhaft zu einem Kumpel

Gnaischbl, Dôrstel, Kâga/ Käge, Kôga, Krautdôôsch, Krautdôrstel, Stôrzel Kohlstrunk

Gnaischbl auch: begriffsstutziger, unbeholfener Mann

gnâppa hinken

Gnâssl, Hâddl Dolde, z. B. von Holunder

gnâtza weinerliche unzufriedene Äußerung von Babys

Gnauba wilde Buben

Gnaudele ältlicher, etwas eigenwilliger/schrulliger Mann

se bägget vor se/sich na
sie hüstelt

der ischt en d'Kischt gspronga, der ischt en da Kasta ghopft, der hôt da Leffel weggschmissa, s'Fiedla hôt ausgschissa
wenn einer (plötzlich) (weg)stirbt

so isch nô âu wieder
dieser Ausspruch paßt – je nach Tonart – in allen Lebenslagen

bei deam/bei deara isch d'Hebamm âu nemme schuld
wenn jemand sehr alt stirbt

gnaudla ein Schläfchen/ Nickerchen machen

Gnâule ein überaus genau Arbeitender

gnauza Geräusch, z. B. wenn man im Sumpf geht oder die Schuhe durch und durch naß sind

gneerig, gniggad geizig

Gneib, Knia, Knub, Knui(b) Knie

Gnesele, Gnetzele, Gnies(e)le, Gräle, Griele, Grôale, Heale, Hus(s)el(e), Wussele Küken; auch: kleine Kinder; auch: Abc-Schützen (s. Heale)

gniefera an etwas herumbasteln/herumdoktern

Gnilch Kind, etwa im Vorschulalter, auch abschätzig für sonderbaren (jungen) Mann

d'Go(a)ddere, d'Gotta, d'Gottabäs, d'Dodde, d'Dote, 's Dötle, d'Dottabäs, Rockdot(t) Patin

dr Go(a)ddere, dr Götte, dr Döte, Hosadot(t) Pate

Gôaß/Geiß/Gôiß, Bah(n)wärtersküahla, Hädd(a)le Ziege

Gôaßa|bärtle/Gôißa|bärtle schütterer (männlicher) Bartwuchs

Gôaßa|schender/ Gôißa|schender böiger Wind

gôaßla/gôißla, deezera, dopfa, hâbergitza mit Kreisel/Dopf spielen

Gockel, Gockeler, Geigel, Geiger, Geckel (pl.), **Giggeler, Gigger, Guhler, Gulle, Hearbock** Hahn

Gockeler Eisenhut

Göckelesfriedhof Bauch

deam muaß ma mit-m Holzschlegel wenka
der begreift absolut nichts

was dui da ganza Dâg schâffet, mâchet andere onderm Zwölfeschlâga
eine sehr langsame/faule Frau

âu a âlte Gôiß schlecket no gära/gern Salz
auch eine etwas ältere (oder alte) Frau hört noch gern Komplimente/hat noch gern einen Mann

Göckeleskremâtorium Grill/ offenes Bratfeuer

Gocks steifer Sonntags-/ Feiertagshut für Männer

Gofa, (a) Hud(d)elwâr nicht so beliebte Kinder; auch: gelinder Ausdruck für Gesindel

Gôga Tübinger Weingärtner (siehe Wengerter)

gôgera, gaitscha, gambla, gampa, gautscha, geitscha, gigampfa, hoscha schaukeln, hin und her wiegen

Gogga, Mo(o)stgutter/ Mo(o)schdguddr Steinkrug mit Henkel (oft mit Verschluß), in dem der Most aufs Feld gebracht wird (siehe Gutter)

Goglopf, Goglopfes Gugelhopf, Napfkuchen; (bei Kuchen: Kuaches)

Gôifer, Spiebâtza, Spucke Speichel

Gôißaschmear Ziegenfett

Gôißbock Ziegenbock; auch: Widerspenstiger

Gôißburger/Gâißburger Marsch, Eibieraspâtza, Grombieraschnitz ond Spâtza beliebtes schwäbisches Gericht

Gôißel/Geißel Peitsche, Treibstecken

Gôißhädd(a)la/Mäddala kleine Gôißla/Gôaßla

Gôißhirtla/Geißhirtle Birnenart – klein, süß, sehr gut zum Dörren/zu Hutzeln **(wia au d'Fäßlesbiera oder d'Âlbecker)**

Goldbâdeng|ga (echte) Schlüsselblumen (siehe Bâdeng|ga)

golga, gauba, pflotzga schwappen (siehe gauba)

Goll Dompfaff

Goller breiter Kragen; Wams

Gol(l)icht alte Stall-Laterne, Kerze (u. U. mit Halter)

Gölte, Gelt, Gelta größeres Gefäß, meist aus Holz, ohne oder mit nur einem Griff; (Wasch-)Kübel; Wanne aus Holz oder Zink zum Wäschewaschen

Gommel übergewichtige Frau

Gomp, Gomper, Gumber Pumpe; auch: Ziehbrunnen mit Schwengel

Gompa Wasserloch, Wasseransammlung, tiefe Stelle im Bachbett

gompa pumpen

Gömple kleine Schüssel

d'Goos/Gaas, d'Gees (pl.) (die) Gans, (die) Gänse

Goosnescht/Gaasnescht, Stubagschloapf Sauerkraut mit Spätzle vermischt (geröstet) (siehe Duranand)

Göppel/Geppel, Hemmoriddaschaukel altes Fahrrad; klappriges Fahrzeug

gorgsa, gorgsla, gotzga Würgen im Hals; man ist nahe am Erbrechen/es „lupft" einen; schnarrende Hustentöne von sich geben

Gosch, Maul, Lâbbel, Schnôrra Mund, (siehe Lâfz)

goscha, bruddla maulen, (vor sich hin) schimpfen; viel/ungehalten reden; nachschwätzen

Goschahobel, Mauldu(u)dl, Schnôrra|gige Mundharmonika

Goschaschlosser, Zah(n)schlosser Zahnarzt

Gôschthendere, Gâschthendere (wörtl. gehst du . . .) Rock mit Rockschößen (vielleicht sollten sie „hinten" bleiben)

d'Gotta, d'Gottabäs, d'Go(a)ddere, d'Dodde, d'Dote, 's Dötle, d'Dottabäs Patin

dr Götte, dr Döte, dr Go(a)ddere, Hosadot(t) Pate

Gottes|tischfrâck langer Gehrock, den man früher zum Abendmahl bzw. zur Taufe trug

gottig, gotzig einzig, allein, ein (Stück)

Gotts|âcker Friedhof

gottsâllmächtig, gottsmillionisch, mordsmäßig Steigerung von sehr/gewaltig

Grä(ä)tz, Kretza Rückentragekorb (damit

der hätt' Schäfer wära miaßa, nô kennt'r da ganza Dâg uf sei Scheifele loana
. . . sagt man über jemand, der sich nicht um Arbeit reißt

dr Eba (Ebene) ond dr Ao|eba (Unebene) hond mitnand da Loab gessa
wenn zwei streitende Parteien durch Rechthaberei alles verloren haben

deam hao-e drfier dao!
dem habe ich es gegeben!

haben früher z. B. die Bäckerbuben mit dem Fahrrad die Ware ausgefahren) (siehe Grâtta)

gräba reuen (im Sinn von: es reut mich; leider habe ich [dafür] Geld ausgegeben/fehlinvestiert) (nicht: ich bereue)

Grâbb, Küahrâ(â)b/Kiahrâbb Saatkrähe

Grâbb auch: Schimpfwort

Grâbba zu groß geratene Spätzle (kommt von Grabb = Krähe/Rabe)

Gräb(e)le Bettritze zwischen Doppelbetten; „Besucherritze"

grâbscha raffen; schnell/vor andern etwas an sich nehmen

gräbscha in einem Holzschlag auch das kleinste Reisig zusammenlesen

s'Gräch, Oberdnei, Öberst, Räffla oberster Scheunenboden

G'räff, Räff besonders ausgeprägtes Gebiß; auch: Aufsatz für Getreidesense

gräg, grätig, aoleidig/oleidig schlecht gelaunt, grantig, in übler Stimmung, ungenießbar (bei Personen)

Graibel/Greibl, Krail Misthaken mit 3–4 Zinken; auch: ungeschickter, derber Mensch

Gräle, Greale, Grealing (wörtl. Grünling) Unerfahrenes, Kleines; auch: kleingehacktes Reisig, Holzbündel

Gräle, Griele, Grôale, Gnesele, Gnetzele, Gnies(e)le, Heale, Hus(s)el(e), Wusséle Küken; auch: kleine Kinder; auch: Abc-Schützen (s. Heale)

Gramba ungezogene(s) Kind(er)

Granâtadâckel Schimpfwort (Steigerung von Dackel/Saudackel)

Granâtafetz Spitzbube

Granâtafetza, Bâlla, Blemes, Bloddr, Bolla, Dibbel, Dulles, Dullo, Fifâz-Rausch, Glâpf, Ruaß, Säbel, Seire, Semseler, Suriâs, Vier|fescht|däglicher Schwips/Rausch/Allmachtsrausch

granâtamäßig, jesasmäßig, saumäßig sehr, ungeheuer, außerordentlich

Granâtasauerei, Gra(nd)sauerei (franz. grand) Schweinerei ohnegleichen

Granâtascheiß, Gra(nd)scheiß (franz. grand) ganz verfahrene Situation; auch: schlechtes Produkt

Graonskâchel/Grau(n)zkâchel vor sich hin schimpfende Person; auch: Mädchen, das viel weint

Grâsdâckel Schimpfwort

Grâtta, Krätta/Kretta, Kreaba, Schied, Zaina, Zann, Zoi, Zoin(d)a Korb aus Weiden (früher waren die Körbe grundsätzlich aus Weiden geflochten) (siehe Grä[ä]tz)

> **Grâtta**
> = Henkelkorb
> **Schied, Grombieraschied)**
> = Korb mit 2 Handgriffen

Grâttamâcher, Krättaweaber Korbmacher (siehe Krättaweaber)

Grâttamâcher auch: Schimpfwort

Grâttel dummer Stolz, Hochmut, Dünkel, Einbildung; auch: Beingabel

Grâttelhubere eingebildete Frau

Grâttel|ma, Hansel|ma, Klôsa|ma(la) aus Hefeteig gebackene Männle zum Nikolaustag

grâttla unschön/breitspurig gehen; sich mühsam fortbewegen

grâttlig gespreizt, sperrig, breitbeinig

grâuba jammern, klagen

grâubla, griebla, gru(a)bla graben, puhlen, bohren (z. B. in der Nase), wühlen (mit Finger/Hand)

grauza grunzen

Grauzer, Grauzger bruddliger Alter

grauzla nörgeln

s'Grea frisch gemähtes Futtergras

grea grün

greachta arbeiten, schuften; besonders: im Stall arbeiten

greachtmâcha (z. B. Haushalt) in Ordnung bringen

Greachtmâchschurz/ Greachtschurz, Greamâchschu(u)z Arbeitsschürze (nicht selten aus Rupfen)

Greachtscheißer Rechthaber, Besserwisser

grea komma fertig werden/ machen, zurechtkommen

grea|lochet, grea|gsotta (= grüngekocht) bleich, blaß, mager, unscheinbar, schlecht aussehend

grea mâcha Grünfutter schneiden aber:

gräamâcha sich zurecht/fein machen

Greane Grâpfa (= Grüne Krapfen/mit Spinatfüllung), **Mauldâscha** (= Maultaschen), **Strudla** beliebtes schwäbisches Gericht aus Nudelteig mit vielfältiger Füllung

Greawurza Meerrettiche

Greazuig Suppengrün

Grechmâchere Ge/zurechtmacherin, auch Putzmacherin, die Leute mit Kleidern putzt/aufputzt (siehe Krächmâchere)

greina, blä(ä)ra, bräaga, brâlla, brella, briaga, flenna, flerra, heina, plärra (fr. H.), **zenna** heulen, weinen

greisa kriechen

s'Gremma, Muffe|sausa, Ranzablitza, Ranzapfeifa, Ranzasausa, Ranzaspanna, Ranzawaih Bauchzwicken, Bauchweh

Gre(n)d, Dä(ä)tz(e), Deetz, Meckl/Möckl, Megges, Melle, Riabahâfa, Riebeleskopf Kopf

s'Gre(n)dwaih Kopfweh

greng schmächtig

Griaba, Gruiba Grieben (die nach dem Schmalzauslassen übrigbleibenden Speckstückchen)

Griabaschmâlz, Gruibaschmâlz Schweineschmalz, durchsetzt mit Grieben

a Riale gôht iber a Briale
etwas Ruhe ist oft besser als eine gute Brühe – wenn also z. B. ein Baby eine Mahlzeit verschläft, ist das nicht schlimm; auch: ein gesunder Schlaf hilft (Kranken) oft schneller wieder auf die Beine als eine herzhafte Fleischbrühe

dô kasch jô nemme!/jetz(t) la-me-no-gao!/jetz(t) leck me no am Ârsch!
Ausdruck freudiger Überraschung: ich bin einfach sprachlos *aber* **jetz(t) leck me nô am Ârsch!**
gereizt/wütend: jetzt hab ich das/es/dich gleich satt/jetzt reicht's mir dann

griabig, riabig (seelen)ruhig, in aller Ruhe; gemütlich, geruhsam

Griasa/Griesa, Krisper Kirsche(n)

Griasabaum/boom Kirschbaum

Griasadeesch Kirschpfannkuchen

Griffel, Dôba Finger

Griffelkâschda Holzkasten für Griffel und Federhalter

Griffelspitzer Ausdruck für einen, der es zu genau nimmt/ kleinlich ist

grilla, gieksa, gilfa kreischen, schrill schreien; höchste, schrille Töne von sich geben (besonders Kinder)

Grillakraut, Judakraut Schafgarbe

Grisch Kleie

Grôala/Gróhla (pl.) junge Gänse, die noch in Flaum gepackt sind; auch: Küken (siehe Gräle)

Gro(a)ßknöpfla Knöpfla mit Grieß-(= Großmehl-)Zugabe; (Groß . . . hat in diesem Fall also nichts mit der Größe zu tun)

grombelig, schrombelig, schrompflig runzlig, faltig

Grombiera, Grobra, Äbbiera, Aibiera, Bodabiera, Eabiera, Eibiera, Erdepfel, Herdepfel, Jâbbiera, Schnaufkugla Kartoffeln

Grombierabezich, Grombieraschelfa Kartoffelschalen

Grombierabrei, Äbbierastobber, Dulg, Eabieramuas, Erdepfelmuas, Kartoffelpüree

Grombieraschnitz ond Spâtza, Eibieraspâtza, Gâißburger/ Gôißburger Marsch beliebtes schwäbisches Gericht

grommbo(a)hred (wörtl. krummgebohrt) unnormal, dumm

Großkopfete Prominente (auch Vermögende)

Großkotzeder Großmaul; wichtigtuerischer Aufschneider; abschätzig für einflußreiche Persönlichkeit

großkotzig prahlerisch – nach dem Motto „wer angibt, hat mehr vom Leben"

grôta gut geraten/gediehen; auch: gut gebaut

Grôtstenker sich überall ungefragt/unerwünscht Einmischender

grottafâlsch daran ist überhaupt nichts richtig

Grôzgere, Gluck(are), Glutzga Henne mit Küken (siehe Bruadere)

gruaba, ausgruaba ausruhen

grubela im Garten herumwerkeln; Kleinarbeiten verrichten

Gruiber Reue

gruppa ständig/verbissen schaffen; immerfort schwer arbeiten

Gruscht/Krust wertloses Zeug, Gerümpel, Kram; auch: Unordnung

gruschtla etwas (ziellos) suchen; (herum)wühlen

Grüschtle winziges Geschenk, kleines Mitbringsel; kleines nettes Etwas

Gruscht|mei Ausdruck für liebenswertes, stöberndes (= grustelndes) Kind

Gruscht|mull eine, die allen „Gruscht" aufhebt/ aufbewahrt

grutzletvoll randvoll, übervoll

Gsâlbâder Geschwätz

Gsälz (selbst eingekochte) Marmelade

Gsälzbär Dummkopf; auch: Kosename

Gsälzbrotgosch . . . haben Kinder, die so herzhaft in ein mit Marmelade bestrichenes Brot gebissen haben, daß sich der Gsälzrand bis fast zu den Ohren abzeichnet

Gsälzwergl Kosewort für kleines Kind

gschä(ä)chdig gschuckt/ umständlich/sonderlich;

wer als Kalb en d'Fremde gôht, kommt als Kuah hôim
jeder wird älter/keiner kann sich ewig jung halten; jeder/alles verändert sich im Lauf der Zeit

hôiß isch's erst, wenn d'Hera gsottene Ôier leget
sagte die Ahne auf dem Feld, wenn d'Buurscht über die Hitze jammerten (und deshalb nicht mitarbeiten wollten)

en dr Jugend muaß ma da Stecka hâuba, daß ma em Âlter dra lâufa ka
man muß frühzeitig vorsorgen/sich absichern/darauf achten, was/ wie man werden will

schlampig und verquer gleichzeitig (wird vor allem auf Frauen angewendet)

gschäaget krumm (Haltung); auch: verlumpt/schlampig (Erscheinung)

gscha(a)mig unnötig verschämt/geniert

Gschäbbr, Gschäddr Geklappere; blecherner Ton

geschärig, schärig/schearig aufsässig, quengelig

gschbässig sonderbar, eigenartig, etwas komisch

Gschbruier/Spruier Spelzen vom Korn; Spreier

gscheck(e)t grell gemustert

Gscheidle Neunmalkluger

gschempflet spielerisch leicht; wie im Spiel

s'Gschirrle, Gstältle, Ranzaklemmer Mieder (mit Stäbchen!), Korsett(chen)

gschlâcht, gschmâck geschmeidig, angenehm, fein, von guter Beschaffenheit; hübsch anzusehen, wohlgewachsen; auch: Ausdruck für schön/astfrei gewachsenes Holz

Gschläpp, Gflädleds, Pflädder Kuchenguß

Gschlôißle Sproß einer Pflanze

Gschmäckle etwas leicht Anrüchiges; Beigeschmack

Gschmezle „zusammengescherrter" Rest

Gschmiesle, Schemiseddle, Schmiesle (fr. H.) ursprünglich nur: (Vor)Hemd, aber auch: Halskrause/Volant (mit Spitze) z. B. an einer Bluse

Gschmôiß Gesindel; unangesehene, lästige Leute; auch: ungezogene Kinder

Gschmôrgl, Duranand, Krâtzede, Schärrede, Schollabrei, Schollamöggela, Stierum, verropfte Pfannakuacha Eierhaber

Gschnâder aufdringliches, lautes Reden

gschnäd(e)ret bleich, blaß, mager

Gschnipf, Betzich Gemüseabfall

s'Gschnuder/Geschnuder, s'Gschneif, d'Schnuderede, Schnudert Schnupfen, Katarrh

gschompfa geschimpft

Gschößle Hänfling

gschuckt a bißle (ein bißchen) verrückt/gestört

gschupft überspannt; (Schupfnudeln werden natürlich auch gschupft)

Gschwelle unförmig Dicker

Gschwerl lustig schwirrende junge Leute

Gschwisterkend/ Geschwistrigkend, gschwistrigs Kend Vetter, Base (= Kind[er] von Geschwistern)

Gschwist(e)rigkendskend(er) die Kinder von Vetter oder Base

gsei, gwä/gwea, gwesa gewesen

d'Gsetzer die Gesetze

(a) Gsetzle (wörtl. Gesätzlein) Abschnitt, Strophe (**a Gsetzle heula** = eine Weile/nicht zu knapp weinen)

Gsichtla, Glesser, Glotzerla, Paseela, Sametschüahla, Sperräugla, Tâg- ond Nâcht-Blümla/-Schättla/-Veigela, Viegaila Stiefmütterchen

Gsied, Gsod Häcksel fürs Vieh

Gsiedschneider alter Hut

Gsocks/Gsox unnötiges, unnützes Geschwätz; auch: als asozial eingestufte Mitmenschen

(a) Gspann (ein) Paar (eher abwertend)

Gspra(a)ng Gerenne (unangebracht/aufdringlich); auch: Werbung um Mädchen

Gsprâttel gespreiztes, großtuerisch-eckiges Benehmen

Gstââd Ufer(gebüsch)

gstâhd (do), gstäht (do) langsam (tun)

Gstältle, s'Gschirrle, Ranzaklemmer Mieder (mit Stäbchen!), Korsett(chen)

gstandene Milch/Mill, Schlotter, Schlottermilch Milch, die man absichtlich sauer werden ließ

gstompet zu kurz (aber dabei breit) geraten – auch bei Personen

gstrimonzlet bunt, scheckig, streifig

Gu (fr. H.) Geschmack (eher: Gschmäckle) z. B. bei Wild (goût)

Guadala, Guatsla, Bächtla, Bredla/Brötla, Zuckerdoggela Weihnachts-Kleingebäck (siehe Guatsle)

guatemsprich sozusagen; oder anders; gewissermaßen so

guatig schnell

Güatle/Giatle, Baurasächle, Sächle kleiner bäuerlicher Besitz

G'füllte Flädle

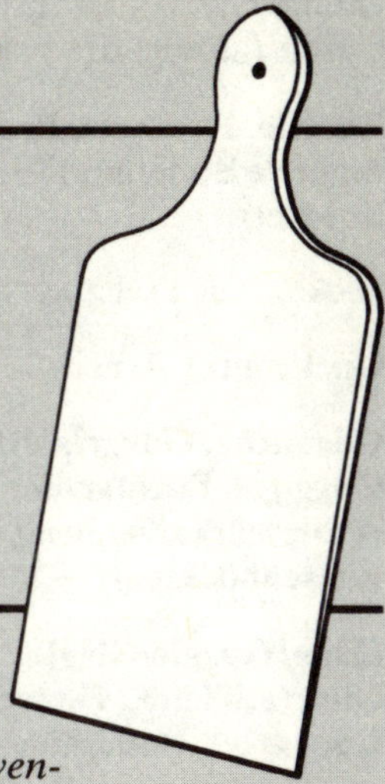

Flädle nach Grundrezept Seite 50:
250 g gewiegten (oder durch den Fleischwolf gedrehten) Braten *(man verwendet nur Braten- oder Siedfleischreste, auch Schinken, aber kein frisches, rohes Fleisch; rohe Fleischfüllung würde nicht genügend durchgebacken),* Siedfleischreste oder Schinken mit kleingeschnittener Petersilie und Zwiebel und 1–2 (in Wasser oder Milch kurz eingeweichten, fest ausgedrückten) Wecken in Fett dämpfen. 1–2 Eier, Salz, Muskat, eventuell 2 feingewiegte Sardellen, etwas Bratensoße oder Fleischbrühe, einen Eßlöffel Rahm (oder auch einen Schuß Wein) daruntermischen. Diese Fülle gleichmäßig auf den abgekühlten Flädle verteilen, aufrollen, in zweifingerbreite oder in drei schräge Stücke schneiden.

Entweder: diese gefüllten Flädle als Suppeneinlage in heißer Fleischbrühe ziehen lassen (aufpassen, daß sie nicht zerfallen) *oder:* die etwas flach gedrückten, gefüllten Flädle anschließend in verquirltem Ei und Weckmehl wenden. In heißem Fett knusprig backen.

Güatle/Giatle auch: (kleines) Gärtle (abseits des Hauses)

Guatsle, Bombole, Brocka, Ziggerle Bonbon(s) (siehe Brockel)

gucka, luaga schauen

Guckâug(e) Arnika

Gugauche, Guggelgaich, Guggigai, Bâchfârzer, Hâbermârk, Süaßleng Wiesenbocksbart

Gugg, Güggle/Giggle, Gugg(e)l Tüte, Tütchen
Guggasâck Bodentüte

Gugga|hürle Dachreiter, Ausguck auf Dachfirst (z. B. auf einem Patrizierhaus)

Guggerla Augen (wenn man lieb davon spricht)

Gugom(m)er, Gugum(m)er, Umôrga Gurke(n)
Gugom(m)er, Gugum(m)er auch: nicht bös gemeintes (nachsichtiges) Schimpfwort für ungeschickte Frau

Guhler, Gulle Hahn (siehe Gockel)

Guhlere Henne

Gülla/Gilla, Dohla, Mistlâch(a) Jauche

Güllafâß, Mistlâchafaß, Sôichfaß Jauchefaß

Güllagomp(er), Lâchagomper, Mistlâchagomper, Sôichgomper Jauchepumpe

Güllagruab, Güllaloch, Lâchaloch, Mistlâchaloch Jauchegrube

vo-ma Ochs ka mr it mâi vrlanga als a Stuck Rendflôisch
keiner kann über seinen Schatten springen/man muß ihn eben nehmen, wie er ist

s'isch gspäßig, daß ôin a leerer Beutel ärger druckt als a voller
unter wenig Geld leidet man mehr als unter viel

ma sâit it ällaweil bloß Mulle, ma sâit au amôl Kâtz
Hinweis für noch Blind-Verliebte, es werde sich schon einmal etwas verändern in der Beziehung

lâß de net seckelesgeiles/gäules treiba!
laß dich nicht für dumm verkaufen!

Güllaschâpf, Küahsôichschâpf, Lâchaschâpf, Mistlâchaschâpf, Sôichschâpf Jaucheschöpfer, Güllenkelle

Güllawâga Jauchewagen

Gumber, Gomp, Gomper Pumpe; auch: Ziehbrunnen mit Schwengel

gupfa auf einen Haufen noch etwas schütten; oben noch etwas draufhäufen

Gurgel, Girgele Kehle

gurmsa wehleidig jammern/klagen

Gurr(a) böse Frau

Guß, Ausguß, Schüttstoi steinerner Wasserausguß in der Küche; Spülstein

Gusserle, Gu(u)sele kleines Gänschen

Gusto Meinung, Geschmack

Gutter, Gütterle Flasche (z. B. auch Mostflasche, die man zur Feldarbeit mitnahm), verschließbarer irdener Krug; kleine (Arznei-)Flasche, Tropffläschchen (siehe Gogga)

Gvâttersblättle Geschenk: Silbermedaille, bis 1856 üblich, später Löffel als Patengeschenk der Gevatterin (Patin) für den Täufling (mit Geburtstag und -stunde sowie Name von Täufling und Gevatter und den Buchstaben „wlusw", was soviel heißt wie „wolle leben und selig werden")

gwä/gwea, gwesa, gsei gewesen

gwâlet mit dem Wellholz flach gewalzt

gwâlete Küachla, Kniaküachla, Pfeisela, Straubeta Fettgebackenes in verschiedenen Formen (hauptsächlich zur Fasnachtszeit) (siehe Pfeisele)

gwambat (sei) satt (sein); auch: mollig, mit erheblichem Bauchumfang

Gwäx Geschwulst, Tumor

gwieft, wief pfiffig, beschlagen, aufgeweckt, hell/schlau

Riebelesupp'

Ein Ei mit einer halben Eischale voll Wasser in einer Schüssel schlagen. Salz und so viel Mehl (etwa 100–125 g) zugeben, daß ein sehr fester Nudelteig entsteht. Diesen auf einem groben Reibeisen reiben, und zwar nur nach einer Seite, damit in Form und Größe gleichmäßige Riebele entstehen. Sie werden auf einem bemehlten Holzbrett oder auf einem Bogen Papier zum Trocknen ausgebreitet (10–20 Minuten).
1 l Fleischbrühe zum Sieden bringen, Riebele einstreuen und darin gar kochen lassen.
Oder: Riebele in Salzwasser oder Würfelbrühe weichkochen. Mit in Butter gelb gerösteten Zwiebeln überschmelzen.

Tip
Es sollten immer nur frische Riebele verwendet werden. Auf Vorrat gemachte werden leicht unansehnlich grau.

H

ha?, ha, wâ(s)? wie bitte? Diese Frage stimmt oft: wenn man etwas (fast) nicht glauben will/ wenn man etwas nicht richtig verstanden hat
(siehe hâ-wâ[â]s)

ha-a, nôi nein

hääza klettern/steigen, z. B. über einen Zaun

Häb(a), Haible, Haile, Hâoba, Hâu, Hôab/Hôôb, Holzhôba Spälter mit Haken; Handbeil zum Entasten; kleine (Garten-) Hacke; Hackbeil zum Reisigbüschel machen

Hâbergitz, Dänzer, Dopf, Dremmseler (Schnur-)Kreisel, der mit der Peitsche angetrieben wurde

hâbergitza, deezera, dopfa, gôaßla/gôißla mit Kreisel/Dopf spielen

Hâbergôiß, Bâllada, Bâliedla, Bâliete(n), Dätscher, Gligger, Glubetza, Glucker, Märbel, Näggl, Niggel, Schneller, Schusser, Steinis, Stôiling, Stôinißles, Werbel Murmeln (siehe Ballada)

Hâbergôiß auch: Spinne mit ganz langen Beinen (Weberknecht); auch: Heuschrecke; auch: leibarmes, hochgeschossenes weibliches Wesen; hageres Weib auch: (Schnur-)Kreisel (siehe Hâbergitz)

Hâbergschirr, Hâberrecha Sense mit Aufsatz, speziell zum Getreide mähen – man konnte damit die Halme gleich auf „d'Sammlet" legen

Hâbermârk, Gugauche, Guggelgaich, Guggigai, Bâchfârzer, Süaßleng Wiesenbocksbart

Hâbermuas, häber(n)es Muas, häber(n)er Brei Brei aus grobgemahlenem Getreide (Hafer) – wird abgeschmälzt (siehe Schwârzmuas)

Hâbernessel Taubnessel

Hâber|öhmd das dritte Heu; zweites Öhmd (siehe Öhmd)

häbich/häbig still, kleinlaut, anständig, umgänglich

sich ens Hâbitle werfa, adoa, a|häsa, a|lega, a|gschirra, a|schliefa, a|zia(ga), ei|häsa, ei|schlâifa, ei|schliafa, ei|schlufa (sich) ankleiden, (sich) anziehen (siehe auch â|häsa)

Häble Rebmesser; kleine Sichel/krummes Messer

sei Âlte kocht a Bruddelsupp
Ärger, den ein Mann hat, wenn er zu spät heimkommt

des isch fei kôi Schleckhâfa!
das ist eine unangenehme Sache (um die man nicht zu beneiden ist); auch: eine Arbeit, die nicht leicht zu bewältigen ist

deam hao-nes ghâirig gea
dem habe ich es gehörig gegeben/die Meinung gesagt

dô könnteschd uff dr Sau naus! (au wenn kôi Schwanz em Stâll isch)
Ausspruch von jemand, der in Wut geraten ist; man möchte am liebsten davonlaufen

Hâckbock, Hâckklotz, Hâckstotz(a) Holzbock: zurechtgesägter Baumstumpf aus Hartholz (früher meist Birnbaum) zum Holzspalten

Häckel, Sau(b)hengst Eber

Häckmäck Umstände/Wirbel (machen); übertrieben tun

Hâckstotzkrâtzerle, Schärrettle, Stockkrâtzerle, Zemmad|schärretle letztes, spät geborenes (in später Ehe geborenes) Kind/ Nachgeborenes

Hâddel, Häddal(e) Ziege (siehe Geiß)

Häddel(e), Häspele leichtgewichtige weibliche Person, die vom kleinsten Luftzug umgehauen wird

Hâddl, Gnâssl Dolde, z. B. von Holunder

Hâderlomp händelsüchtiger, unzuverlässiger, liederlicher Mensch; Taugenichts

Hâfa, Häfele Topf
Hâfa, Häfele, Bottschamber, Bottschamberle (fr. H.), **Sôichhâfa** Nachttopf; „Mitternachtsvase", Nachttöpfle für Kinder (siehe Hâfa)

Hâfabritt, Schüssla|britt/-brett, Schüssla|gstell Tellerbrett/ Hafenbord – hing früher in den Küchen von Bauernhäusern

Hâfaknopf Hefekloß, auf Sauerkraut gekocht (und dazu natürlich auch gegessen)

Hâfaleit fahrendes Volk mit Wagen

Häfelesgucker, Häfelesschmecker, Kuchemichel einer, der in der Küche alle Deckel lupft, um zu erfahren, was es zum (Mittag-) Essen gibt

Häffza, Hâgahuira Hagebutten

Hâfner, Häfner Töpfer; (Kachel-)Ofensetzer

Hâft, Hâfte Sicherheitsnadel; auch: Brosche; auch: Öse

Hâft ond Hôka Haken und Ösen

Häftlesmâcher pedantischer Mensch; **schaffa, wia an Häftlesmacher** = sehr eifrig/ schnell/emsig und genau arbeiten

Hâg Hecke

hâga einzäunen

Hâga, Häge, Hägl, Fârra, Hommel, Hummel männliches Rind, Bulle

Hâgabiacha/buacha Hainbuchen

Gugelhopf

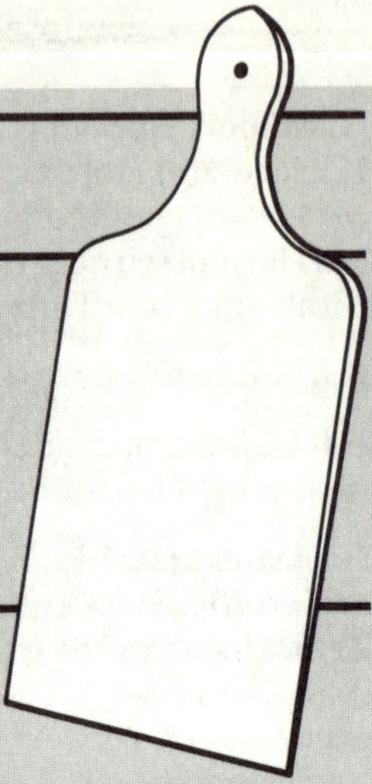

500 g Mehl, 25 g Frischhefe, 125 g Butter (davon kann die Hälfte Schweineschmalz sein), 80–100 g Zucker, 2–3 Eier, Salz, Zitronenschale, knapp ¼ l Milch, eine Handvoll Rosinen oder Sultaninen.

Die Hefe in ⅛ l lauwarmer Milch auflösen, damit in der Mitte des Mehls einen Vorteig machen und zugedeckt an warmer, zugfreier Stelle gehen lassen. Das Fett leicht rühren, nach und nach Zucker und die erwärmten Eier mitrühren; Salz, Zitronenschale, die restliche lauwarme Milch (zunächst lieber etwas weniger nehmen), den Vorteig und das gesiebte Mehl dazugeben. Erst jetzt die gewaschenen, abgetrockneten, mit wenig Mehl bestäubten Rosinen darunterkneten. Den Teig so lange schlagen, bis er Blasen hat.
Der Teig soll deshalb weicher als bei anderem Hefebackwerk sein, damit er einerseits den Model schön glatt ausfüllt und andererseits beim Backen oben die glatte Oberfläche beibehält.
Eine Gugelhopfform mit Butter oder Margarine bestreichen, mit Weckmehl ausstreuen. Darin den Teig – mit einem Tuch bedeckt – etwa eine Stunde aufgehen lassen. In guter Hitze (180–190 Grad) auf der unteren Schiene backen. Nach dem Erkalten mit Puderzucker bestreuen.

Anis-Gugelhopf

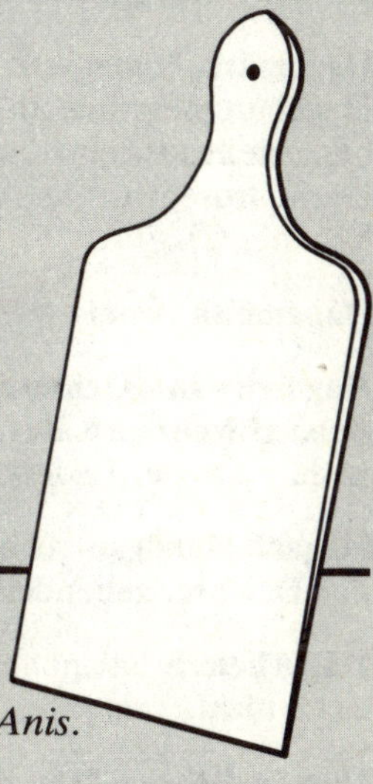

250 g Butter, 6 Eier, 300 g Mehl, 50 g Zucker, 1 Prise Salz, 1 Päckchen (= 42 g) Frischhefe, ⅛ l Sahne, ganzer Anis.

Die Hefe mit einem Teelöffel Zucker glattrühren – beiseite stellen; Butter schaumig rühren; Eier, Mehl, restlichen Zucker, Salz, angerührte Hefe und Sahne hinzufügen und eine Viertelstunde rühren. Anis darunterziehen.

Den ausgefetteten Gugelhopfmodel mit Semmelbröseln ausstreuen. Danach verfahren, wie auf Seite 110 beschrieben.

hâgabiacha/biachan/biachig, hahnabiacha ungeheuerlich, zum Himmel schreiend, unsagbar, übertrieben hart/stark

Hâgabiachener urwüchsiger, zäher, halsstarrig-herzhafter Mensch

Hâgafuatterer/Hägafuatterer Futtermeister und Zuchtwärter, Bullenwärter

Hägamârk, Hiafagsälz Hagebuttenmarmelade, hergestellt aus dem Mark der Heckenrosenfrüchte (reich an Vitamin C)

Hâgamôisa Ameisen

Hâgaschwanz, Ochsaschwanz, siebaschwenzige Kâtz (dicke) Lederpeitsche, Lederknute

Hagaul, Handgaul rechts von der Deichsel gehendes Pferd

Hägel|beierle Kleinbauer, der es zu nichts bringt

Hägele, Boscha, Hommele, junger Stier

hägga den „Hägger" haben; auch: ruckartig schütteln (z. B. beim Weinen)

Hägger/Hecker, Gâzzger/Gezger, Gluckser/Gluzger Schluckauf

hähl/hel schlüpfrig, rutschig; spiegelglatt, eisglatt; kalt

Hahnapampel, Schmâlzkächala Hahnenfuß

haiba heuen; Heu ernten

Haibârn(d), Heubârn Heuboden;

Haible, Haiptle Salat- oder Kohlkopf

Haible, Haiptle, Kendle (gebietsweise) nur die schöne gelbe Mitte (Herz) beim Kopfsalat

haida ein Kind wiegen (auch auf den Armen) /schaukeln

Haida|ârbet, Haida|gschäft sehr umfangreiche, langwierige Arbeit

haida|nei! ärgerlicher entrüsteter/oder anerkennender Ausruf

Hai(e)rle Geistlicher; (katholischer) Pfarrer

(eiser) Hai(e)rle (wörtl.: [unser] Herrle = [unser] Pfarrherrle) = (unser) Pfarrer

Haiet, Heuet Zeit der Heuernte

Hailiacher spitzes Stück Eisen mit Widerhaken, mit dem das Heu aus dem Heustock gezogen wird;

Haipfel rechteckiger Kopfkissenbezug; auch: längliches Bettkissen

haira hören

Haiter magere Pferde, bei denen man die Rippen zählen konnte

Hâlbdâckel Schimpfwort (viel schlimmer als Dâckel)

hâlblebig ohne Temperament, kraftlos, schlaff

hälenga/hehlinga, hehlings leise; heimlich; ohne viel Aufhebens; ganz im stillen

hä(l)mauled, strialig schleckig, naschhaft, verschleckt
hä(l)mauled auch: glattzüngig

Hâlsgrâlla, Nuster Halskette (siehe Nuster)

Hambâlle/Hembale Schimpfwort; (nicht bös gemeinter) Ausdruck für einen schusseligen/trotteligen/ungeschickten Menschen; Dummerle/dümmliche Person

Hampfel/Haapfl, Hämpfele eine Handvoll, eine kleine Handvoll

Handhebe, Handhebet, Ha(n)dhebets(e), Hebets, Hebetse Henkel, Griff, Handgriff

handla/hondla schwimmen wie Hunde (machen meistens kleine Kinder, die noch nicht richtig schwimmen können)

händla, Händel hau streiten, (kleine) Streitereien/Streitigkeiten/haben

Ha(n)dziager Schuhlöffel

Ha(n)dzwell, Zweel/Zwääl grobleinenes Handtuch (es wurde u. U. ein Ende als Waschlappen benutzt, der andere Teil zum Abtrocknen)

Hannefuggel Tolpatsch

der wôiß, wo's wârm rauslâuft/kommt
einer versteht seinen Vorteil wahrzunehmen

dia Gees wellet dean Hâber net fressa aus dem leera Döpfle
. . . wenn Ausflüchte gebraucht werden, der andere den Schwindel aber bemerkt

mit-ama Strickstompa/Sôilstompa ka mr net Hai (Heu) liacha
mit falschem Werkzeug kann man nicht arbeiten; auch: zu etwas nicht imstande sein

dem will i scho d'Zong lupfa
jemanden aushorchen wollen/zum Reden bringen

Hannesträubla, Hannsaträubla, Dreib(e)la, Träubla, Zeibeer, Zeitbeer rote Johannisbeeren (siehe Kâtzabeer)

hâ-no! Äußerung, die vieles ausdrücken kann: z. B. Entrüstung, Zustimmung, Erstaunen

Hans am Weg, Blauer Sonnawirbel Wegwarte

Hansel großer, breiter Rechen

Hansel|ma, Grâttel|ma, Klôsa|ma(la) aus Hefeteig gebackene Männle zum Nikolaustag

Haoffârts|stenkere, Hoffârtsscheißere sagte man zu Mädchen oder Frauen, die mit neuen Kleidern „angaben" – zu Hoffärtigen

Hao|liacht kleines, hochliegendes Stallfenster

Hao|mauk(l)er großer, schlanker Bub

Haozeitr Verlobter, Bräutigam

Haozich, Haozig, Hoa(g)zet, Hoozig Hochzeit

Haozichschenke/ Hoa(g)zetschenke Geschenk(e) zur Hochzeit (auch Geldgeschenke) (siehe Hoagsetschenke)

Haozigbudder Inhalt einer Kinderwindel; auch: Senf

Haozigmuser dreifarbige Katze

Hârwâhs, Hôôrwâchs unbeißbar zäher Fleischeinwuchs bei Kälbern und Rindern (siehe Âlawâhs)

s'Häs Kleidung

s'Häs, s'Fâsnetshäs, s'Nârrahäs die Fastnachtskleidung

Hâsa|aigla, Kameefeagerle, Kemmadfeager Bachnelkenwurz

i hâo dr glei ôis en d'Anka nei
Prügelandrohung

der putzt da Ârsch vor er gschissa hôt – nô ka-ner s'Bâbeier (Papier) zwôamôl braucha
ein ganz Sparsamer, um nicht zu sagen Geiziger

i be (bin) blutt
mein Geldbeutel ist leer

s'isch mr dri̲e̲ber|nei
ich bedaure es; auch: ich habe es satt

Hâsa|gmias Moos

Hâsaöhrl(a), Weiberkrieg Hauhechel

Hâsapâppl, Kâtzakäs Wilde Malve

Häsholz, Jöchle Kleiderbügel

Häsmutzakittel, Mutz(a) Herrenjacke; Kittel/Weste zum Unterziehen

Häs-Siedel Kleidertruhe

Hâttel, Burzelküah, Dannamoggel, Dannamoggla (pl.), **Fâckla, Kiahla, Mogg(e)la, Muspel** Tannenzapfen

Hätz Elster

Haubastock Hutständer (z. B. fürs Kapotthüatle)

haudera schusselige, eilige Bewegungen machen

haufets eine ganze Menge

hausa sparen, einteilen

Hausdreppel/Hausdribbel Stufen zum Hauseingang

d'Hausere Haushälterin des katholischen Pfarrers

Haushuber einzelnes Schaf, das früher im Stall bei den Kälbchen (oder im Garten) gehalten wurde

d'Hausleit Mieter oder Vermieter eines Hauses

haußa, hussa hier außen

hâ-wâ(â)s erstaunte Reaktion auf eine Erzählung im Sinne von: Ja ist das wahr? Kann das sein? (siehe ha?)

Heale, Bibberle, Biebele, Gnesele, Gnetzele, Gnies(e)le, Gräle, Griele, Grôale, Hus(s)el(e), Luggele, Wussele Küken

Heale, Gnesele, Gnetzele, Gnies(e)le, Gräle, Griele, Grôale, Hus(s)el(e), Wussele auch: kleine Kinder; auch: ABC-Schützen

Heale auch: kränkliches Kind/kränkliche Frau; schwache Person

Healeskäs aus Schlottermilch gemachter Quark, den man früher Küken fütterte

Healeskäs, Bibbeleskäs, Dobba, Knolla(käs), Luggeleskäs Quark

Heales-Ôi 1. Ei, das ein Junghuhn legt

Hear, Henna Hühner

Hearbock Hahn (siehe Gockel)

Hearderm (wörtl. Hühnerdarm =) Vogelmieren

Heardreckmoschdr Schimpfname (wörtl. Hühnerdreck . . .)

engstirniger, kleinlicher Mensch

Hearfiedla, Hennafiedla schmächtiges kleines Kind; auch: scherzhafte Anrede unter Jugendlichen **(o, du Hearfiedla** ungeschickte Person)

Hearsupp Hühnersuppe

heba halten

Hebale Schnakenstich

Hebe hieß der Vorteig für Weißbrot (aus Weißmehl hergestellt), als es noch keine gezüchtete Hefe gab. Am Vortag des Backtages wurde „a Hebe gmacht" (siehe A(n)laßteig) (siehe Zuafang)

Hebets, Hebetse, Handhebe, Handhebet, Ha(n)dhebets(e) Henkel, Griff, Handgriff

hebla foppen

Heckabeer(la) Mehlbeeren, Schlehen, Weinbeeren/Wilde Stachelbeeren, Hagebutten

Heckabeerlesbronzer Schimpfname für einen „windigen" Menschen

Heckabeerlesgäu gottverlassenes Hintendrübengäu/als unterentwickelt geltende Region

Heckabeerlesgeschäft mühsame Arbeit, die nicht viel einbringt

Heckabeerles|koor eine als minderwertig eingestufte Art von Menschen, die von weit hintendrüben kommen und (vermeintlich) weder Art noch Sitten haben

do kriagsch an Schnâps ohne Gläsle
a Schempfade = Zurechtweisung ist zu erwarten

des haot duure wia dr Siadig
Ankündigung fürs Abweicha

ihr send wohl am Nârr amôl wieder iebers/aus'm Säckle ghupft/gjuckt/gspronga
sagt man zu Kindern, die allzu wild herumtollen

des han-i et z'Herz z'doa
das wage ich nicht zu tun

des honzt me
ich bedaure es; das reut mich; auch: das schlaucht mich

Heckabeerleswei(n) Wein aus Hagebutten (die Wirkung kann schlimm sein)

Heckabeerleswirtschaft schlampiges Hauswesen

Heckagitz leichtfertiges Frauenzimmer

Heckakend unehelich Geborenes

Hecker/Hägger, Gâzzger/Gezger, Gluckser/Gluzger Schluckauf

Heckgôiß Eidechse; auch: lebhaftes, unruhiges Kind; vierschrötiges Mädle; staksiges Mädchen

Hed(d)erich Unkraut

Hedderle Heuhaufen

hee, he(i), henig kaputt

Heedscha, Heedschich, Hendscha (der) Handschuh, (die) Handschuhe
d'Heedschat die Handschuhe
a Heedschat eine Handvoll Leute; auch: ein schmächtiger Mensch

heemâcha kaputtmachen, zerstören, töten

hefla, da Hefel mâcha den Hefe-/Sauer-Teig ansetzen

hega beleidigt sein

hehlinga/hälenga, hehlings leise, unbemerkt; heimlich; ohne viel Aufhebens

Heidela, Hengela/Hingela, Hintela, Hober, Hohlbeer Himbeeren

heier/heuer, huier dieses Jahr
heirig/heurig, huirig diesjährig; (**koi Heirige** = ältliche Frau)

Heiligs Blechle! Kann (bei bestimmter Betonung) Bewunderung ausdrücken, auch Verärgerung unterstreichen, vor oder nach einem Satz stehen, der Bedauern, Erstaunen bzw. Verwunderung beinhaltet. Der Begriff selbst stammt aus dem Mittelalter. Damals erhielten Arme von der (bis auf wenige örtliche Ausnahmen) einzigen allgemeinen Wohlfahrtseinrichtung, der Kirche, „geheiligte", weil zuvor gesegnete Blechmarken, Heilige Blechle, Ausweise also, die zu kostenloser Verköstigung in kircheneigenen oder unter kirchlicher Oberhoheit stehenden Einrichtungen (z. B. Spital) berechtigten. Wegen der im allgemeinen außerordentlich dürftigen Bezüge wurde der Begriff nach und nach immer negativer benützt (z. B. bei Verärgerung, Unwillen, Abneigung)

heina, blä(ä)ra, bräaga, brâlla, brella, briaga, flenna, flerra, greina, plärra (fr. H.), **zenna** heulen, weinen

heira heiraten

s'Heisle Abort, früher baulich nicht ins Haus integriert, sondern Anbau aus Holz – oft mußte man „über den Hof" gehen

hel/hähl schlüpfrig, rutschig; spiegelglatt, eisglatt; kalt

Helba Spreu für Bettenfüllung

helda (schräg) anheben, neigen (z. B. Schüssel/Faß)

Helenakraut Alant

Helf-dr-Gott! Glückwunsch nach dem Niesen

Helg(e)la, Holga, Hölgla Heiligenbildchen; kleine Bildchen; Abziehbildchen

Helgles|ma Lumpensammler, der früher **Helg(e)la** (= Heiligenbildchen) als „Honorar" verteilte

d'Hell/d'Höll Verbindungsstück zur Wand an alten Öfen (hervorragender Platz zum Warmhalten von Speisen)

Hembale/Hambâlle Schimpfwort; (nicht bös gemeinter) Ausdruck für einen schusseligen/trotteligen/ungeschickten Menschen; Dummerle/dümmliche Person

Hemmad, Hemmad(e)r Hemd, Hemden

Hemmadbildle Urinfleck (auch: Abdruck eines „nassen Windes") im Unterhemd

Hemmadflâiger, Hemmadglonker, Hemmadhäddele, Hemmadkälble, Hemmadlotter, Hemmadschütz(le) kleines Kind/Person, die nur spärlich/nur mit einem Hemd oder Nachthemd bekleidet, herumläuft
Hemmadglonker auch: Fasnetsfigur(en)
Hemmadschütz auch Anemone

Hemmadlôhle noch sehr kleiner Bub

Hemmadpreisle Halsabschluß an Hemden (dazu wurde ein aufsetzbarer steifer Kragen getragen)

Hemmadsiegel am Backblech oder an Pergamentpapier angebackene Kuchenreste, die früher von den Konditoren tütchenweise um ein paar Pfennig an Kinder verkauft wurden

Hemmel ond Hell, Hemmelhopfe, Hupferles Kinderhüpfspiele

Hemmoriddaschaukel, Geppel/Göppel altes Fahrrad; klappriges Fahrzeug

henda hinten

henda-domma hintendrüben

hendafirra von hinten nach vorn

hendafirrefeaga, hendafirrebäsa zur Ordnung rufen

hendahottgao schiefgehen (im Sinne von Konkurs gehen/ sterben/andersherum als erhofft verlaufen)

hendere nach hinten

henderfotzig/hinterfotzig hinterhältig

hendersche rückwärts

henderschefier/henderefür, henderscheviersche verkehrt, umgekehrt – (dadurch) umständlich

hendersinnig (werden) problembeladen/voller Gedanken sein

Hendscha Handschuh(e) (siehe Heedscha)

Hengeles|gsälz Himbeermarmelade(siehe Heidela)

Henn Huhn; auch: einfältiges Mädchen

Henna, Hear Hühner (siehe Hearbock)

henna (hier) drinnen; **(send d'Henna henna?** = sind die Hühner drinnen? – nämlich im Hühnerstall)

Hennabreak Hühnerfuttertrog – für **Agmâchts** = Brei aus Kleie, Kartoffeln und Wasser

s'duat mr and
das tut mir leid

des isch it ohne
anerkennend/lobend: das ist nicht schlecht/evtl. sogar: sehr gut

wenn dean dr Râppel pâckt, nô . . .
wenn ihn plötzlich der Zorn packt (aber auch im guten Sinn: wenn ihn plötzlich der Eifer anfällt . . .)

Nârr, wenn dr s'Ârschloch zuaschnâppt, nô hôsch am-a Fuffzger lang
Aufforderung oder Rechtfertigung, Geld zu Lebzeiten auszugeben

Springerle

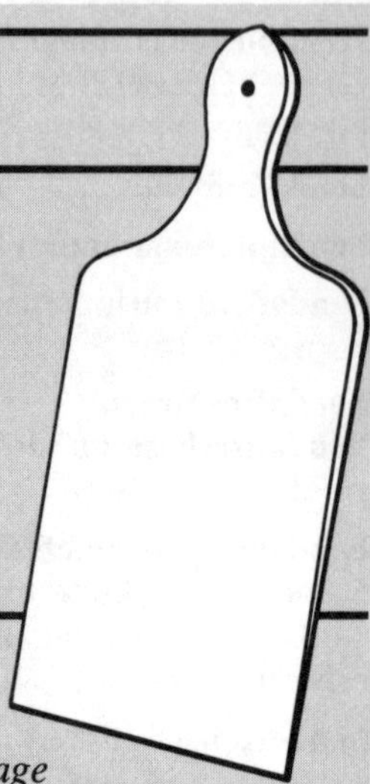

4 Eier, 450 g feiner Zucker (die Hälfte davon evtl. Puderzucker), 500 g trockenes Mehl (man sollte es möglichst einige Tage vorher im warmen Zimmer austrocknen lassen), 1 Messerspitze Hirschhornsalz, Anis, evtl. abgeriebene Zitronenschale.

Eier und Zucker gut schaumig rühren. Das Hirschhornsalz unter das gesiebte Mehl mengen und nach und nach unter die Masse rühren. Den Teig kneten, bis er schön zart ist. In eine Schüssel geben, mit einem feuchten Tuch bedeckt zwei Stunden kühlstellen. Etwa einen Zentimeter dick auswellen und in die mit Mehl bestäubten, danach wieder ausgeklopften Springerlesmodel mit dem Handballen fest eindrücken. Die Springerle ausschneiden oder ausrädeln und auf ein leicht gefettetes, mit Anis (und evtl. mit abgeriebener Zitronenschale) bestreutes Blech legen. 12–24 Stunden zum Trocknen in einen warmen, trockenen, zugfreien Raum stellen. Die Springerle sind richtig abgetrocknet, wenn sie an der Unterseite ringsum einen weißen Rand angesetzt haben. Bei schwacher Hitze (etwa 160 Grad) auf der unteren Schiene backen. Oben sollen sie die weiße Farbe behalten, am Boden goldgelb gebacken sein.

Tip

Man backt probeweise ein Springerle. Bilden sich keine Füßchen, ist der Teig zu trocken. Dann sollte über die Springerle auf dem Kuchenblech noch eine Zeitlang ein feuchtes Tuch gelegt werden. Wenn das Springerle beim Backen seine Form verliert, ist es noch zu feucht. Die Trockenzeit muß also verlängert werden.

Die Springerle sollten einige Wochen vor Weihnachten zubereitet und an einem kühlen Ort aufbewahrt werden.

Hennadäpper(la) kleine Schritte

Hennafiedla, Hearfiedla schmächtiges kleines Kind; auch: scherzhafte Anrede unter Jugendlichen **(o, du Hearfiedla** ungeschickte Person)

hennapfitzig nervös

Herbstbleamle, Hirnkraut, Milchdieb Augentrost

Herd|däpper Topflappen

Herdepfel, Äbbiera, Aibiera, Bodabiera, Eabiera, Eibiera, Erdepfel, Grobra, Grombiera, Jâbbiera, Schnaufkugla Kartoffeln

Her|gloffener / a Daher-gloffener irgendein unwichtiger, unmaßgeblicher Mensch

hergoless(e)! sagt man zu sich selber oder zu andern, wenn man ungehalten ist/einen Fehler gemacht oder entdeckt hat

Hermännle Kamille

(her)pritscha, verbâddera, verbanscha, verdeffla, vermebla jem. verhauen, verprügeln, ausgiebig verklopfen

herra zwingen (z. B. das Essen); auch: (einen andern) bezwingen

Herrgets|dâg (wörtl. Herrgottstag =) Fronleichnam

Herrgottschlegele, Baurabüable, Himmelfâhrtsblüamle, Himmelsschlegele, Kohlraisle, Kriagle, Maus|aierle/ Mausöhrle, Pfâffa|raisle Traubenhyazinthe

Herr Herrdekan (usw.) (devote) Anrede der

so'Wota(n)s Heer kommt
ein Unwetter droht

d'Mäga schloddered en de Knia rom
magenschwach

des isch a Hausdeifel/Stubadeifel ond a Gâssa|engel
einer, der (nur) außer Haus freundlich und umgänglich ist, daheim aber ständig herumgiftet

dia isch en da Gutter drâppt
. . . wenn eine Frau ganz dünne Beine hat

Mitglieder der Dekansfamilie (so ehrfurchtsvoll war einst die Anrede); also auch: Frau Herrdekan, Fräulein Herrdekan (siehe Zerpfârrers)

herzeisla (her)locken, (an)locken

hett hart (siehe hôarahett)

Heubârn, Haibârn(d) Heuboden

Heuet, Haiet Zeit der Heuernte

Heukâtz Tag, an dem d'Heuet zu Ende ist

Heul|ahna, Heul|kâchel, Heul|kätter Frau, die stets zum Weinen neigt; Mädchen, das viel weint

Hexabesa Mistel; Mißbildungen an Baumästen durch Schlauch- und Rostpilze

Hexaknui spitzige(s) Knie

Hexakraut, Kâtza|wu(r)z, Maowurzel/Moowurzel (= Mondwurzel) Baldrian

Hexamehl, Teufelsklau Bärlapp

Hiaf Hufe

Hiafa|gsälz, Hägamârk Hagebuttenmarmelade, hergestellt aus dem Mark der Heckenrosenfrüchte (reich an Vitamin C)

hiasig von hier

(a) Hiasiger ein Einheimischer/ seit eh und je in dem betreffenden Ort Wohnender

Hibbele, Hubb(e)l, Hubbeler kleine Erhebung; Häufchen; auch: Beule; auch: Hautunreinheit/Pickel

Hidelesgeld Taschengeld, von dem keiner was weiß

Hi(e)rabicker kleinlicher Mensch; einer, der Fehlentscheidungen trifft

Hi(e)rabond, Bond/Bood Kopftuch (um die Stirn gewickelt)

Hi(e)radippel Schimpfwort

Hieraisel, Horaisel, Hornissel, Huraisel, Hurausel, Hurnaus(e) Hornisse

Hi(e)rakästle Gehirn **(streng no dei Hi[e]rakästle a)**

Hilbaschlegger Libelle

Himmelfâhrtsblüamle, Himmelsschlegele, Baurabüable, Herrgottschlegele, Kohlraisle, Kriagle, Maus|aierle/ Mausöhrle, Pfâffa|raisle Traubenhyazinthe

Hingela/Hengela, Hintela, Heidela, Hober, Hohlbeer Himbeeren

Hinterebâcka, Bobbes, Bobbo, Bomberle, Fiedla Hinterteil

hinterfotzig/henderfotzig hinterhältig

hirch(e)la keuchen, röcheln

hirgsla sich räuspern

Hirnkraut, Herbstbleamle, Milchdieb Augentrost

hirnverbleamelt leichtere Form von verrückt

hirnverruckt ziemlich verrückt, widersinnig, total abwegig

Hi(r)sch|stâpfetse Giersch, Geißfuß

Hitzblätter, Schâ(â)fszung/ Schô(ô)fszong Breitwegerich

Hitzvâkanz hitzefrei; Hitzeferien (in der Schule)

hm-m nein

Hôab/Hôôb, Holzhôba, Häb(a), Haible, Haile, Hâoba, Hâu Spälter mit Haken; Handbeil zum Entasten; kleine (Garten-)Hacke; Hackbeil zum Reisigbüschel machen

Hôabbeera Heidelbeeren

hoadra/hoddra, huttera in die Hocke gehen; niederkauern

Hoa(g)zet, Hoozig, Haozig, Haozich Hochzeit

Hoa(g)zetschenke/ Haozichschenke Geschenk(e) zur Hochzeit (auch Geldgeschenke: die wurden früher auf den Teller gelegt und in die dafür vorgesehene Suppenschüssel gekippt – allerdings mußte d'Gschenkaufschreibere unauffällig die Höhe des Betrages festhalten!)

hôâlig doa, Hoierles doa jem. (beim Sprechen) schöntun; schmeicheln

Hôarâff(a) großer Schlitten

hôarahett steinhart (also härter als hett)

Hôaraschrodl Hirschkäfer

Hô(a)rn-Âsäager überzwercher, unfreundlicher, unguter Mensch

Hô(a)rnschraidel Geweih

Hôaza/Hoiza(stecka) Holzgestell zum Heutrocknen (Heinzen)

hoba oben (eine Treppe oben sein, von oben gesehen – **i bee hoba**)

Hobbler Unebenheit (z. B. auf der Straße)

Hober, Hohlbeer, Heidela, Hengela/Hingela, Hintela Himbeeren

Hock, Hocket Zusammensitzen

hocka sitzen

s'hockat (etwas) will nicht gedeihen, (z. B. Pflanze)

Hocker Buschbohnen

hôelig, hôimelig gemütlich (wie daheim), anheimelnd

hofele langsam, vorsichtig sorgfältig; vornehm (tun); Einhalt gebieten

Hoffârts|scheißere, Haoffârts|stenkere sagte man zu Mädchen oder Frauen, die mit neuen Kleidern „angaben" – zu Hoffärtigen

Hof|rôide zum Hof gehörender Platz

z'hogada, Hôierles hâlta, hoigâ(â)rta, z'Stuba gau (bei einer Nachbarin) einen Besuch machen; jem. besuchen, um ein Schwätzle zu halten; schwatzen, tratschen (siehe Hoigâ[â]rta)

Hohen|âstheimer Most

Hohlgâssaknâller Aufspieler, Angeber

hoi!, hopplâ! Verzeihung!

Hôigâ(â)rta Schwatz mit den Nachbarn (siehe z'hogada)

hôimkrâtzig, bhäb, int(e)ressiert, kneafrig, knigged geizig, knauserig

hôimzuas auf dem Nachhauseweg

hôischa mahnen

Holder Holunder

Holderbâttla, Holderhâddla Holunderblüten, in Teig ausgebacken; Gebäck aus Holunderblüten

Holderkiachla, Holdermuas/-schmärrle Holunderküchlein, Holundermus/-kompott

Holga, Hölgla, Helg(e)la Heiligenbildchen; kleine Bildchen; Abziehbildchen

holgaschâoba Bilder ansehen

d'Höll, d'Hell Verbindungsstück zur Wand an alten Öfen (hervorragender Platz zum Warmhalten von Speisen)

Holländer fahrbares Kinderspielzeug

hollâos mickrig, schwächlich, elend

Holzbeig ofenfertiges Holz, sauber gestapelt

Holzklaiberleng Zecke

Holzklepfer Holzpantoffeln

Holzschopf, (an) Schopf, (a) Schupf Holzschuppen; kleiner Hausanbau zum Aufbewahren von Holz (siehe Schopf)

Holzspreitl Holzscheit

Hommel, (Hommele junger Stier), **Fârra, Hâga, Häge, Hägl, Hummel** männliches Rind, Bulle

hommeldomm, riegeldomm dümmer geht's nicht mehr

Hommseler, Brommeler, Brommhommeler Hummel

Hompa großes, derbes Trinkgefäß (z. B. Bierkrug aus Steingut)

(a) Homsa, homsa pulsierender Schmerz (etwa bei eiternder Verletzung)

hondla/handla schwimmen wie Hunde (machen meistens kleine Kinder, die noch nicht richtig schwimmen können)

Hondsdâtte Hundenarr

honds|elend, honds|miserabel sich außerordentlich schlecht/ liederlich fühlen

Hondskommede, Kommede unnötige(s) Umstände/ Aufsehen; Aufruhr

hondsrâckermiad sehr müde

Honds|sponta Fußtritt

honza plagen, antreiben; wie einen Hund behandeln

Hôôramsel Frau mit unordentlichen Haaren

Hôôrwâchs, Hârwâhs unbeißbar zäher Fleischeinwuchs bei Kälbern und Rindern (siehe Âlawâhs)

ho(o)tscha rutschen; auf dem Boden fortrutschen; auch: schlampiges Gehen (siehe Hotscher)

hopfa hüpfen, springen

Hopfakegel Hopfen

hopfaleicht kinderleicht; (außergewöhnlich) leicht (zu lupfen/zu heben oder zu lernen); also: so leicht wie Hopfen (für einen Zentner brauchte man einen riesigen Sack)

Hopfasitz sehr unruhiger/ beweglicher Mensch/Kind

Hopfastang sehr magere, großgewachsene Frau

höpfelig unruhig, aufgeregt/ aufgedreht, nervös

hopfig kinderleicht (zu verstehen/zu tragen)

Hopfsôil Springseil

hôra streiten

Horaisel, Hornissel, Hieraisel, Huraisel, Hurausel, Hurnaus(e) Hornisse

Hôrniggel, Hurnickel Hagelschauer; plötzliches Unwetter; kurzer kräftiger Regenguß (siehe Horn|iglede)

hôrnigla, ao|negla, negla, ôi|negla wenn eiskalte/durchgefrorene Finger/Zehen wieder warm werden

Hôrn|iglede aufziehendes Unwetter mit zu erwartendem Hagelschlag (siehe Hôrniggel)

Hosabamber einer, der sein Geschäft in die Hose macht/gemacht hat

Hosadot(t), dr Döte, dr Go(a)ddere, dr Götte Pate

Hosa|gwâddle ein kleiner Mann, der fast zweimal in seine Hose paßt

Hosalâda, Hosalädle, Hosatürle Hosenfalle

Hosascheißer Angsthase, Feigling

Hosasôicher man sieht es seiner Hose an, daß er das Wasser nicht halten konnte; auch: Angsthase, Feigling

Hosaspanner Schläge auf den Hintern, meistens mit einem Stock

hoscha, gaitscha, gambla, gampa, gautscha, geitscha, gigampfa, gogera schaukeln, hin und her wiegen

Hosche, Gägets, Gautsch(e), Gautschets, Gigampfe Schaukel

Hotscher einer, der schlampig, mit nicht durchgedrückten Knien geht (siehe ho[o]tscha)

hott!, hott-na! (Zuruf an Zugtiere, vor allem Pferde:) rechts!, nach rechts!

Hottigäule/Hottogäule Pferdchen; auch: Pferdchen als Spielzeug

hotz! Ausruf der Überraschung

hü, hüa Zuruf an Zugtiere: vorwärts!

huatlecht alt, klapprig, schlampig, erneuerungsbedürftig

Huatsempel Schimpfwort (für einen dümmlich-ungeschickten Mann, der nicht auf sich aufpaßt); Steigerungsform von Sempel (siehe Sembl)

Hubb(e)l, Hubbeler, Hibbele kleine Erhebung; Häufchen; auch: Beule; auch: Hautunreinheit/Pickel

Huberhi(e)ra beschränkte Denkfähigkeit; auch: (rein äußerlich) vorspringende Stirn

Hubub Kuckuck

Huck' ländlicher gemischter Warenladen; auch: altes, verkommenes Haus

Huddel unordentliche, ungepflegte Frau

(a) Hud(d)elwâr, Gofa nicht so beliebte Kinder; auch: gelinder Ausdruck für Gesindel

Hudel, Ranza, Wampa, Wampes dicker/fetter Bauch

Hudel auch: Lappen

Hudelwisch nasser Lappen, mit dem man (eilig) die Asche aus dem Holzbackofen wischt; auch: Ausdruck für flinke, aber nicht ganz pünktlich arbeitende Person

hudla unachtsam/schlampig etwas erledigen

Hudlâd(e) Karton mit Stoffresten zum Nähen von Kleidchen für Puppen

Hu(h)tsche Kröte, Unke; auch: Mädchen mit schlechtem Ruf

Hui, Bugg, Dâlla, Dâll(e) (kleinere) Vertiefung, Beule, Einbuchtung, Delle

huier, heier/heuer dieses Jahr

huirig, heirig/heurig diesjährig; (**koi Huirige** = ältliche Frau)

Huitsch, Huitscher Fohlen

Hummel, Fârra, Hâga, Häge, Hägl, Hommel männliches Rind, Bulle

Hundsbeerlesbesereis Heckenkirschenäste

Hupfer junger Mensch, der weder beruflich noch familiär gebunden ist/sein will; (**jonger Hupfer** = unerfahrener Halbwüchsiger)

Hupferles, Hemmel ond Hell, Hemmelhopfe Kinderhüpfspiele

Huraglomp miserabelste Form einer Konstruktion, mit der man absolut nicht zurecht kommt

Huraisel, Hurausel, Hurnaus(e), Hieraisel, Horaisel, Hornissel Hornisse

des isch mr wia Spitzgrâs
das ist mir äußerst unangenehm/eine Sache, um die man sich gern drücken möchte

i präschdier's nemme
ich halte es (z. B. die Schmerzen) nicht mehr aus; oder: ich ertrag es (z. B. das Geschwätz) nicht mehr

mei Bräschdlengs|gsälz isch a|gloffa ond hôt Bleamla kriagt
meine Erdbeermarmelade schimmelt

Zwiebelkuchen

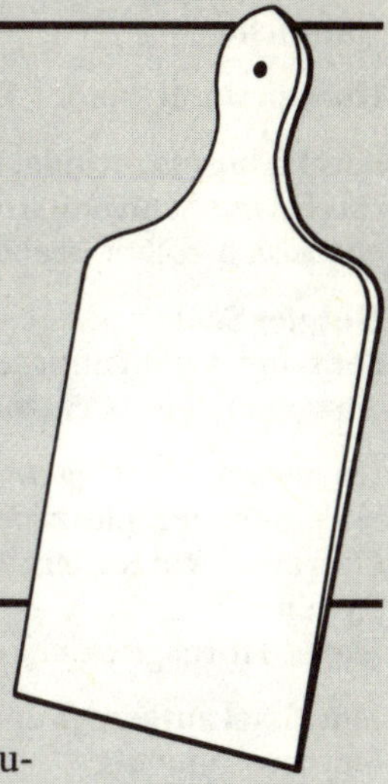

Aus 250 g Mehl, 10 g Frischhefe, ⅛ l Milch, Salz und 50 g Öl, Schweineschmalz oder Margarine einen Hefeteig zubereiten (s. S. 204 Hefeteig süß), dünn auswellen, ein gefettetes Kuchenblech damit auslegen. Noch 10 Minuten gehen lassen.
1 kg Zwiebeln kleinschneiden, in Butter glasig dämpfen, abkühlen lassen. Einen Eßlöffel Mehl oder Mondamin, evtl. vermischt mit einem gestrichenen Kaffeelöffel Backpulver und 3–4 Eier mit dem Schneebesen glattrühren, ¼ l Sauerrahm oder süße Sahne, Kümmel (ganz oder gemahlen) und zuletzt Salz beifügen. Mit den Zwiebeln gut vermengen. Die Zwiebelmasse auf den Kuchenboden streichen, mit Butterflöckchen belegen. In guter Hitze (200–220 Grad) goldbraun backen.

Tip
Zwiebelkuchen heiß essen. Neuer Wein (Suser) schmeckt gut dazu.

Hurgel, Rugel, Wärgel runder, massiver Gegenstand; rundes Stück Holz (z. B. Meterholz von Fichten)

Hurgelesknui rundes Knie

hurgla, husela, drohla, rugla, rusela (mit Schwung) rollen; etwas/sich rollen (siehe wââla)

Hurgler Schlamper; jemand, der seine Arbeit unordentlich verrichtet; ein Nichtsnutz

Hurnickel, Hôrniggel Hagelschauer; plötzliches Unwetter; kurzer, kräftiger Regenguß (siehe Hôrn|iglede)

Hurrâssel aufgeregt/unüberlegt Umherrennender

Hurt, Epf(e)lhurt, Kartoffelhurt Gestell zum Einlagern z. B. von Äpfeln oder Kartoffeln

hüscht!, hüscht-nomm! (Zuruf an Zugtiere, vor allem Pferde:) links!, nach links!

Husel, Hus(s)ele Kalb, Kälbchen

hussa, haußa hier außen **(dussa** draußen)

Hus(s)el(e), Gnesele, Gnetzele, Gnies(e)le, Gräle, Griele, Grôale, Heale, Wussele Küken; auch: kleine Kinder; auch: Abc-Schützen (siehe Heale)

huttera, hoadra/hoddra in die Hocke gehen; niederkauern

Hutzel gedörrte Birne; auch: Schimpfwort für alte, wenig geschätzte Frau

I

Ibedum(m), Ochsdrehdium, Schlââmenaus, Aufforderung größerer an kleinere Kinder (die sich noch nasführen lassen), dies (Unbestimmbare/ ein Nichts)
für 3 Pfennig beim Apotheker zu kaufen

ibelhausig schlecht wirtschaftend

ibelseanig, ibelsichtig unansehnlich; schlecht (häßlich) aussehend

ibelzeideg umständlich (= in Notzeiten/aus Mangel)

Iberbôi Gelenkkapsel- (oder Sehnenscheiden-) Anschwellung; dazugewachsener Knorpel

iber|eck(s) übers Eck; zerstritten

ibersche, übersche (von) oben her

Idipfelesscheißer einer, der es zu genau nimmt

Ilgen Lilien

Imma, Ehma, Emma Bienen

impta Bäume umpfropfen

inkommodiera belästigen, bemühen

(sich) inkommodiera (sich) Mühe machen

int(e)ressiert, bhäb, hoimkrâtzig, kneafrig, knigged geizig, knauserig

irber ziemlich; (**irber teuer** = ziemlich teuer)

it, edda, et, net nicht; auch: halt (ein)!

J

Jâbbiera, Äbbiera, Aibiera, Bodabiera, Eabiera, Eibiera, Erdepfel, Grobra, Grombiera, Herdepfel, Schnaufkugla Kartoffeln

Jäck, Jäke Eichelhäher

jaicha, futtjaicha, laicha etwas/jemand vertreiben, verscheuchen, jagen, treiben

Jâo Einteilung des Ackerstücks vor dem Hacken

(oh) jeggerle! ach, du liebe Zeit!

jesasmäßig, granâtamäßig, saumäßig sehr, ungeheuer, außerordentlich

Jöchle, Häsholz Kleiderbügel

Joomer Gejammer, **(an Joomer hau),** Heimweh

Juchhe, Zwetschga|dörre oberster Dachboden,

Mansarde (siehe Zwetschga|dörre)

jucka hüpfen, hochspringen

Judafürzla Knallfrösche

Judakraut, Grillakraut Schafgarbe

Judastrick wilde Rebe (wurde getrocknet von Buben als **Loinetsa** geraucht)

Jungfrâukraut, Beasakraut, Männerkrieg, Weiberkraut Beifuß

Jupp dicke Herrenjacke

Kââf (abgelegener) Abstellraum

Ka(a)mer, Stubakammer Schlafstube, Schlafzimmer (siehe Kämmerle)

Kâ(â)scht, Kârsch zweizinkige Hacke (z. B. zum Kartoffeln graben)

kä(ä)tschig teigig; unangenehm (fast zu) weich (z. B. Fleisch von zu jungen Tieren)

Kâchel Bratentopf; eiserner Bräter (breit und niedrig); auch Schimpfwort für unförmige/ wohlbeleibte Frau

Kächele kleiner Topf; auch: Kopfbedeckung einer Frau

Kadabritt, Kannabritt Kannenbrett vor dem Haus (zum Trocknen von Milchgeschirr, Seihhafen, Melkeimer)

käfera nervös sein

käferfiedlestrocka, furztrocka äußerst (brüchig) trocken

Kâffeebohnaverbeißer übertrieben genau wiegende Kaufleute

Kâffeedonka, Eidonke Backwerk in Kaffee (oder Milch) tunken (nicht nur, damit's weicher wird)

Kâffee-Visit(e) Kaffeeklatsch

Kâga/Käge, Dôrstel, Gnaischbl, Kôga, Krautdôôsch, Krautdôrstel, Stôrzel Kohlstrunk

kähl unschön, eher abstoßend; abscheulich

kähl (doa) nervenbelastend laut (sein); häßlich wüst tun

kählmâget übertrieben sparsam (beim Essen)

Kâ(h)rz freundschaftlicher Unterhaltungsabend; Kaffeekränzchen; Zusammenkunft von Männern und Frauen in besonderen Stuben an Winterabenden

Kaib/Kôâb Lump; Kerl; hinterlistiger Mensch; gewitzter Lausbub

Kairwisch, Kehrwisch Handfeger **(Kairwisch ond Scheiffele)**

Kâktus Stuhlgang (Gassensprache)

kâlâbrisch unbändig

kâläs sich geziert benehmen; empfindlich sein

källich frisch, munter

kälta aufbewahren, aufräumen, an den Platz stellen

kambla, strähla kämmen

Kamee, Kemmad Kamin

Kameefeager, Kemmadfeager, Kemmadkairer, Kemmichfeager Kaminfeger

Kameefeager auch: Maikäfer(sorte); auch: Bratkartoffeln mit Blutwurst

Kameefeagerle, Kemmadfeager, Hâsa|aigla Bachnelkenwurz

Kameekäs, Kemmadkäs Rauchfleisch

d'Kamerâdschâft Versammlungsort für männliche jugendliche Dorfbewohner (unterteilt in Gruppen für 16- bis 20jährige und über 20jährige) in den Wintermonaten **(wenn g'äckert war)**. „'s Weib" stellte jeweils für eine „Saison" einen Raum in ihrem Haus zur Verfügung. Wenn's gut ging, fand dort auch privater Tanzunterricht statt.

Kamerz Weinstock an einer Hauswand; auch: Weinlaube

Kämmerle Speisekammer (neben der Küche); auch: kleines Schlafgemach (siehe Ka[a]mer)

Kanabee, Canâpee (fr. H.) Sofa; gepolstertes Ruhebett mit Rücken- und Seitenlehne

Kandel Rinnstein; gepflasterte Wasserrinne neben der Straße

Kannakraut Zinnkraut, Ackerschachtelhalm (siehe Kâtza|schwanz)

Kanona-Butzer, Pfeifa-Butzer Rohrkolben

Kâpotthüatle, Kâpottle flaches (haubenförmiges) Frauenhütchen

d'Kâpp die Mütze

Kâppadâch Schädeldecke

s'Käppele die Kapelle (also: die kleine Kirche – aber nicht: **d'Blôsmusik**)

Kâppezer große, bunte Bohnenkerne

Kâppichsama/-soma
Kâppichsauma Krautsamen

Käpsele Knallplättchen; auch: zu kurz geratener Haarschnitt; auch: in rechteckigem Blechförmle (= Kapselform) Gebackenes; auch: ein Mensch, der schnell kapiert/viel weiß; „geistiges Genie"; einer, dem etwas Schwieriges gelingt (siehe Röhrle)

Käpseles|bischtol/pistol Kinderspielzeug

Kärchle, Kärrele kleiner Karren

Kârfiol Blumenkohl

Kârrabauer, Dreckbauer Arbeiter bei der Müllabfuhr

der hôt uff-em Âbee en d'Hos gschissa
er kam einige Sekunden zu spät und hat dadurch etwas versäumt

se blôset ôin nâ
Posaunenblasen (vom Kirchturm) während einer Beerdigung

mr mâchet's nodârisch
wir gehen zum Notar/machen es notariell

der hôt iber da Jordan nomguckt
der ist gerade noch einmal mit dem Leben davongekommen

Brieslesupp'

1 Kalbsbriesle, Suppengrün, 40 g Butter, 50 g Mehl, Petersilie, Zwiebel, Salz, Muskat, Fleischbrühe, geröstete Weckwürfel.

Das Briesle wird gewässert, mit frischem Wasser und Suppengrün langsam weichgekocht, gehäutet und in kleine Würfel geschnitten. Aus Butter, Mehl, gewiegter Petersilie und der Zwiebel macht man eine helle Einbrenne, die man mit Brieslewasser und mit Fleischbrühe ablöscht. Gewürzt wird mit Salz und Muskat. Zusammen mit dem Briesle wird die Suppe gut durchgekocht und mit einem Eigelb abgezogen. Geröstete Weckwürfel passen vortrefflich in diese Suppe.

Briesle in Buttersoße

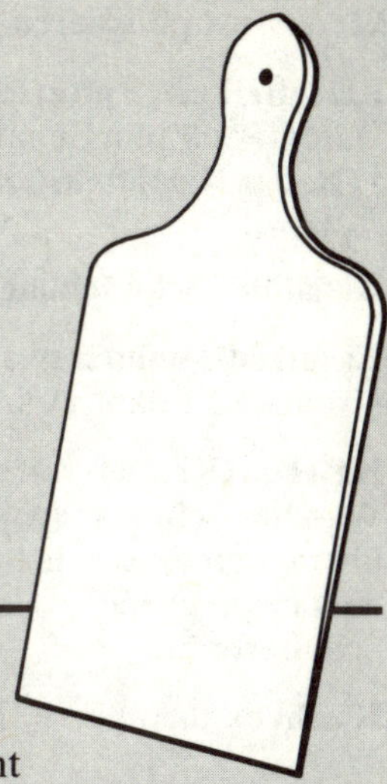

Dazu wird das gekochte Briesle, wie auf Seite 138 Brieslesupp' beschrieben, in gleichmäßige Stücke zerteilt. Man macht eine helle Soße aus 40 g Fett, 40 g Mehl, Brieslewasser, einem halben Lorbeerblatt, einer Nelke, einer Zitronenscheibe, einem Schuß Weißwein und etwas Sauerrahm, gibt die Briesle-stücke hinein und kocht das Ganze kurz durch.

Briesle, gebacken

Das gekochte Briesle wird in dicke Scheiben geschnitten, in dicken Pfannkuchenteig getaucht und in schwimmendem Fett ausgebacken.

Kârramensch Schimpfwort für eine Frau, die sich jedem Mann anschließen würde

Kârrasâlb Wagenschmiere

Kârraschlutt Schimpfwort (Steigerung von „Schlutt“)

kârressiera poussieren

Kârtoffelhurt, Epf(e)lhurt, Hurt Gestell zum Einlagern z. B. von Kartoffeln oder Äpfeln

Käs|âthlet Schwächling

Käsbläddle uninteressante, niveaulose Lokalzeitung

Kâschda (Kleider- oder Wäsche-)Schrank; auch: überaus große/stattliche Person mit entsprechender Schulterbreite

Käsdreck damit ist z. B. der Backstoikäs umgeben; auch: Nichtigkeit

Käsdrucke drangvolle Enge

käseg, käsweiß kreidebleich, hellhäutig, blaß

Käshemmad Schäferkittel

Käsmauga, Käszaia, Mauga Schweißfüße, Füße

kâspera blödeln; sich wie ein Kasper benehmen; auch: schäkern

Käsperlessekt, Käsperleswässerle Sprudel, Mineralwasser

Kässpätzla beliebtes schwäbisches Gericht (Spätzle und geriebener Schweizer Käse und geröstete Zwiebeln)

Kässupp(a) Käsesalat

Kâstanâck(e)l Kastanie

dr Huaschda isch brocha
der Husten hat sich gelöst

i be brocha
ich habe einen Bruch

des vertrâit's Schnaufa net/it
heikle Sache; nicht daran rühren/ja nicht darüber sprechen

der hôt an Gôischt
der ist eingebildet

des hôt den a Nasawâsser koscht'
das hat derjenige (damals) für einen minimalen Preis gekauft

kättera laut lachen

Kâtza|aigla, Frâua|list, Kommwiederkraut, Männertreu Ehrenpreis(arten)

Kâtza|beer, Kâtza|dreck(e)la, Wanzabeer(a) schwarze Johannisbeeren (siehe Dreib[e]la)

Kâtza|bô(h)le, Baole, Bô(h)le, Menker, Râlle, Rälling Kater

Kâtza|däbla Palmkätzchen

kâtza|dreckig kleinlich, pingelig; (**kâtzadreckig lacha** = schadenfroh/unverschämt lachen)

Kâtza|käs, Hâsapâppl Wilde Malve

kâtza|läb(b)rig elend sein

kâtza|lâck todmüde (bei Menschen); verwelkt (bei Blumen/Pflanzen)

kâtza|lâu lauwarm

Kâtza|pfötla Himmelfahrtsblümchen

Kâtza|schwanz, Kâtza|wâdel, Kannakraut, Polierstrauch Zinnkraut, Ackerschachtelhalm

Kâtza|wu(r)z, Hexakraut, Maowurzel/Moowurzel (= Mondwurzel) Baldrian

kâtzbuckla untertänig auftreten; Bücklinge machen

Kaud Humus

kaudera unverständlich sprechen; auch: kränkeln

kaunig, a|kaumeled, a|kauned schimmlig, leicht von Schimmel überzogen, z. B. Wein, Most

(dr) Kauter, (dr) Käuter Täuberich

Kauza, (dr) Keaza, (s') Keaz, Koanza/Koinza Kinn, eher Doppelkinn

Keahner, Kehner Dachtrauf, Dachrinne, Regenablauf

s'keahnerlet Wasser läuft/rinnt wie aus dem Keahner = der Dachrinne (z. B. wenn jemand sehr schwitzt)

Keala Thymian

keala schreien

Kear, Kern Keller

Kear(a)(n) Kerne (des Dinkels)

Kearnla (wörtl. Körnlein) Buchweizen

Kearnza Kornsense

kebelig unangenehm (z. B. naßkaltes Wetter)

keck fest im Biß

Keddam Kette (nicht nur Halskette)

Kehl(kraut) Wirsing

Kehrwisch, Kairwisch Handfeger **(Kehrwisch ond Scheiffele)**

d'Kehrwoch' (de groß' . . ./de kloi . . .) Kehrwoche, in Mietshäusern wöchentlich wechelnd

keia werfen; auch: fallen **(nakeia)**; auch: ärgern; auch: (be)reuen **(es keit mi)** (siehe gheia)

kei|eg/kei|ig (sei) provozierend (sein); auch: ärgerlich (sein)

Keiwampel, Âgâtha große Glasmurmeln (siehe Âgâtha)

Kellerettl Taschenuhr

Kemmad, Kamee Kamin

Kemmadfeager, Kemmadkairer, Kemmichfeager, Kameefeager Kaminfeger

Kemmadfeager, Hâsa|aigla, Kameefeagerle Bachnelkenwurz (siehe Kameefeager)

Kemmadkäs, Kameekäs Rauchfleisch

Kemme(l) Kümmel

kendbetta, weisa einer Wöchnerin eine Aufwartung und ein Geschenk machen

Kendbettere Wöchnerin

Ke(n)dbett|schenke Geschenk für das Neugeborene bzw. dessen Mutter

kendela kindisch sein, herumalbern

Kender|särgla (über)große Schuhe

s'Kenderschiale der Kindergarten

Kendle, Haible, Haiptle die schöne gelbe Mitte (Herz) beim Kopfsalat (siehe Haible)

Kendskârra Kinderwagen

Kendskender Enkel **Dochtrkender (Dochtrmädle** oder **Dochtrbua) =** Enkel, wenn sie von der Tochter abstammen

Kermela Faxen (z. B. machen das übermütige Kinder)

Kernlestee Hagebuttentee

Kesselbutt, Dôrfbeasa, Dôrfbritsch, Dôrfschell, Bâ(â)tschkâchel, Bâ(â)tsch|weib, Dâgbläddle, Râ(â)tsche, Râ(â)tschkâttel, Rä(ä)tschkätter, Schwätza|maiere, Schwätzbâs, Schwätzkätter, Trâtschkâchel Frau, die gerne viel redet/ alles im Ort weitererzählt; Klatschmaul; eine, die in allen Häusern des Dorfes herumkommt

kessla unterwegs sein; Besuche machen (mit der Absicht, den andern – schmeichelnd – auszuhorchen)

Ketzle/Kötzle, Baisele, Ôiterbebbele, Pfuch, Pfu(u)tzger, Sierle, Suirle Pickel (eitrig); entzündete Hautpore (siehe Baisele)

khei(i)ch, khei(i)g neblig

Kiahla, Fâckla, Burzelküah, Dannamoggel, Dannamoggla (pl.), **Hâttel, Mogg(e)la, Muspel** Tannenzapfen

Kiahrâbb/Küahrâ(â)b, Grâbb Saatkrähe (siehe Grâbb)

Kichela, Kichera Bohnen; Bohnenkerne

Kichera|stiagla Bohnenstangen

kiefa vorkauen (früher z. B. auch bei Kleinkindern); kauen

kiesig wählerisch

kiesla (siehe kitzebohna[la])

kigel(a)|fitzig jem. aufregen; aufgeregt sein

(an) Kipf länglich geformtes Brot; auch: Schimpfwort für Dummerchen (du Kipf)

Kippena Zigarettenkippen

Kirbe, Kilbe Kirchweihfest; auch: Durcheinander, großer Umstand **(isch dees a Kirbe!)**

Kirbe|beta, Kirbeplââtz Kirchweihkuchen

Kirbsa|gôischt, Riaba|gôischt ausgehöhlte, von innen beleuchtete(r) Kürbis/ Futterrübe, mit der Kinder im Herbst gerne ihre Zeitgenossen erschrecken

Kirscha|klonker Kirschenpaar

Schulda wia Säutreiber!
hochverschuldet

der isch nemme von dr Dâtz ganga
anhänglich, eher klettig-aufsässig; er ist keinen Schritt (von jem.) gewichen

des liegt em Gschlecht
ist erbbedingt; familienbezogene Eigenart (positiv oder negativ)

des verdirbt nix/nex
das ist in jedem Fall richtig

oder -Drilling (Kinder hängen sie über die Ohren)

Kirscha|omel Behälter zum Kirschenpflücken – aus Baumrinde oder aus Weiden

Kittel Jacke/Jackett

Kittele Jäckchen für Säuglinge

kittera kichern; leise (in sich hinein)lachen

Kitterfiedla, Kitterliese, Kitterloch, Kitterschell, Lâchkätter eine, die wegen jeder Belanglosigkeit zu lachen anfängt und nicht mehr damit aufhört (Backfisch!)

Kitzebohna, Kitzebolla kleine Hagelkörner

kitzebohna(la), kiesla leichter Hagelschlag, der keinen Schaden anrichtet

Kitzle ganz junge Ziege

Kitzlesbrôta, Kitzlesbrätle Braten von Geißenkitzen

Klââpf, Klâpf großer Dreckspritzer an Kleidungsstücken; auch: Schlag, Knall **(s'duat an Klâpf)**

Klâmmhâk, Klâmmhôk Geizkragen; geiziger, nur auf seinen Vorteil bedachter Mann

kläpfa/klepfa (lau) knallen (lassen), z. B. auch Tür zuschlagen

kläppera, schättera, scheppera laut klappern (z. B. mit Geschirr); klirren (siehe schättera)

Kläpperle, Schätterle Kinderrassel

Kläpperle auch: Mohnkapsel

Kläpperlestee Tee aus Mohn(kapseln); Mohnabsud (zum Beruhigen der Babys)

der ka nemme hischt ond nemme hott
vertrackte Situation: es gibt kein Vorwärts und kein Zurück

dia Krott freß i net
das für mich schlechte (Kompromiß-)Angebot lehne ich ab

er isch gsäcklet
er hat bezahlt

auf a gwi(e)ß Essa ka mr wâ(â)rta
so wird einer vertröstet, wenn er geduldig auf etwas ihm Zustehendes wartet; auch: ich kann warten, es ist mir ja (ohnehin) sicher

Kläschbe(s) einfältiger Kindskopf (tadelnd gemeint)

klauba auflesen, (auf)sammeln, verlesen, zusammentragen (z. B. Äpfel oder Kartoffeln)

Klaufter (wörtl. Klafter) Holzmaß; Längen-/Raummaß

Kleffle kleines Waagscheit

Klefflescheißer Sprücheklopfer

Kleiekissela mit Kleie gefüllte Wärmekissen (auch gegen Schmerzen)

Kleischba, Schleissa, Spreißa, Spreißel Holzsplitter (z. B. im Finger)

Klembemberles Kleinkrämerei

Klembemberles|gschäft, Klemberles|gschäft Arbeiten/ viele Kleinigkeiten, die nichts einbringen

Klembemberleskram kleine Sachen

klemma kneifen, zwicken; auch: klettern (z. B. auf einen Baum)

Klemmer, Klemmerleng (große) Rote Waldameise

Klemmerhaufa Waldameisenhügel

Klemmer(le) Wäscheklammer

Klemmle Haarspange

Klepper, Klob (schlechter) alter Gaul (siehe Klob)

klepperdirr, schendersdirr klapperdürr

Klob grober Mensch; auch: alter Gaul (siehe Klepper)

Kloba Türangel

Klôiderrecha Kleiderhaken

Klompa, Brockel, Messbröckel dicke (Messe-)Bonbons (siehe Brocka)

Klonker, Aoraglonker/ Ohraglonker, Aoraschreifla (= Ohrenschräublein), **Buddoo(le)** Ohrringe

Klô(ô)s Nikolaus

Klopftâg Es gab einen 1., 2. und sogar einen 3. Klopftag (im Dezember), wobei der 2. der wichtigste war. Da wurden Bedürftige, vor allem aber Kinder mit Äpfeln, Nüssen, sogar mit **Brödla** beschenkt.

Klôsa|ma(la), Grâttel|ma, Hansel|ma aus Hefeteig gebackene Männle zum Nikolaustag

Klôsanüss/Klôsanussa, Christnüss/Christnussa, Welschnüss Walnüsse

Klugscheißer Besserwisser

Klunkerla kleine Birnen

Klunte Schimpfname für weibliche Person (eine von bösem Geist Gelenkte)

knä(ä)tschig, dâlget, dä(ä)tschig, dôigig . . . ist z. B. zu weiches (weil nicht durchgebackenes) Brot/ Gebäck(inneres)

knâppa, knupfa hinken, humpeln

Knârfel jemand, der allzu kleinlich ist; auch: Ausdruck für zähes Weibsbild

Knârfel, Knirfel, Knorfel Knorpel

knârfla, knirfa (mit den Zähnen) knirschen

Knausbier Schimpfwort

Knausbiera|gre(e)d unförmiger Kopf

Knausbiera|stiefel ausgetretene Schaft- oder Schnürstiefel; alte unförmige Schuhe

knauschtla leise stöhnen/ jammern

Knau(t)za Knubbel/Auswuchs/ Auswulstung am Brot

Knautza|wecka Wasserwecken mit „Kropf“

kneafrig, knigged, bhäb, hoimkrâtzig, int(e)ressiert geizig, knauserig

Knechle/Knöchle kleiner Knochen; auch: Eisbein

Kneible kleines Küchenmesser

Kneisle, Giggele, Raiftle/ Reiftle, Renftle, Rengg(e)le, Riebel(e) Brotanschnitt oder -ende

knella knallen, schnalzen (z. B. mit einer Geißel); auch: eine aufgeblasene Papiertüte/ Luftballon zerplatzen lassen

der hôt no da Hâfareng (Abdruck des Kindertöpfchens) am Fiedla
er ist noch jung (und unerfahren)

deam dua i schao da Ro(o)scht râ
Ankündigung/Androhung, jem. zurechtzuweisen/jem. auszuschimpfen

i be allôi selbander gwea
= allein zu zweit, d. h. nicht mehr allein gewesen (war betrunken und habe alles doppelt gesehen)

Kneller Knallkörper; auch: Knall

Knia, Knub, Knui(b), Gneib Knie

Kniaküachla, gwâlete Küachla, Pfeisela, Straubeta Fettgebackenes in verschiedenen Formen (hauptsächlich zur Fastnachtszeit) (siehe Pfeisele)

Kniaschnâpper, Knuischnâggler weiche Knie

Knicker; Knickstiefel, wurmstichiger Geizkragen

Knipfl(e) Kohlrabi

knitz verschmitzt, pfiffig; auch: (bei Kartoffeln) verdorben, ungenießbar

Knolla(käs), Bibbeleskäs, Dobba, Healeskäs, Luggeleskäs Quark

Knolla|milch Abfallwasser bei der Bereitung von Quark

Knopf, Knöpfle Blütenknospe

Knöpfla spätzleähnliche Teigspeise (aber keine Spätzle); auch: Suppeneinlage

Knöpfleskraut, Wurmkraut Rainfarn (siehe Wurmkraut)

Knuirenka, Straupfraiga, Strompfbendel, Strompfranga Strumpfband

knu(u)rza Quitschen der Schuhe beim Gehen

Kôâb/Kaib Lump, Kerl; hinterlistiger Mensch; gewitzter Lausbub

Koanza/Koinza, Kauza, (dr) Keaza, (s') Keaz Kinn, eher Doppelkinn

Kô(a)ra|beisser Kornblume(n)

kobba aufstoßen, rülpsen; auch: Maulwurfhügel einebnen

Kobber Rülpser; auch: Herumtrödler

Kochede, Kochet(s) Kochportion/Kochmenge, auf die Zahl der Essenden abgestimmt (z. B. bei Kartoffeln)

Kôg, Kog, Koga (pl.) Lausbub; hinterlistig-bösartiger Mensch; unartige Kinder

Kôga, Gnaischbl, Dôrstel, Kâga/Käge, Krautdôôsch, Krautdôrstel, Stôrzel Kohlstrunk

Kohlrâb(a) Kohlrübe(n), Gemüserübe(n) (keine Futterrüben, aber ebenso groß)

Kohlraisle, Baurabüable, Herrgottschlegele, Himmelfâhrtsblüamle, Himmelsschlegele, Kriagle, Maus|aierle/Mausöhrle, Pfâffa|raisle Traubenhyazinthe

Kohlraisle auch: Rosenkohlröschen

kôi(n)z schlecht; auch: übel

kôi(n)zig, kôiz witzig, durchtrieben, spitzbübisch

Kôiwurm, Molla, Quâdda Engerling(e)

Kolba, Kölble (Arznei-)Flasche, (Arznei-)Fläschle

Kolba, Kompf(a), Riachkolba, Schmeckbecher, Schusterhammer, Zenka, Zôrka (unförmige) große Nase (siehe Zenka)

koldera husten mit Auswurf; von weit unten herauf ausspucken

Kolderer Husten

kölscha weben mit Karo-Effekt

Kommed, Kummet Pferdegeschirr, Pferdehalspolster; auch: Geschirr für alle Zugtiere

Kommede, Hondskommede (unnötige[s]) Umstände/ Aufsehen; Aufruhr

kommo(o)d patent, praktisch, bequem, passabel/annehmbar

dr Kommo(o)d die Kommode

Kommwiederkraut, Frâua|list, Kâtza|aigla, Männertreu Ehrenpreis(arten)

Kompf/Kumpf Behälter für Wetzstein beim Mähen (z. B. ausgehöhltes, wassergefülltes Kuhhorn, das am Gürtel eingehängt wurde)

Konduktör (fr. H.) Schaffner

Konglhaus, Kungelhaus/ Kunkelhaus Haus, in dem sich abends die Nachbarschaft traf: Mädchen und Frauen zum Spinnen/zum Handarbeiten, aber auch zu Plausch, Gesang und Spiel, wozu auch männliche Gäste erwünscht waren (siehe Vorsitz)

Konglstub, Kungelstub/ Kunkelstub Spinnstube

konig zähflüssig (die Neige im Mostfaß) **(s'lauft aheba konig)**

kopfibersche/kopfübersche, lang ond ibersche kopfüber; mit dem Kopf nach unten hinunterfallen/purzeln (siehe ds'onder(sch)übersche)

Kopfnet oberes Bettende

Koppala, Koppeler, Dotterbloama, Schmâlzbloama Sumpfdotterblumen

Kôrastanda großer Holzbehälter, der nach dem Dreschen mit der gereinigten Frucht gefüllt wird

kôrba mit der Getreidesense mähen

Kôrnverderber, Werr(a) Maulwurfsgrille

koschber (sei) kostbar; besonders gut und fein angezogen (sein)

Kosel, Lâus/Lôas, Suggel, Sutzel Mutterschwein (siehe Suggel[e]) (siehe Lâus)

Kötzle/Ketzle, Baisele, Ôiterbebbele, Pfuch, Pfu(u)tzger, Sierle, Suirle Pickel (eitrig); entzündete Hautpore (siehe Baisele)

Krâbba Kinder

Krâbbagautscher Schimpfwort

Krâchkist Person, bei der es immer laut hergeht; auch: Gerät mit störendem Krach (z. B. lauter Rasenmäher)

Krâchluader böse Frau

Krächmâchere wichtigtuerische Person (siehe Grechmâchere)

Krâga Hals

krâga aus voller Kehle schreien; lauthals weinen

Krähle/Krehle/Kröle, Bischele, Welle Reisigbündel/-büschel

Krail, Graibel/Greibl Misthaken mit 3–4 Zinken; auch: ungeschickter, derber Mann

Kramba lebhafte Kinder; auch: Geschoß aus Papier (in der Schule praktiziert); auch: U-förmige Nagelöse mit zwei Spitzen, z. B. fürs Verlegen von Drähten

Krämle, Kraumet(le), Krom, Märktkromet(s) Mitbringsel vom (Jahr-)Markt oder von der Reise; evtl. auch: Geld für den Jahrmarkt (siehe Messkromet)

du dauerscht me/mi
du tust mir leid

d'Ofatürla standet offa
nicht für die Ohren der Kinder (die im Zimmer sind) bestimmt

sâg hâlt muh oder mäh!
nachdrückliche Aufforderung an jem., sich zu äußern/zu entscheiden

dr ôi hebt's ond dr ander läßt's et fâhra
es geht nichts voran

krampfa schwer arbeiten

Kranawitt Wacholder

Kranka|sekt normale Flasche Sekt – war früher außerhalb der Residenz nur beim Apotheker zu bekommen (wurde kurz vor dem Ableben eines Menschen gezielt gegeben)

Kranzbrot, Kranzes, Eneskranz (vermutlich von: Aniskranz) Hefezopf, Hefekranz

Krätta/Kretta, Kreaba, Grâtta, Schied, Zaina, Zann, Zoi, Zoin(d)a Korb (siehe Grä[ä]tz) (siehe Grâtta)

Krätta, Ne(a)st auch: Bett

Krätta|mischdr Klein-Bauer, der seinen Mist im Korb aus dem Stall tragen kann

Krättaweaber, Grâttamâcher Korbmacher (siehe Grâttamâcher)

Krättaweaber auch: Ulmer Original, aber kein Korbmacher. Er hieß Jakob Weber und hatte stets einen Henkelkorb bei sich.

Krâtzede, Duranand, Gschmôrgl, Schärrede, Schollabrei, Schollamöggela, Stierum, verropfte Pfannakuacha Eierhaber

Krâtzgâbel Heugabel

krauta, kräutera Unkraut jäten

Krautdôôsch, Krautdôrstel, Dôrstel, Gnaischbl, Kâga/Käge, Kôga, Stôrzel Krautstrunk

Kräutermätza Kräutersammlerinnen

Kräutich/Kreidich Rübenkraut; Kraut von Wurzelgewächsen

Krautscheißer Kohlweißling

Krautschmeckete Ackerminze

Krautstanda Steingut- oder Holzkübel zum Einlegen von Sauerkraut (das Kraut wurde mit den Füßen – barfüßig – eingestampft); auch: dicke Frau ohne erkennbare Taille (siehe Kuaf)

Kreabahäusle hölzernes Gefäß, in dem das Vesper in den Weinberg getragen wird

krebsla kriechen; klettern

Kredenz Anrichteschrank

kregel munter, wohlauf

kreizdeifelswild fuchsteufelswild

Kreizer(le), Sonndigsgeld Taschengeld **(für d'Sparbix oder für a Ziggerle)**

Kreizer(le) auch: 10-Pfennig-Stück

kreizfidel heiter, lustig, fast übermütig

Kreizstock Fenster(kreuz)

Kreizwaih Rückenschmerzen

Kretza, Grä(ä)tz Rückentragekorb (damit haben früher z. B. die Bäckerbuben mit dem Fahrrad die Ware ausgefahren) (siehe Grâtta)

kretza so stark kratzen, daß eine Schramme zurückbleibt

Kreuzbâdeng|ga (dottergelbe, kleinblütige) Schlüsselblumen (siehe Bâdeng|ga)

Kriagle, Baurabüable, Herrgottschlegele, Himmelfâhrtsblüamle, Himmelsschlegele, Kohlraisle, Maus|aierle/Mausöhrle, Pfâffa|raisle Traubenhyazinthe

Krisper, Griasa/Griesa Kirsche(n)

kritzla, sudla schlecht/flüchtig schreiben; hinschmieren

Kro(h)mlâda Kaufladen, in dem (fast) alles zu haben ist

Krott Kröte

Krott, Kröttle, Lauskrott, Menschle süßes junges (etwas durchtriebenes) Mädchen (siehe Lauskrott)

krottabrôit ungehörig breit (z. B. beim Sitzen) **(krottabrôit verzehla** etwas bis in die unwichtigste Einzelheit darlegen)

krottafâlsch total falsch

Krottagiegser/-gitzger/-quiekser, Krottametzg(er)/-schnäpper/-stecher Froschmetzger/Froschquiekser (stumpfes) Taschenmesser (von Buben)

krottakromm, sichlakromm Gebogenes, das gerade sein sollte

Krottalâch verlandender Tümpel

Kruck(a) Schieber zum Dreck- oder Schneezusammenschieben (siehe **krucka)**; auch: Gerät zum Ausräumen des Holzbackofens

krucka Dreck (früher von den Kalkstraßen) oder Schnee zusammenschieben, eher: zu sich herziehen (mittels **Krucka)**

krutzla (Kindern) den Rücken kraulen

Kuachabeet Kuchenboden

Kuaf, Stand(a) Holz- oder Steingutbottich zum Einlegen von Sauerkraut, Eiern oder Bohnen . . . (siehe Krautstanda)

Kuahbruaster, Biast, Bostamilch, Briester, Bruaster, Pfâfferschlâppa erste Milch von Kühen nach dem Kalben (entsprechend bei Ziegen); sie ist quarkartig dick und wird in Tonformen (salzig) gebacken (eine Art Auflauf)

Kuah|euter, Neabelkâpp (wörtl. Nebelkappe) Männer trugen diese Wollkappe in Euterform mit 2 Zitzen (daher Kuheuter) z. B. an stürmischen Herbsttagen

kuahfeischdr, kuahnâcht, kuahranzafeischdr, zâpfaduschder total dunkel; stockfinster

Kuahfiedla Ausdruck für ungeschickte, begriffsstutzige Frau

Kuahfliagede sensationshungrige Menschenmenge

Küahla, Fâckla Herbstzeitlosen im Sommer (Samenbeutel)

Kuahpfläddr Kuhfladen (im frischen Kuhfladen wärmten sich im Winter, wenn's arg kalt war, Hütebub oder -mädchen, die meist keine Schuhe hatten, die Füße)

Küahrâ(â)b/Kiahrâbb, Grâbb Saatkrähe (siehe Grâbb)

Küahschlutt, Küahschlütta (pl.) Herbstzeitlose(n)

Küahsôichschâpf, Güllaschâpf, Lâchaschâpf, Mistlâchaschâpf, Sôichschâpf Jaucheschöpfer, Güllenkelle

kübla (viel) Alkohol trinken/in sich hineinleeren

Kucheholzbiegel Holzkiste neben dem Küchenherd

Kuchekästle Speisenschrank (stand in der Küche)

Kuchemichel, Häfelesgucker, Häfelesschmecker einer, der in der Küche alle Deckel lupft, um zu erfahren, was es zum (Mittag-)Essen gibt

Kucheschanz Geschirr-Regal/Tellerbord in der Küche

Kuckucksmädle Ausdruck wurde beim Kaffeekränzle verwendet für attraktives Mädchen, das große Chancen bei Burschen hatte, sich derselben auch bewußt war und sie nacheinander oder gleichzeitig nutzte (die Mutter des Mädchens war an diesem Tag selbst nicht im „Kranz" anwesend)

Kuder Truthahn

Kugelfuhr umständliches/unnötiges Hin- und Hergerede/Getue; Umtrieb

kuia kauen; auf etwas (Hartem/Zähem) herumbeißen

Kümmelspalter kleinlicher Mensch

Kummet, Kommed Pferdegeschirr, Pferdehalspolster; auch: Geschirr für alle Zugtiere

Kumpf/Kompf Behälter für Wetzstein beim Mähen (z. B. ausgehöhltes, wassergefülltes Kuhhorn, das am Gürtel eingehängt wurde)

Kungel Behälter für die Handarbeit

Kungelhaus/Kunkelhaus, Konglhaus (siehe Vorsitz) Haus, in dem sich abends die Nachbarschaft traf: Mädchen und Frauen zum Spinnen/zum Handarbeiten, aber auch zu Plausch, Gesang und Spiel, wozu auch männliche Gäste erwünscht waren

Kungelstub/Kunkelstub, Konglstub Spinnstube

Kungelbua/Kungelbursch er hatte die Anwesenden im „Kungelhaus" zu bedienen und zu unterhalten

Kunkel Spindel, Spinnrocken

kuppelig geschickt

kurze Wix, Furzkästla, Sepplhos(a), Türleshos(a) Lederhosen

kustera mustern, beäugen, durchsuchen; zurechtmachen

Kuttel dummes Frauenzimmer; auch: Puste = Lunge **(a guate Kuttel)**

Kutteln allgemein für Eingeweide (siehe Kuttla)

der hôt sei Weib schier z'dâot gme(e)ged
. . . im Überschwang beinahe zu Tode gedrückt

des hôt guate Weg
das wird sehr schnell erledigt/beglichen sein; unterschwellige Drohung: da werde ich schnell einen Weg finden/die Sache zu bereinigen

deara Kâtz isch gao glei gschdrait (= gestreut)
diese Sache/Problem ist/wird gleich erledigt/sofort beendet

d'Stub isch net kehrt *oder:* **s'send zviel Kâchla em Ofa**
es ist jemand da,/es hört jemand zu, den das derzeit geführte Gespräch nichts angeht

Kuttelkraut, Wurstkraut Majoran

Kuttelsâck Bauch

kuttera, kutterla im Sand oder mit Straßenstaub spielen

Kutterbauer Müllkutscher

Kutterer Nörgler

Kutterfâß, Kutteroimer Mülleimer

Kutterschaufel Kehrschaufel

Kuttla Kuh-/Kalbmagen – beliebtes schwäbisches Gericht: **saure Kuttla** (siehe Kutteln)

Kuttlabutzer, Kuttler (Gelegenheits-)Metzger

kuzzla, verkuzzla (fortdauernd) kitzeln

läa verschlissen, durchgescheuert (z. B. Wäsche)

Lâ(â)trâch, Adrecht(er), Schnâggerler Erpel, Enterich

lâ(â)tscha, langa eine Ohrfeige verpassen **(i lang/lâ[â]tsch d[i]r oine)**

lâ(â)tscha, lô(ô)tscha, schäaga/ scheaga, schlârpa, schlârra, schlôrba, schlôrfa, schlôrga, schlurka schleppend/ schlürfend/schief gehen; unschön gehen

Lââtscha, Däbber/Debber, Dâpper, Schlâbba, Schlâpper, Schläpper, Trittleng Hausschuhe, Pantoffeln

Lâ(â)tsche Schimpfwort für energielosen jungen Mann; auch: hochaufgeschossener Jüngling

lä(ä)tsched, lä(ä)tschig kraftlos, müde wirkend

Lâbâtscha, Eselsfuß, Roßhuaba, Wühlhubberle Huflattich

Lâbbel, Gosch, Maul, Schnôrra Mund (siehe Lâfz)

Läbberlesgfräß wenig schmackhaftes/habhaftes Essen

läbbrig verwässert (z. B. Suppe); dünnflüssig; in sich nicht gefestigt(er Gegenstand)

Lâch(a), Saulâch Pfütze

Lâchagomper, Güllagomp(er), Mistlâchagomper, Sôichgomper Jauchepumpe

Lâchaloch, Güllagruab, Güllaloch, Mistlâchaloch Güllengrube

Lâchaschâpf, Güllaschâpf, Küahsôichschâpf, Mistlâchaschâpf, Sôichschâpf Jaucheschöpfer, Güllenkelle

Lâche Gelächter **(der hôt a Lâche!)**

Lâchkätter, Kitterfiedla, Kitterliese, Kitterloch, Kitterschell eine, die wegen jeder Belanglosigkeit zu lachen anfängt und nicht mehr damit aufhört (Backfisch!)

Lâda, Läda (pl.) Fensterladen, Fensterläden (die man abends „hereinholen“ mußte)

Lâdahopsere, Lâdnere Verkäuferin

Lädda/Letta, Lix(e), Lôema/ Lôima Lehm

Lâdeichd, Lâdudder, Lâdusel Laterne

Lädemle (kleiner) Kramladen

Lâfohr/Lâwor, Wäschbecket, Wâschlâwor (fr. H.) Waschbecken; auch: Waschschüssel (oft mit Henkel[n])

Bsuach ond Fisch stenkat nôch drei Dâg
wer länger als drei Tage zu Besuch kommt, ist lästig

brauchsch net glei Dätterles doa
du brauchst nicht gleich so plump vertraulich zu werden

der isch vo Buxtehude, wo d’Hond bei de Wedel nausbellet
der ist nicht ganz auf dem laufenden, er begreift nicht gleich

henderschefür isch âu gfâhra
sagt man, wenn jemand etwas verkehrt herum getan hat

Lâfz, Läffz, Lätsch(a), Schluab, Schlubb Mund (eher Lippe) – kann auch nach unten umgestülpt sein = beleidigt sein (siehe Gosch)

Lähmana/Lehmana faule/leere Ausrede(n); auch: geistlose Handlungen

Lahm|ârsch langsamer Mensch

lahmârschig, lahmelig (zu) langsam

lahmla (zu) langsam eine Arbeit verrichten; trödeln

Laibeler, Laibe(r)zeck, Laibleszweck Zecke

Lailâche, Leilâcha, Leilich Leintuch, Bettlaken

Laisa Linsen

lälla hecheln (z. B. Hund, aber auch „hörbar" unter Hitze leidender Mensch)

Lällabäbb sinnloses Gerede

Lällabäbb(e)l törichte Person; nicht ernst zu nehmender Mann

Lâlle Mann, der keinerlei Energie hat

Lamperie Sockelleiste

Landjäger, Bauraseufzer, Peitschastecka etwa 15 cm lange flache geräucherte/getrocknete Hartwurst mit Kanten

Landjäger früher: Polizist in ländlichen Gebieten

langa etwas herholen, nach etwas greifen; auch: ausreichen, genügen(d) **(s'langt)**; auch: eine Ohrfeige verpassen **(i lang d[i]r oine)** (siehe lâ[â]tscha)

(a) Langhôreter (junger) Mann mit langen Haaren

langlächt länglich

lang ond ibersche, kopfibersche/kopfübersche kopfüber; mit dem Kopf nach unten hinunterfallen/purzeln (siehe ds' onder(sch)übersche)

läppera, lätscha mit Wasser spielen (und dadurch etwas unnötig naß machen)

Lärma|stang zu Übertreibung neigende Frau

Lâtschâ(â)re Dorfplatz; Treffpunkt für Jugendliche; Platz vor der Kirche zum „Tratschen"

lätz, letz total verkehrt, fehl am Platz; sehr ungeschickt (formuliert); unpassend; **(lätz stricka** linke Maschen stricken)

(a) Lätzer, (a) Letzer (ein) Böser; Mensch, dem man nicht trauen darf

d'Lâuba, Bea(h)ne, Behne, Biehne, Bühne Dachboden, Speicher

laufa gehen

Laufbua Geschäfte hatten ihn zum Austragen von Ware(n) angestellt

Lâus/Lôas, Kosel, Suggel, Sutzel Mutterschwein (siehe Suggel[e])
Lâus/Lôas auch: nichtsnutziges weibliches Wesen

Lausbeera wilde Stachelbeeren (wuchsen früher oft auf den Schafweiden)

Lausbehne/Lausbühne Haarboden

Lausbua, Lauser Lausbub

Lausdande, Vögeles|dande Dame vom Gesundheitsamt, die Schüler (und Kinderschüler) regelmäßig auf Kopfläuse (oder Nissen) untersuchte

Lauskrott Schimpfwort für kleine Mädchen; kann aber auch sehr lieb gemeint sein (siehe Krott)

Lausmädle das Pendant zu „Lausbua"

Laussâlb Kräuterkäse

lautrig unbefruchtet, leer (z. B. Nuß)

Le(a)bzelta Lebkuchen

Leepf frische Triebe an Fichten-/Tannen(zweigen)

Lehmana/Lähmana faule/leere Ausrede(n); auch: geistlose Handlungen

Leibgu(u)rt Gürtel für Herrenhosen

Leible (geknöpftes) Unterhemd

Leible, Sträpslesleible Strapshalter (früher meist selbstgestrickt), an dem die – meist „willene" = wollenen – (Kinder-)Strümpfe eingehängt wurden

(d')Leich Beerdigung **(i gang uf d'Leich)**

Leicha|sâgere/Leicha|sägere, Daoda|adoare/Do(a)da|adoare Leichenbesorgerin (sie hat im Ort den Tod eines Menschen – und den Beerdigungstermin – von Haus zu Haus bekanntgemacht) (siehe Daoda|adoare)

Leilich, Leilâcha, Lailâche Leintuch, Bettlaken

Leimedr Bündchen an Hemden und Blusen

Leimsiadr, Loimsiader langsamer, schwerfälliger Mensch; langweiliger Kerl, der nichts Rechtes fertigbringt

leis fad (z. B. fades Essen); ohne Geschmack

(a) Leisam Träger am

Leiterwagen, die vom Rad ausgehen

leisela, bässela vorsichtig schauen (z. B. beim Versteckspielen)

Leit/Leut Menschen; auch: eine kleine Gruppe vertrauter Leut'

Leitla/Leutla sympathisches älteres Ehepaar
meine Leit meine Eltern

leit|schei kontaktschwach; einsam/zurückgezogen lebend

Leitschender/Leutschinder Unternehmer, der Untergebene schindet

Leitschender/Leutschender, Zweiräder/Zwôaräder Handwagen mit zwei Rädern

Lenda|bluaschd Lindenblüte

lenda|lahm saft- und kraftlos; abgeschlafft

Lensaträppler ungeschickter, tolpatschiger Kerl

Letta/Lädda, Lix(e), Lôema/ Lôima Lehm

Lettagschwätz unsinniges, inhaltloses, dumm-falsches Gerede

letz, lätz (siehe lätz)

Lexfidla jemand ohne Durchsetzungsvermögen

Liabes|epfel (wörtl. Liebesäpfel) Tomaten

liach(t)a (Pflanzen) verziehen| herausziehen

z'Liacht gao, z'Liad gao (abends, vor allem im Herbst und Winter bei Licht) den

helf dr Gott en Hemmel nei!
Wunsch nach dem Niesen

i dreh dir s'Girgele om/rom
nicht bös gemeinte Androhung

dô beißt kôi Maus kôin Fâda â(b)
kategorische Ablehnung; auch: das ist so und nicht anders

dô kommt ebbes onterm Schurz vor
schwanger sein

dô fährt mr s'Fuier zu de Auga naus
plötzlicher Schreck angesichts einer Gefahr

Nachbarn/die Nachbarin besuchen

liadrig hinterhältig, liederlich, schlecht (auch im Sinn von übel sein, mir isch's liadrig/iebel)

licha (ab- oder aus-) schwenken/spülen (z. B. Geschirr oder Wäsche)

Liesabärmel, Draostel, Drommsel, Drôschtl, Troaschdl, Trutschel langsame/ begriffsstutzige Frau, der nichts von der Hand geht

Lix(e), Lädda/Letta, Lôema/ Lôima Lehm

Lôab/Lôib, Stolla Brotlaib

Lôach Grenzstein

Lôas, Lôaser (pl.) tiefe Spur(en)
Lôis, Lôiser (pl.) (Rad)Spur(en)

Lôas/Lâus, Kosel, Suggel, Sutzel Mutterschwein

Lôas/Lâus nichtsnutziges weibliches Wesen

lobber locker

d'Lochschnäddere(r), 's Âbweicha, d'Bauchbädsche, 's Nâbelsurra, d'Scheißete, 's schnelle Fritzle, d'Schnellkätter, d'Strudelfurzet Durchfall

Lochweh, Luggawaih Zahnschmerzen nach dem Zahnziehen bis zum Verheilen der Wunde (also der „Lugge")

Locka|schä(e)r Haarbrennschere

Lôema/Lôima, Lädda/Letta, Lix(e) Lehm

Lôembâtz/Läddabâtza Lehmklumpen

(an) Lohkäs (rausschwätza) Unsinn daherreden

Lôhle einfältiger, langsamer Mensch ohne Entschlußkraft

lôiba übriglassen

Lôibete Übriges/kleiner Rest vom Essen – besonders restlicher Teig am Backtag, aus dem für die Kinder etwas gebacken wurde (siehe Scherrlôible)

Lôimsiader, Leimsiadr langsamer, schwerfälliger Mensch; langweiler Kerl, der nichts Rechtes fertigbringt

Lôitra|gschirr die Seitenteile eines Leiterwagens

Lôitsôil Seil zum Lenken der Zugtiere

Lommel(e) ein langsamer Mensch

lommelig halblebig, kraftlos, lasch, ohne Spannkraft; welk

Lompadier(le), Lompamensch(le) Schimpfwort; auch: nachsichtige Liebkosung (oft mit der Endung „le“)

Lompadogg Puppe aus Stoffresten/Lumpen genäht; auch: spitzbübisches Mädchen; weibliches Pendant zu Lausbub (das man liebhat)

Lompafetz kleiner Gauner; Spitzbub (nicht selten bewundernd gemeint)

Lompa|gruscht Unnötiges, Wertloses

Lompaknöpfla Serviettenklöße

Lompaliadla Schelmenlieder

Lompamendle, elends durchtriebener Mensch

Lompaseggel Schimpfwort (bezieht sich auf das Säckel der mittelalterlichen Tracht, bei dem eine übergroße Männlichkeit durch das Ausstopfen mit Lumpen vorgetäuscht wurde)

Lompaziefer nicht geschätzte Menschen mit unehrenhaftem/ unmoralischem Lebenswandel

lompf, lopf leicht feucht, welk (z. B. Heu)

loos(n)a horchen, hinhören

(mr) lô(ô)t man läßt nach

lô(ô)tscha, lâ(â)tscha, schäaga/ scheaga, schlârpa, schlârra, schlôrba, schlôrfa, schlôrga, schlurka schleppend/ schlürfend/schief gehen; unschön gehen

Lôreien, Riadr mit dem Rechen in Reihen gezogenes abgemähtes Gras/Heu

Lôrsch|nätt (fr. H.) Stielbrille

loscho(o)ra auskundschaften, ausspionieren; heimlich lauschen

der trägt/trait d'Reichskâss
er hat einen Schnitzbuckel

dô geit's heit Metzelsupp – so wia der sein' Riaßl zom Feaschdr raushängt
unterm Kreuzstock „hängen“, alles neugierig/naseweis verfolgen

jetzt isch nô Hâi (Heu) gnuag hon(d)a
jetzt reicht's dann aber! (z. B. bei ungezogenen Kindern letzte Mahnung vor einer Bestrafung)

Lotter, Schwiebel Seilrolle zum Hochziehen von Lasten am/im Haus mit dem „Lottersôil“

lottera hängen/baumeln/wackeln lassen; etwas ist nicht fest(gezogen), rutscht (z. B. Hose)
auch: hinaufziehen (z. B. Holz mit einem Seil)

Lotterfâll schlechtes, wackeliges Bett

Lottersôil Zugseil des (Hand)aufzugs (z. B. außen am Haus)

Löwapfötla Edelweiß

luaga, gucka schauen

Lubbel Lippe;
auch: Blase an der Lippe

Lubbusles do(a), verschlupfa, Verschluperles do(a) Versteckenspielen

Luckel/Luggel Henne

(dr) Luft Wind

Lugabeutel Lügner;
auch: Blinddarm

Luggawâih, Lochweh Zahnschmerzen nach dem Zahnziehen bis zum Verheilen der Wunde (also der **„Lugge“)**

Luggele, Bibberle, Biebele, Gnesele, Gnetzele, Gnies(e)le, Gräle, Griele, Grôale, Heale, Hus(s)el(e), Wussele Küken (siehe Heale)

Luggeleskäs, Bibbeleskäs, Dobba, Healeskäs, Knolla(käs) Quark

Lu(h)se zuviel Freizeit/Freiheit

lupfa (an)heben, hochheben
auch: „bechern“ **(der lupft gern oin)**

Lüster glänzendes, dunkles (meist schwarzes) Gewebe (daraus wurden z. B. Schürzen oder Herren-Sommerjacken gefertigt)

mâdderdälich, mârtertäglich erbarmungswürdig (wie an einem Martertag); schlapp, angegriffen

Mädeles(p)fitzeler, Mädelesfuseler, Mädelesschmeckr Junge, der oft hinter Mädchen her ist

mâderâlt sehr alt

Mâdere, Mâtere Eiter

Mâgaputzer, Saulâttich, Weiberzorn Giftlattich

mägerle (bedauernd für:) mager **(dees Kend isch mägerle)**

Mâggikraut Liebstöckel

Mâhd Abgemähtes (meistens Gras)

Mâhda beim Mähen mit der Sense: liegendes Gras, so wie es nach dem Schnitt mit **dr Seages** fiel

Mäh|huberle kleines Schaf; auch: Wiesen- oder Schlangenknöterich

Maia, Môia Maibaum – eher Maibäumle (das man der Angebeteten „setzte") auch: frischgrünende Birkenzweige; zuweilen auch: Maiglöckchen (s. Maiarösla)

Mai(a)rösla, Môiala, Môiarösla, Schneetropfa Maiglöckchen

maih, maihnd mehr

mâlâd, mârod, mauderig (halb) krank, kränklich, unpäßlich

mâlaucha schinden

Male, Mandele, Mandesle (abschätzige) Bezeichnung für „Mann" (siehe Mandesle) **Mändle/Mendle** Deminutiv von „Mann" – oft mit leichter „Drohung" verbunden

mâlefitzblond rothaarig, rötlichblond

Mâlefitzkerle, Mâlefitzmädle Allerwelts . . .; Tausendsassa, (kann Anerkennung über eine besondere Leistung ausdrücken)

Mâlter Getreidemaß (3 Simri = 1 Malter)

mâlträtiera, molestiera quälen, plagen, belästigen

Mamakendle, Mamasuggel(e) Muttersöhnchen; Kind, das an Mamas Schürze hängt

mampfa mit vollen Backen essen

Mandesle Kosenamen-Abwandlung von „Hermann"; auch: allgemein für „Bub" (siehe Male)

jetzt bâchet d'Hâsa Dennata (Brotfladen)
wenn Nebel im Wald aufsteigt

sei kôi Heale
sei kein Frosch/hab nicht soviel Angst

der ka kôi Gôiß bocka lao
der ist sehr arm

magschd du mi, em Fall i di mega dät?
Heiratsantrag eines Schwaben/fragt ein schwäbischer Verehrer ein Mädchen

mannamârga, mannamorga, moramorga, moramorgna, mornamorga morgen früh

Männerkrieg, Beasakraut, Jungfraukraut, Weiberkraut Beifuß

Männertreu, Frâua|list, Kâtza|aigla, Kommwiederkraut Ehrenpreis(arten)

Mannsleut (etwas abschätzig für) Männer

Mannsnama Männer

mantscha (Weiches lustvoll) mischen; auch: im Wasser planschen

maogelesbrau, monkelesbrau(n), schmaugelesbrau; wia a Hirschfiedla nicht exakt zu beschreibendes, verwaschenes Braun

maoschillich/maoschillig ist jemand, der nicht für ganz voll zu nehmen ist

Maowurzel/Moowurzel (= Mondwurzel), **Hexakraut, Kâtza|wu(r)z** Baldrian

Märbel, B<u>â</u>llada, Bâliedla, Bâliete(n), Dätscher, Gligger, Glubetza, Glucker, Hâbergôiß, Näggl, Niggel, Schneller, Schusser, Steinis, Stôiling, Stôinißles, Werbel Murmeln (siehe B<u>â</u>llada)

märbla, Boggis spiela, gluckera, näggla/neckla, schnellera, Schneller jâga mit Murmeln spielen

Mâ(r)derschloß Vorhängeschloß (z. B. für Gartentür oder Kiste – früher auch für Reisesack)

's Märgaläuta, uff Mârga läuta Morgenläuten (siehe Âvemärga)

Märktkromet(s), Krämle, Kraumet(le), Krom Mitbringsel vom (Jahr-)Markt oder von der Reise; evtl. auch: Geld für den Jahrmarkt (siehe Messkromet)

Märschel große Axt

Mâsch, Mäscha (pl.), **Mäschle** Schleife(n), kleine Schleife

Mâsch<u>ee</u>(na) Maschine(n)

mâschgera (ganga) im Narrenkostüm (aus-/weggehen)

Mäschgerle ein Kind im Narrenkostüm

mâßlôadig/mâßloidig mürrisch, verdrossen betrübt

Mätig, Meedich/Meedig Montag

Mâtin<u>ee</u> (fr. H.) Morgenrock (auch **bschnodda** – wie der Bettkittel)

Brotsupp' (gebunden)

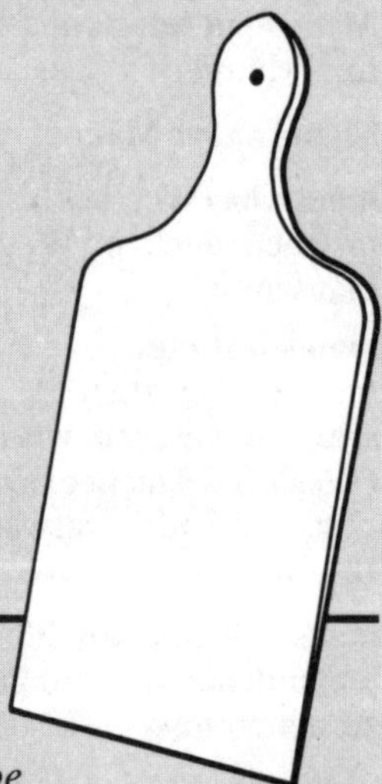

125 g altbackene Schwarzbrotreste, 2 l Wasser, Salz, 1 kleine Zwiebel, ½ Sellerieknolle, ½ Stange Lauch, 2–3 gelbe Rüben, 1 Petersilienwurzel, 2 Eßlöffel Rahm oder Sauerrahm, Muskat, 40 g Butter.

Das Brot zusammen mit dem zerkleinerten Suppengemüse und dem Salz mit dem kalten Wasser aufsetzen, weichkochen und durch ein Sieb treiben. Rahm und Muskat unterrühren. Danach die Suppe noch einmal kurz aufkochen. – Mit brauner Butter schmälzen.

Brotsupp' (mit klarer Brühe)

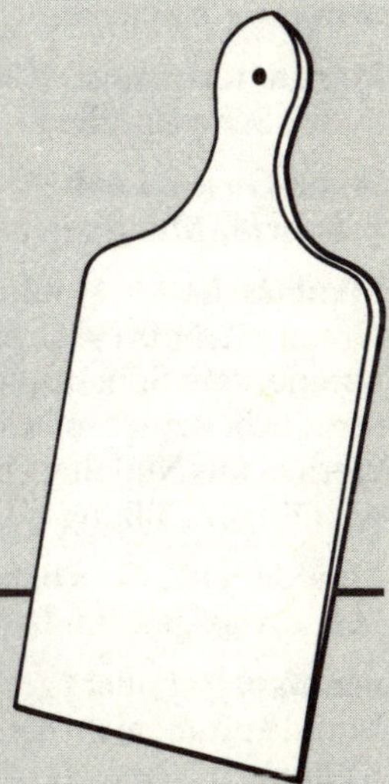

1 Liter kräftige Fleischbrühe,
4–5 Scheiben Schwarzbrot, 1 Zwiebel,
2 Eßlöffel Butter.

Die Brotscheiben in Würfel oder in Streifen schneiden und in einem Eßlöffel Butter rösten. Die in feine Ringe geschnittene Zwiebel in der restlichen Butter bräunen. Brot und Zwiebel in die sehr heiße Fleischbrühe geben – aber erst kurz vor dem Auftragen, damit die Brotröstel nicht zu weich werden.

Mätz Mädchen mit schlechtem Ruf

Mauchet, Mauge, Mauga|nestle, Mauget heimlicher/versteckter Vorrat (z. B. Bonbons, aber auch „Raritäten" von relativen Werten);
eine wirre Sammlung;
auch: großes Durcheinander/ Unordnung

Mauchlâd Schublade für alle möglichen Kleinigkeiten

mauderig halbkrank

Mauga, Käsmauga, Käszaia Füße, Schweißfüße

Maul, Gosch, Lâbbel, Schnorra, Mund (siehe Lâfz)

Mauldâscha (= Maultaschen); **Greane Grâpfa** (= Grüne Krapfen/mit Spinatfüllung); **Strudla** beliebtes schwäbisches Gericht aus Nudelteig mit vielfältiger Füllung

Mauldu(u)dl, Goschahobel, Schnôrra|gige Mundharmonika

maulfaul (sei) nicht gern den Mund auftun; nicht sprechen wollen

Maulschnâll Mädchen, das mit nicht stattgefundenen Männererlebnissen prahlt

Mau(l)werfer, Aubâtl, Aubettel, Auwertel, Auwetter, Sche(a)r, Wolwelfer Maulwurf

Maurerkotlett Limburger Käse

Mauritzeler, Aoraklemmer, Aorawuurzler, Aorazwicker, Ohragrüabler, Ohrahelder, Ohrahilser, Ohraschliafer, Ohrawusler Ohrwurm

Maus|aierle/Mausöhrle, Baurabüable, Herrgottschlegele, Himmelfâhrtsblüamle, Himmelsschlegele, Kohlraisle, Kriagle, Pfâffa|raisle Traubenhyazinthe

mauschela heimliche, schlaue Geschäfte machen

maus(e)la krabbeln (z. B. Kleinkinder)

mausig keck, vorlaut

Mauskegelfeiler ganz großer Pedant

mauza, mausga jammern, klagen, leise ächzen, miauen

mauzga Hühner (Vögel) verlieren Federn, mausern sich

mauzig (do) maulend, mißgelaunt, in schlechter Stimmung (sein)

Meahlbäbb früher: selbst hergestellter Klebstoff (am besten aus Dinkelmehl); auch: (abwertend für) Mehlbrei; auch dummes Geschwätz

Meahlbemberla, Buabahägela

Mehlbeeren = Früchte des Weißdorns

Meahldoat Mehlschublade

Meahlsiedel Mehltruhe (mit zwei Fächern, nämlich für dunkles und helles Mehl)

Meckl/Möckl, Dä(ä)tz(e), Deetz, Gre(n)d, Megges, Melle, Riabahâfa, Riebeleskopf Kopf

d'Me(e)bler die Männer mit/im Möbelwagen

Meedich/Meedig, Mätig Montag

meegalig, meegig liebenswert, nett, zum Gernhaben

(a) Meegets(e) (ein) (inniges) Verhältnis

meestadôils, mehrschtenteils in der Hauptsache; überwiegend (= Honoratiorenschwäbisch)

Meggale/Miggele, Mirbele Stückchen/Bröckchen von etwas (z. B. von Brot oder Schokolade)

meich(t)ala dumpf/vermodert/schimmlig riechen

meinersegsme, mei(ner)soal, meisechs/meisegs erstaunte Reaktion im Sinne von: tatsächlich, ist das/so etwas möglich!

mend, mender, am mendeschda Steigerung von: schlecht, übel (Situation oder Befinden)

Mendle/Mändle Deminutiv von „Mann" – oft mit leichter „Drohung" verbunden

Male, Mandele, Mandesle (abschätzige) Bezeichnung für „Mann" (siehe Mandesle)

Menker, Baole, Bô(h)le,

dia hend nix, bloß em Herrgott sei Ârmut em-a Schächtele
die sind unvermögend/arm

i mecht prâlla vor Wuat ond hopsa vor Zôra/Zorn
höchste Wutstufe

dô kriagscht vor Fraid ganz wässrige Äugla/Aigla
Freudentränen

mei Kend hockt mitta en dr Mauge(t)
mein Kind sitzt mitten in der Unordnung

i hâlt mi dô raus – nô komm-e en nix nei
ich äußere mich nicht dazu

Kâtzabô(h)le, Râlle, Rälling Kater

Mensch, Menscher (pl.) fragwürdige Dame(n)

Menschle, Krott, Kröttle, Lauskrott süßes junges (etwas durchtriebenes) Mädchen (siehe Krott, Lauskrott)

Merle Amsel

meschant abscheulich, boshaft

Messbröckel, Brockel, Klompa dicke (Messe-)Bonbons (siehe Brocka)

Messkromet Mitbringsel von der Messe (siehe Märktkromet[s])

d'Metzg, d'Metzged die Metzgerei

m-hm (zustimmend) ja

Miaderle (wörtl. Mütterchen) Kosewort für die Mutter; auch: sehr altes Fraule

Midda, Migda Mittwoch

miefa stinken, schlecht riechen

migga bremsen

Miggabâgga Bremsbacken

Miggatriebel Drehschlüssel an der Wagenbremse

Miggat(se), Migge (Wagen-) Bremse

Miggele/Meggale, Mirbele Stückchen/Brötchen von etwas (z. B. von Brot oder Schokolade)

Milbuscha, Milcherleng, Milcheta, Bettscheißer, Bettsôicher, Sôichblum/bloam/bleamle, We(a)gsôicher Löwenzahn (siehe Weagsôicher)

Mil(ch)-Bitsch, Millbonta, Millkanta Milchkanne (zum Milch abliefern an die Molkerei) (siehe Bitsch)

Millfläsch Haushalt-Milchkanne

Milchdieb, Herbstbleamle, Hirnkraut Augentrost

s'Mille, Mulle Katze

Milliö (fr. H.) Zierdecke inmitten der Tischdecke (oder auf der Tischmitte)

mir wir

Mirbsle Schneckennudel

Mistbäara Schubkarren für Mist

Mistbritsch damit hat man früher den von Hand aufgeladenen Mist festgeklatscht

Miste/Mischde Dunglege; auch: Unordnung

mistkitz(a)la Mistreste, die durch Witterungseinflüsse nicht aufgelöst wurden, mittels einer dreizinkigen Holzgabel auf dem Wiesenboden verreiben, um die Auflösung zu beschleunigen

Mistlâch(a), Dohla, Gilla/ Gülla Jauche

Mistlâchafâß, Güllafâß, Sôichfâß Jauchefaß

Mistlâchagölte Jauchezuber

Mistlâchagomper, Güllagomp(er), Lâchagomper, Sôichgomper Jauchepumpe

Mistlâchaloch, Güllagruab, Güllaloch, Lâchaloch Jauchegrube

Mistlâchaschâpf, Güllaschâpf, Küahsôichschâpf, Lâchaschâpf, Sôichschâpf Jaucheschöpfer, Güllenkelle

môara, môarn, môra morgen

Möckl/Meckl, Dätz(e), Deetz, Gre(n)d, Megges, Melle, Riabahâfa, Riebeleskopf Kopf

Mö̲dala, Mo̲dena seltsame Angewohnheiten; Allüren (abwertend)

Môddr, Muadr Mutter

Mo̲del Hohlform, besonders Backform (z. B. für Gugelhopf oder Springerle)

Moggel großes/gehöriges Stück (z. B. Brot oder Holz);
auch: Kuh;
auch: widerwärtiges, ständig leicht beleidigtes weibliches Wesen

Mogg(e)la, Burzelküah, Dannamoggel, Dannamoggla (pl.), **Fâckla, Hâttel, Kiahla, Muspel** Tannenzapfen

Möggela Kiefernzapfen

Moggele, Motschele Kalb

moggig eigensinnig, aufsässig; „beleidigte Leberwurst"

Mô(h)sa Flecken auf der Obsthaut;
auch: (ein) Fleck auf einem Kleidungsstück (Obschdmô[h]s)

Môia, Maia Maibaum;
auch: frischgrünende Birkenzweige; zuweilen auch: Maiglöckchen (siehe Moiala)

Môiagäge, Môize(r)ler, Môizgar, Môizge(r)ler Maikäfer

Môiala, Môiarösla, Mai(a)rösla, Schneetropfa Maiglöckchen (siehe Môia)

Môiakraut/Maikraut Waldmeister

Molescht (mâcha) Unruhe/ Umstände (machen)

molestiera, mâlträtiera quälen, plagen, belästigen

d'Molke Molkerei

Molla, Kôiwurm, Quâdda Engerling(e)

Molle kastrierter Stier, Ochse

Mollekopf/Mollakopf ungewöhnlich großer Schädel (wie der eines Molle)

Molt Holztrog zum Teigmachen für das Brotbacken;
auch: Gefäß zum Brühen der Schweine bei Hausschlachtungen;
auch: Gefäß zur Aufnahme von Mörtel auf Baustellen

Mompfel langsam zur Hutzel werdende Birne (nach einer Nacht im Backofen)

momsa vor sich hinsummen

Mondevoner/Montafoner Schimpfwort;
aber auch: Kosename – eigentlich: schönes im Montafon gezüchtetes, fast zierliches sanftbraunes Gebirgsrindvieh mit schwarzem Maul, schwarzem Euter, ausdrucksvollen Augen

monkelesbrau(n), maogelesbrau, schmaugelesbrau, wia a Hirschfiedla nicht exakt zu beschreibendes, verwaschenes Braun

monkelesbrauhirschkegele . . . sagt der Gesprächspartner, wenn ein anderer etwas langatmig und stotternd erzählt und nicht mehr weiter weiß

monzig winzig klein

Moosbeerla Preiselbeeren

Mo(o)stgutter/ Mo(o)schdguddr, Gogga Steinkrug mit Henkel (oft mit

dô sôicht d'Kâtz lenks
da irrt der (die) sich gewaltig

komm mr doch (a)uf d'Kirbe
laß mir meine Ruhe/du kannst mich mal

dean sôicht kôi Hond mâi a
der ist verachtenswert, nichts wert

i komm bloß (a)uf a hâlbs Bäckle
Kurzbesuch (wörtlich: halbes Hinterteil)

er stellt d'Fiaß nôch außa
er will weggehen

Verschluß), in dem der Most aufs Feld gebracht wird (siehe Gutter)

Moowurzel/Maowurzel (= Mondwurzel), **Hexakraut, Kâtza|wu(r)z** Baldrian

moramorga, moramorgna, mornamorga, mannamârga, mannamorga morgen früh

(a) Môrdskerle lobend für einen, der Gutes/Schwieriges vollbringt/vollbracht hat

mordsmäßig, gottsâllmächtig, gottsmillionisch Steigerung von sehr/gewaltig

mosta/moschda Most zubereiten; Mostobst zu Saft pressen, aus dem das schwäbische Landgetränk Most gemacht werden soll

Mostkopf begriffsstutziger, dummer Mensch

motza, motzla mit Wasser oder Schlamm spielen/spritzen; Wasser verschmutzen; auch: widersprechen, maulen, meckern

mr man

Muadr, Môddr Mutter

Muadr|gotteskraut Tausendgüldenkraut

Muadr|guat, Vadder|guat Erbe von Mutter bzw. Vater

Muas|molle widerwärtige Person

mucka leise murren, (sich) beschweren

muckig eigensinnig

mucksa einen Laut von sich geben; sich bewegen

Muffesausa, s'Gremma, Ranzablitza, Ranzapfeifa, Ranzasausa, Ranzaspanna, Ranzawaih Bauchzwicken, Bauchweh

Mugga, Fluiga (die) Fliegen (siehe Fluiga)

Mugga|bâtscher, Fluigabätscher Fliegenklappe

Mugga|blüamle Fliegen-/Ragwurz (Orchidee)

Mugga|fenger, Fluigafenger Leim-Klebestreifen zum Fliegenfangen

Mugga|schiß das hinterläßt die Fliege (z. B. an Fenstern); auch: kleinste Kleinigkeit

mugga|schissig mit Sommersprossen übersät

Mugga|seggele, Mugga|spitzle kleinste schwäbische Maßeinheit (erscheint in keiner DIN-Form); graduelle Abstimmung eines Längenmaßes (sehr wenig)

Muhhâttler Tolpatsch

Mulle, s'Mille Katze

mulmig heikel, bedenklich, faul **(mir isch's mulmig** = ich habe ein ungutes [angstmachendes] Gefühl)

Musch, Bäbele, Dogg(a), Doggan(g), Döggle Puppe

Muschgernuß Muskat(nuß)

Muschgernußreiberle Reibeisen für Muskatnuß

Musel das weiche Innere von Gebäck

musla reiben, frottieren oder massieren des Körpers; sich waschen

Muspel, Burzelküah, Dannamoggel, Dannamoggla (pl.), **Fâckla, Hâttel, Kiahla, Mogg(e)la** Tannenzapfen

musper fröhlich, aufgeweckt, rüstig, munter

Muster, Musterle nettes, aber etwas durchtriebenes Mädle

Mutschel, Mutschla (pl.), **Wegga, Weggla** Brötchen; aber: Mutschla sind längliche Wecken mit ausgeprägten Spitzen (siehe Schild) (siehe Vochez)

Mutz(a), Häsmutzakittel Herrenjacke; Kittel/Weste zum Unterziehen

N

na hin

nâ, nâb, nonder hinunter

Nâ(â)chtkrâbb, Nâchtmâhr, Nâchtschombe(r)ler, Bogga|râole, Bogga|râub, Schombeler abendliche/nächtliche Schreckgestalt für Kinder, die nicht heimgehen (wollen)

Näaf/Neaf eine, die immer an allem herumnörgelt; ungutes, bissiges Weib

näafa herummeckern; widerwärtig/giftig nörgeln; sticheln

's Nâbelsurra, 's Âbweicha, d'Bauchbädsche, d'Lochschnäddere(r), d'Scheißete, 's schnelle Fritzle, d'Schnellkätter, d'Strudelfurzet Durchfall

’s nâchtet es wird Nacht/dunkel

Nâchtmôhl-Häs/Nôchmôhl-Häs Kleidung fürs Abendmahl

na|dâppa zufällig auf etwas stoßen/jemandem begegnen; eine Frau/ein Mädchen ungehörig anfassen (anlangen)

nâ|dâppa hinuntertreten

na|deixla (wörtl. hindeichseln) etwas in die Bahn lenken, die einem besser paßt/ins richtige Lot bringen

na|dôba, däbla, dôba (etwas mit den Händen/Fingern) berühren, was gar nicht erwünscht/erlaubt ist

näfig nörgelnd

na|flâgga, na|strâcka (sich) hinlegen

na|flaiga etwas unordentlich abwerfen/ablegen/hinwerfen

nâ|flaißa, nâli(a)cha etwas hinunterspülen (z. B. mit Wasser); Essen mit Getränk hinunterspülen

Nägela (Garten-)Nelken

Nâgelhex Elster

Näggl, Bâllada, Bâliedla, Bâliete(n), Dätscher, Gligger, Glubetza, Glucker, Hâbergôiß, Märbel, Niggel, Schneller, Schusser, Steinis, Stôiling, Stôinißles, Werbel Murmeln (siehe Bâllada)

näggla/neckla, Boggis spiela, gluckera, merbla, schnellera, Schneller jâga mit Murmeln spielen

na|hâgla stürzen, hinfallen

nâ|hâgla hinunterfallen (siehe naufhâgla)

Nähbäustle Skabiose

Nähbäustle, Nôdelbeischtle Nadelkissen

d’Nahna, Âhle, Ahna, Nee Großmutter

dr Nähne, Ahn, Ähne, Ehle, Neele Großvater

na|hoddera/nahuddera/nâhuddera niederkauern; in die Hocke/in die Knie gehen

Näh(t)leng, Dremmle eine Fadenlänge, wie zum bequemen Nähen erwünscht

naidich/naidig notwendig, nötig

na|keia hinwerfen

nâ|keia hinunterwerfen (siehe naufkeia)

na|knuila/naknuibla (sich) hinknien

nâ|knuila/nâknuibla (sich) hinunterknien

(ebber) nâ|kuttla/nonderkuttla jemand schönsprechen/ schöntun

na|langa hinfassen; auch: zupacken

na|loina anlehnen

namma, neima, ôimets irgendwo **(i gang namma/ ôimets na)**

Nâotschôiss/Notschôiss schusseliges, auch ewig nörgelndes Frauenzimmer; quengeliges Mädchen

nâotschôißig/notscheißig, gnäadfiedlig übereilt, verschusselt; quengelig-ängstlich

na|purzla hinfallen

nâpurzla hinunterfallen

Nârrabâttle aufgebrachte Person

's Nârrahäs, 's Fâsnetshäs, 's Häs die Fastnachtskleidung

Nârrakâsper (unnötig) aufgeregter/aufgedrehter Mensch

Nârraleit, Scheurepurzler fahrendes Volk (siehe Scheurepurzler)

nârret gekränkt; wütend (abgeschwächt); böse (weil etwas nicht klappt); auch: närrisch

närrsch (sei), näsch (sei) beleidigt (sein); (im stillen/ganz für sich) wütend sein; auch: wie wild/böse/verrückt (sein)

Nasafâhrrädle, Glotzmâschee(na), Spekulier|eisa Brille

Nasagru(a)bler pingeliger Mensch

ihr Sauwâr, ihr mechante!
. . . schimpfte die Großmutter hin und wieder die Kinder

mei Ma hôt äweil schao z'nâß gfuaderet
Umschreibung des Alkoholismus

jeder hôt an Brand am Ârsch, glemmt er net, nô gloschdet'r
jeder hat seine Fehler

deam sei Ôi hôt zwôi Dotter
oder: **deam kälbert dr Schlegl ondr dr Stiag**
oder: **deam kâlbet dr Holzschlegel uff dr Behne**
sagt man über Neunmalkluge, bzw. über Menschen, denen ohne Zutun alles zufällt/glückt

Nasawâsser Kleinigkeit (z. B. in Gelddingen); **(der hôt des om a Nasawâsser kauft/kriagt)**

na|schnägg(e)la, na|schnugg(e)la, na|kusch(e)la sich anschmiegen, hinkuscheln

Nâster, Pfâhlhôb kurze breite Axt; Flachbeil (z. B. zum Anspitzen der Rebstockstecken)

na|strexla jem. etwas hinhalten, ohne die Absicht zu haben, es ihm zu überlassen

Naudele quengeliger, unruhiger Mensch, dem alles nicht schnell genug geht, der selbst einem schaffigen Schwaben auf den Wecker fällt

nauf, nuff hinauf

naufhâgla/nuffhâgla hinauffallen (z. B. d' Stiaga) (siehe nâhâgla)

naufkeia/nuffkeia hinaufwerfen (siehe nâkeia)

naufstürma/nuffstürma, stirma hochkrempeln (z. B. die Ärmel)

nausfuira (jem.) hinauswerfen

nauskeia hinauswerfen, wegwerfen

nauspfutzga, pfuutzga hinauslachen (siehe pfuutzga)

nausschwâtzga überschwappen

nautlig umtriebig; in Sorge sein, nicht fertig zu werden

nâ|wââla (sich) einen Hang hinunterrollen (lassen)

na|wettera hinfallen

nâ|wettera hinunterfallen (z. B. Treppe)

Ne(a)badätle, Dât, Dätle Neben-)Fach in einem Möbel(stück) oder in der Handtasche

Neabelkâpp (wörtl. Nebelkappe), **Kuah|euter** Männer trugen diese Wollkappe in Euterform mit zwei „Zitzen" (daher Kuheuter) z. B. an stürmischen Herbsttagen

Neaf/Näaf eine, die immer an allem herumnörgelt; ungutes, bissiges Weib

neama, neamer(d), neamert(s) niemand

neana(ds), neanich, nerga nirgends, nirgendwo

Ne(a)st, Birzel, Bôrzer, Burz, Bu(u)z, Dutt, Pfiffes, Pfipfes Haarknoten

Ne(a)st, Krätta Bett (siehe Krätta)

neckla/näggla, Boggis spiela, gluckera, märbla, schnellera, Schneller jâga mit Murmeln spielen

Nee, d'Nahna, Âhle, Ahna Großmutter

Neele, Ahn, Ähne, Ehle, dr Nähne Großvater

d'Ne(e)ma die Namen

negla, ao|negla, hôrnigla, ôi|negla unangenehmes, fast schmerzhaftes Gefühl, wenn eiskalte/durchgefrorene Finger/Zehen wieder warm werden

nei hinein

nei|bäbbera, nei|goscha dazwischenreden, sich einmischen

Neida môla, Nennemôhl Mühle und Dame spielen

nei|dâppa hineintreten

Neidhämmele, (a) Briss-bissle Scheibenvorhängle

Neidhämmele Kind, das nicht gern etwas hergibt

nei|dremmla hineindrehen (z. B. Schreifla)

nei|gugga hineinschauen

nei|leisala z. B. abends möglichst geräuschlos ins Kinderzimmer schauen

neima, namma, ôimets irgendwo **(i gang oimets/ namma na)** (siehe ôima)

Nei|mô(h)l|gscheider (wörtl. Neunmalgescheiter) Besserwisser

neipfercha, (sich) neizwercha (sich) irgendwo hineinzwängen (lassen); in Volles/Beengtes hineingezwängt werden

neipflädscha laut aufschlagen (z. B. auf Wasser, auf Teig)

veil/vill rutscha geit bâise Hosa
es ist nicht gut, oft die Stelle/Stellung zu wechseln

mit deam könnt ma Riegelwänd neischmeißa, der dät no frôga, mô's bocklat
er ist riegeldomm

der hôt Pech am Fiedla
Wirtshaushocker; einer, der sich nicht von der Stelle rührt

deeschd a Kerle wia mei Ahna Schorsch, ond dean hand d'Schliggerla (kleine Entlein) verdrâbbet
einer, der sich nichts zutraut

neischlupfa hineinkriechen (auch in Hosen **schlupft ma nei)**

neischobba hineinstopfen; einstecken (z. B. Hemd in die Hose)

nemma nehmen

nemme nicht mehr

(a) Nesabâchtiroler (ein) Cannstatter

Nesa-/Nasabutza, Butza, Butzagaigel, Butzakegel, Butzamäggele(r), Pobl/Popl angetrockneter, verhärteter Nasenschleim

nesta unruhig schlafen; sich im Bett wälzen

net, edda, et, it nicht; auch: halt (ein)!

nex, nix(a), nonz nichts

Niederfâllet festlicher Dankabschluß der Getreideernte mit Festmahl, an dem auch die Dienstboten teilnahmen

niegelnâgelnui, nui neu

Niggel/Nickel 10-Pfennig-Münze

Niggel, Bâ̲llada, Bâliedla, Bâliete(n), Dätscher, Gligger, Glubetza, Glucker, Hâbergôiß, Märbel, Näggl, Schneller, Schusser, Steinis, Stôiling, Stôinißles, Werbel Murmeln (siehe Bâ̲llada)

Niggelwurst/Nickelwurst Rote Wurst, die früher 10 Pfennig kostete

niggla zupfen; auch: (sich) ärgern/geärgert haben

nissig (sei) giftig (sein)

Nister, Nuster Rosenkranz (siehe Nuster)

Nistergrälle kleine Kartoffeln

nix(a), nex, nonz nichts

do muasch doa, wia s'Male em Viertel – *oder* . . . **wia s'Male an dr Wand**
sehr schnell arbeiten (früher mußte derjenige beim Dreschen besonders flink sein, der die Garben aus dem „Viertel" [Teil der Scheuer] befördern mußte)

der ka aus dr Dâchrenn saufa
großer Mensch

der môint au, er sei dr Käs – drweil stenkt'r bloß
eingebildeter Mensch

nixig unnütz, zu nichts nütze; auch: durchtrieben; auch: unwesentlich

no noch

nô dann; auch: nahe

nobra nähen

nôchbäffa nachmaulen

dr Nôchber, d' Nôchbere der Nachbar, die Nachbarin

Nôchmôhl-Häs/Nâchtmôhl-Häs Kleidung fürs Abendmahl

Noddl-Zuckerle Süßigkeit, die vom Paten für Kinder bezahlt werden muß, wenn der Täufling schreit; Schnuller-Ersatz, auch Lutscher

noddla/nuddla rütteln, schütteln

Nôdelbeischtle, Nähbäustle Nadelkissen (siehe Nähbäustle)

nôi, ha-a nein

nolla, nuggla, nulla saugen, aussaugen

Noller, Schlotzer etwas zum Saugen/Aussaugen/Schlecken (siehe Schlotzer)

nolpet ungeschickt, grobtappig

nom/num hinüber

nomma/numma nein – niemals; auch: nicht mehr (siehe nemme)

Nô|moisele Letztgeborenes

nom|zuas/num|zua (richtungsweisend) hinüberwärts

nonder, nâ, nâb hinunter

(ebber) nonderkuttla/nâkuttla jemand schönsprechen/schöntun

Nonnafürzle leichtes (Weihnachts-)Eiweißgebäck

nonz, nex, nix(a) nichts

Noopf Backkorb aus Stroh

nôre|gao Aufforderung zum Weitergehen **(gang nôre)** **('s gôht nôre** = es tut sich etwas/es geht wieder vorwärts/weiter)

nôre|mâcha sich beeilen

nôre|schlââ versetzen (z. B. Schafpferch)

notscheißig/nâotschôißig, gnäadfiedlig übereilt, verschusselt; quengelig-ängstlich

Notschôiss/Nâotschôiss schusseliges, auch ewig nörgelndes Frauenzimmer; quengeliges Mädchen

nuala im Dreck stieren

nuddla/noddla rütteln, schütteln

Nudel Weißbrotlaib für das sonntägliche „Kaffeedonka"; auch: Bezeichnung für lustige Frauensperson, die alles mitmacht

Nudelfleck dünn ausgewellter Teig zur Nudel- (oder Maultaschen-)Herstellung

Nudla|heiner junger, fader, ideenloser Mensch

nuff, nauf hinauf

nuffhâgla/naufhâgla hinauffallen (z. B. d'Stiaga) (siehe nâ|hâgla)

nuffkeia/naufkeia hinaufwerfen (siehe nâ|keia)

nuffstürma/naufstürma, stirma hochkrempeln (z. B. die Ärmel)

nuggla, nulla, nolla saugen, aussaugen

nui, niegelnâgelnui neu

num/nom hinüber

num|zua/nom|zuas (richtungsweisend) hinüberwärts

Nußjäck, Nußjäger, Nußjockel Eichelhäher

Nuster, Hâlsgrâlla Halskette

Nuster, Nister Rosenkranz

O

Oachkirmle/Ohrkirmle Eichhörnchen

ô(a)dele ordentlich

oas ôes, ôis eins; auch: egal, einerlei **(s'isch mr ôas)**

oazäächt, ôizecht einzeln

obâcha/obâcka, aobâcha unmodern; unmöglich; ungezogen; unfertig; gehirnlos; maßlos

obärrig wild; nicht angepaßt; ungehorsam (vor allem beim Vieh)

Ôbed|duach (schwarzes) wollenes Kopftuch für Frauen (z. B. fürs Schlittenfahren)

Oberdnei, Öberst, s'Gräch, Räffla oberster Scheunenboden

Ober|gscheidle Besserwisser

Oberling ein Stock über dem Heubarn

Oberstüble Gehirn

Ochsa|âuga Spiegeleier

Ochsaschwanz, Hâgaschwanz, siebaschwenzige Kâtz (dicke) Lederpeitsche, Lederknute

Ochsdr<u>e</u>hdium, <u>I</u>bedum(m), Schlââmenaus Aufforderung größerer an kleinere Kinder (die sich noch nasführen lassen), dies Unbestimmbare/ ein Nichts für 3 Pfennig beim Apotheker zu kaufen

o|dau ungezogen

odriß verdrießlich

Ofaröhrle Backröhre/ Warmhalteröhre (im Kachelofen); auch: (zu) enge Hosenbeine

Ofaschlupfer, Scheiterhaufa Brotauflauf

Ofaschrännle (kleine) Ofenbank

Ofastang an Decke und Wand angebrachte Trockenstange rund um den (Kachel-)Ofen

O|firm Untugend(en), schlechte Angewohnheiten; Blödsinn (der hôt lauter O|firm em Kopf), **ofirm** ungezogen

o|flätig (sei) ungezogen/ ungehörig (sein)

o|gäb ungut, quengelig, nicht umgänglich, streitsüchtig

o|gâttig/ao|gâttig unartig, unpäßlich, anpassungsunwillig

o|gfirmet ungezogen, boshaft

o|ghoblet/ao|ghoblet ohne Anstand; ohne Benimm/Schliff

ma ka it scheißa ond Kraut hâcka
man kann nicht zwei Dinge zu gleicher Zeit tun

so lang gfischt – ond erst a Krott gfanga
wenn jemand spät geheiratet hat und trotzdem unglücklich/ unzufrieden ist/mit seiner Wahl Pech gehabt hat

der sieht dr Kuah am Euter a, wâ(s) z'Pâris dr Butter kostet
sagt man von jemand, der sich für besonders klug hält

der geng' âu am liabschda dr Ârbet uff d'Leich
oder: **der isch âu liabr dô, mô ma schau gschâffet hôt aber noit gvesperet**
sagt man über jemand, der besonders faul ist

o|griabig/ao|griabig unruhig, rastlos, umtriebig

o|gschlâcht robust – eher derb; ohne Manieren

o|gwurmet unartig, bös

Oheim Onkel

oh, jeggerle! ach, du liebe Zeit!

Öhmd das zweite Heu (siehe Hâberöhmd)

öhmda heuen im Spätsommer

(a) Ohmel Gefäß aus Rinde oder Weiden zum Kirschenpflücken

Ohmelbeera Sauerkirschen

Ohrabläserei/Aorabläserei Geflüster

Ohraglonker/Aoraglonker, Aoraschreifla (= Ohrenschräublein), **Buddoo(le), Klonker** Ohrringe

Ohragrüabler, Ohrahelder, Ohrahilser, Ohraschliafer, Ohrawusler, Aoraklemmer, Aorawuurzler, Aorazwicker, Mauritzeler Ohrwurm

Ohrkirmle/Ôachkirmle Eichhörnchen

Ohrwâtschla, Aora Ohren (siehe Ba(h)nwärtersdäfela)

Ôichele Frucht der Eiche

Ôierdötschle, Dotsch, Dötschle, Dösch Küchle; dicke (Eier-)Pfannkuchen, in schwimmendem Fett gebacken (siehe Dotsch)

ôiga komisch, eigenartig

ôima, ôimets, ôimerzich, ôimich, ôichmets, ôischmets irgendwo

Ôimerle kleiner Eimer; Kinderspielzeug (zom Sandla)

ôimets-mô-ane irgendwohin

ôinawe(a)g trotzdem, dennoch, sowieso

ôi|negla, ao|negla, hôrnigla, negla wenn eiskalte/ durchgefrorene Finger/Zehen wieder warm werden

ôis, oas, ôes eins; auch: egal, einerlei **('s isch mr ôas)**

ôisdôils einesteils, einerseits

Ôissa/Ôassa, Aiß(a), Eisse Furunkel

Ôiterbebbele, Baisele, Ketzle/ Kötzle, Pfuch, Pfu(u)tzger, Sierle, Suirle Pickel (eitrig); entzündete Hautpore (siehe Baisele)

ôizecht, ôazäächt einzeln

a Ôizechter ein einzelner; auch: ein Eigenbrötler auch: Lediger

okeit/aokeit wenn es einem nicht so gut/wohl ist

okiak/aokiak scheu (z. B. ein Kind); kontaktarm

okommo̲d ungemütlich, unpäßlich/unangenehm

o|leidig/ao|leidig, gräg, grätig schlecht gelaunt, grantig, in übler Stimmung; ungenießbar (bei Personen)

Ölmâga Mohn

ombocka aus der Hocke umfallen

omhâgla umfallen

o|miaßig sehr beschäftigt

omkaira umdrehen, wenden

omkeia umwerfen

ommanander|neabla spät auf der Straße lärmen (und dadurch andere vom Schlaf abhalten)

ommanander|schwanza ziellos umherschlendern

omme|benda umbinden (z. B. Schürze)

om(m)e|loina zur Seite lehnen; umlehnen; wegdrücken auch: wenn ein Mädchen einen Liebhaber „beiseite stellt" und auf etwas Besseres wartet

ommer|gau mußte z. B. der Beckabua (= Bäckerbube), nämlich um frühmorgens Brot und Weckla mit der Grä(ä)tz auszutragen

om(m)e(r)|keia umherwerfen

Ommerträger (wörtl. Herumträger) Hausierer

om|modla/ummodla umarbeiten; alles wieder verwerfen

Omrank/Umrank, Ranka (scharfe) Kurve (siehe Ranka)

omruadla umrühren

omschora, schoora (Garten/Beet) umgraben

Omsprenghäs, Randlhäs Freizeitkleidung

Omuas Unruhe (im Menschen); **a Omuas** ein „unruhiger Geist"

O|nama, Ao|nama Übername

Ondergang Unterführung

Onderroi Grenze auf dem Feld

Onder|tâllje (wörtl. Untertaille) Unterbluse, Unterleibchen

onnadu̲(u̲)re untendurch

Oraosa, Aorosa, Du̲roasa, Urausa kleine Reste; übriggebliebenes Essen (vom Vortag); Brösel

Ôrbig Heustadel

Ôrchester|dôrd(a), Posauna|dôrt, Ziebele|beeda,

Krautkrapfen

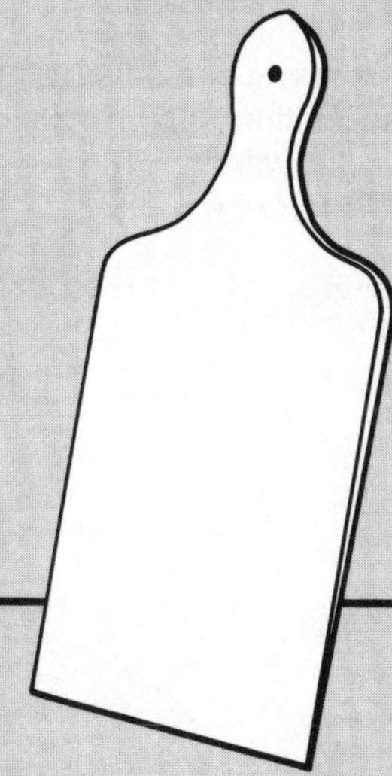

Nudelteig aus 300 g Mehl (s. S. 57) zu einem großen, sehr dünnen Nudelfleck auswellen. Mit Margarine bestreichen. Darauf 500 g rohes Sauerkraut (ausgedrückt und kleingeschnitten oder verzupft) ausbreiten. 150 g durchwachsenen geräuchten Bauchspeck (in Streifen oder in Würfel geschnitten) darüber verteilen, ebenso eine kleingeschnittene Zwiebel, Salz, Pfeffer und Kümmel. Zu einer langen Rolle aufwickeln. Davon 5 cm lange Stücke abschneiden. In einer Kasserolle 2 Eßlöffel Schweineschmalz oder Margarine und (mindestens) eine Tasse Wasser heiß machen. Die Krautkrapfen (mit der Schnittfläche nach unten) nebeneinander hineinsetzen und zugedeckt so lange garen, bis sich am Boden eine schöne braune Kruste gebildet hat.

Tip
Es mag verwundern, aber dazu paßt Bohnenkaffee vorzüglich!

Zwiebel|beeret (wörtl. Orchester- bzw. Posaunentorte) Zwiebelkuchen

Ösch von den Bauern zur speziellen Nutzung eingeteiltes Ackergebiet, z. B. Getreideösch

Öschprozession, Öschumgang Bitt- oder Dankprozession durch Felder, um den Ösch

ozga, ächzga, anzga, aochza, aozga stöhnen, seufzen

O|ziefer Schädlinge, Ungeziefer

P

Paiderle, Päderle, Pöderle kleine Kugel, Perle (siehe Pauder)

Pandeffela Frühlingsblatterbse

Pâppela Stockmalven

Pârâblü (fr. H.) Regenschirm

Pârâdeiser Tomaten

Paseela, Glesser, Glotzerla, Gsichtla, Sametschüahla, Sperräugla, Tâg-ond-Nâcht-Blümla/-Schättla/-Veigela, Viegaila Stiefmütterchen

Pauder, Podder, Poder(a) Kugel, Christbaumkugel, Glaskugel, Halskette, Perlenkette (siehe Paiderle)

Pechveigela, Gealveigela/Gelbveigela Goldlack

Pedäderle, Schamää(s)le,

Tuschuurle (fr. H.) Maßstab für Funktionsfähigkeit von Feuerzeugen, aber auch für Uhren oder andere mechanische Geräte

pedäderle, pötäterle (fr. H.) vielleicht, vielleicht

Peitschastecka, Bauraseufzer, Landjäger etwa 15 cm lange flache geräucherte/getrocknete Hartwurst mit Kanten (siehe Landjäger)

Perron (fr. H.) Bahnsteig

Peterling Petersilie

Pfâffalâtta roter Feldmohn

Pfâffa|raisle, Baurabüable, Herrgottschlegele, Himmelfâhrtsblüamle, Himmelsschlegele, Kohlraisle, Kriagle, Maus|aierle/ Mausöhrle Traubenhyazinthe

Pfâffasâck frühere Einkaufstasche: langer Stoffbeutel mit zwei Metallringen als Henkel

Pfâfferschlâppa, Biast, Bostamilch, Briester, Bruaster, Kuahbruaster erste Milch von Kühen nach dem Kalben (entsprechend bei Ziegen); sie ist quarkartig dick und wird in Tonformen (salzig) gebacken (eine Art Auflauf)

Pfâhlhôb, Nâster kurze breite Axt; Flachbeil (z. B. zum Anspitzen der Rebstockstecken)

Pfannabausch, Pfannabäuscht(la) (pl.) große(r), dicke(r) Hefe-Pfannkuchen; auch: Schmalzküchle

Pfannabeetla aus Nudelteig ausgewellte Doppelfladen, gefüllt mit Blotz (Rahm) und Zwiebeln, beidseitig knusprig angebraten

pfärreg sehr teuer

Pfätscha|kendle Wickelkind; auch: verhätscheltes/ verwöhntes Kind

pfätza zwicken, kneifen; auch: einen leichten Hieb/ Klatsch versetzen (z. B. mit einer Peitschenschnur)

pfausa den Beleidigten spielen; nicht (mehr) miteinander reden

Pfauzgrott kleines, dickleibiges Mädchen;
auch: Kosename;
auch: besonders dicke Kröte

Pfeddam die Pfette = (Strebe) im Dachstuhl

Pfeifa-Butzer, Kanona-Butzer Rohrkolben

Pfeifadeckel! von wegen und so! das könnte dir so passen! (also Ablehnung)

Pfeisela, gwâlete Küachla, Kniaküachla, Straubeta Fettgebackenes in verschiedenen Formen (hauptsächlich zur Fastenzeit)

Pfeisele, Pfeisela (pl.) Suppenklößchen

Pfendbutz Bürzel (also sowohl Vogelschwänzchen als auch Haarknoten)

Pfendbutz, Âckerbutz, Butz Vogelscheuche

Pfengstlemmel an Pfingsten ein mit Stroh verkleideter Bub (Brauch auf der Alb)

pfiate, Pfiagott (Behüt dich Gott), **bhiate** Abschiedsgruß

pfiddera kichern

Pfiddere ständig kicherndes Mädchen

Pfiffes, Pfipfes Aroma, Geschmack;
auch: Mut, Schwung;
auch: verhärtete Zungenspitze bei Hühnern (mußte mit dem Messer abgezwickt werden)

Pfiffes, Pfipfes, Birzel, Borzer, Burz, Bu(u)z, Dutt, Ne(a)st Haarknoten

pfitza knallen mit der Peitsche; plötzliches schnelles Zurückschnellen (z. B. von Gummiband, Geißel oder Zweig);
auch: jemand bewußt quälen

Pflä(ä)ra Klecks

Pflâdder, Pflädder/Pflätter Klacks (z. B. Sahne oder Senf) auch: Fladen, Kuhfladen

Pflädder, Gflädleds, Gschläpp Kuchenguß

wenn da it firsche nei witt, nô gôscht hâlt hendersche nei
wenn man unbedingt jemand von irgend etwas überzeugen/zu etwas zwingen will

jetzt gôht mr d'Kâtz da Buckel nuff
der Schreck fährt einem in alle Glieder

der lâch(e)t bloß em Keller, wenn's neamrd sieht
wenn jemand nie offen und herzlich lacht

schwârze Küah gent âu a weiße Milch
Äußerliches hat oft nichts zu sagen

dr bescht Bauer âckeret amôl a kromme Furch
keiner ist unfehlbar

pflâdera, pflädera, pfludera flattern, fliegen

pflädera auch: im Wasser planschen/spielen/herumwirbeln; auch: Wäsche spülen

Pflädsch Steckkissen

Pflädsche nasse Sauerei

Pflautsch/Pflô(a)tsch dickliches, dümmliches Mädchen

pflô(a)tscha lümmeln

pflô(a)tschig unförmig dick, (dadurch) schwerfällig; auch: schlaff (weil dick)

pflompfa (hinein)fallen, aufklatschen

Pflompfel dicke Frau

pflotzga, gauba, golga schwappen (siehe gauba)

pflotzga, pfo(o)zga, zocka, zozga das Klopfen in einer Wunde (Eiterzahn)/ziehender Schmerz

pfluderig luftig, leicht, locker; auch: dünn, gehaltlos (z. B. Suppe)

(a) Pfonds|idee/Pfunds|idee (eine) prima Idee

pfôrka, zamma/zem(m)apfôrka, schnurpfa eine Näh- oder Flickarbeit schlampig ausführen

pfostig kräftig

Pfreadhaus/häusle, Ausdinghaus, Austrâghaus, 's Stüble Ausgedingehaus; Altenteil neben dem Bauernhof für den Altbauer und seine Frau

Pfremma Ginster

Pfuch (siehe Pfuutzger)

pfuddera vor sich hinschimpfen

Pfui-Deufela Adonisröschen

dui hengt da Kutter (auch: d'Kuttla) bâis raus
wenn eine Frau ein tiefes Dekolleté hat

dô werd/wur i letz!/lätz!
da werde ich wild! (unberechenbar/hochfahrend/böse)

der hôt Wefzga em Fiedla
das ist ein unruhiger Mensch

dreimôl onder Hiafa (= Hagebutten) kriacha
früher glaubte man, dadurch Unheil verhüten zu können

Pfulba, Pfulga (unteres) großes Kopfkissen
Pfilble (kleines) Kopfkissen; Nackenkissen

Pfünder, Pfenderle, Dreipfünder Bezeichnung für Brot (z. B. Kipf/weißer Laib), die gleichzeitig das Gewicht beinhaltet

pfupferig unruhig

pfurra aufgeregt/ziellos umherrennen; durch die Gegend schusseln; hektisch da- und dorthin rennen

Pfurrpfaze Wirrwarr, z. B. im Nähkasten

Pfuschfiedla bei Damenkleidern: aufgebauschte Raffung an der verlängerten Rückenlinie

pfutza aufmucken

pfuutzga zischendes/pfeifendes Geräusch, z. B. wenn nasse Finger ein heißes Bügeleisen berühren; zerplatzende Gasblasen; wenn Dampf aus einer kochenden Masse entweicht

pfuutzga, nauspfutzga hinauslachen

Pfu(u)tzger, Pfuch, Baisele, Ketzle/Kötzle, Ôiterbebbele, Sierle, Suirle Pickel (eitrig) entzündete Hautpore (siehe Baisele)

Pfu(u)tzger auch: zischendes Geräusch

Plâfo(h) (fr. H.) (Zimmer-)Decke

plärra (franz. pleurer), **blä(ä)ra, bräaga, brâlla, brelle, briaga, flenna, flerra, greina, heina, zenna** heulen, weinen

Plâtz(et), Blâ(â)tz, Beeda/Beta, Beten (pl.), **Dennada/Dünneta, Flâd(a), Zelta** dünn ausgewellter Kuchen aus Hefeteig, z. B. mit Zwiebeln, Kümmel, Luggeleskäs, aber auch mit Obst belegt – je nach Jahreszeit;
auch: dünne Brotfladen ohne Belag – im Holzbackofen gebacken

pläxa ächzen

plotza Butter stoßen

Plotzade trübe Brühe

Plümo(h) (fr. H.) Federbett

Pobl/Popl, Butza, Butzagaigel, Butzakegel, Butzamäggele(r), Nesa-/Nasabutza angetrockneter, verhärteter Nasenschleim

Poder(a), Podder, Pauder Kugel, Christbaumkugel, Glaskette, Halskette, Perlenkette

Podera|nuster Perlenkette

Pöderle, Päderle, Paiderle kleine Kugel, Perle

Polierstrauch, Kannakraut, Kâtza|schwanz, Kâtza|wâdel Zinnkraut, Ackerschachtelhalm

Posauna|dôrt, Ôrchester|dôrd(a), Ziebele|beeda, Zwiebel|beeret (wörtl. Orchester- bzw. Postaunentorte) Zwiebelkuchen

Postamentle (Denkmal-) Sockel

pötäterle, pedäderle (fr. H.) vielleicht, vielleicht . . .

präschdiera aushalten

prâtzla prasseln; es schüttet wie aus Kübeln

Prestling, Bräschdleng, Bodabeer, Aiper, Ananâs Erdbeere(n)
Erbela Walderdbeeren

(a) Pritsch Frau, immer unterwegs in der ganzen Nachbarschaft (siehe Bâ(â)tschkâchel)

Profi(e)ser Lehrer

Putzbäcket Emailwaschschüssel

Q

Quâdda, Kôiwurm, Molla Engerling(e)

Quâdrât|lâ(â)tsche große Schuhe

Quâdrât|sempel Schimpfwort (für einen, der nach allen Richtungen einfältig ist)

Quâdrâts|meckl unförmiger (großer) Kopf

Quârtierschuah flache Schuhe ohne Schaft und Schnürung

Quetsch|kommod, Ranza|quetsche, Ziag|am|lederle Ziehharmonika (siehe Wanzapress)

Schwäbischer Rostbraten

(mit Spätzle und Sauerkraut)

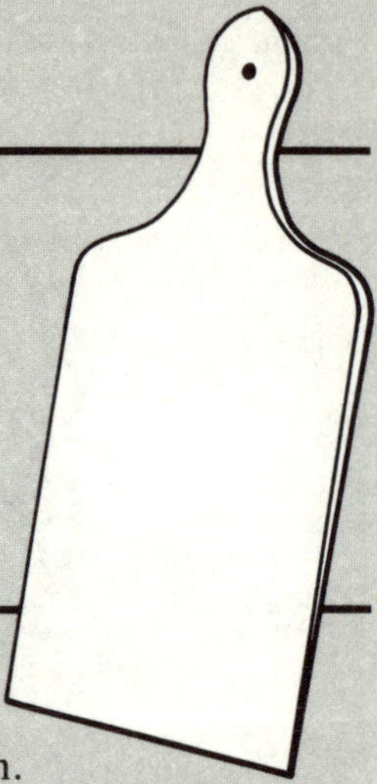

Vier je 160–200 g schwere Scheiben Rostbraten (Roastbeef) klopfen, pfeffern und mit ein wenig Paprika würzen.
Die äußere Haut mehrmals einritzen, damit die Fleischscheiben beim Braten glatt bleiben. In 4 Eßlöffeln heißem Öl oder (weißem) Pflanzenfett auf jeder Seite drei bis vier Minuten scharf anbraten. Nicht mit der Gabel ins Fleisch stechen!
Herausnehmen und jetzt erst salzen. Rostbraten warm stellen.
2–4 Zwiebeln (je nach Geschmack) in feinste Ringe schneiden.
Im gleichen Fett goldgelb rösten. Mit etwas Wasser oder Fleischbrühe ablöschen. Den Sud einköcheln lassen und über das Fleisch verteilen.
Die Spätzle (Grundrezept S. 15) auf vorgewärmte Teller verteilen.
500 g gedämpftes, pikant gewürztes Sauerkraut auf die Spätzle geben.
Obenauf kommt der Rostbraten mit den Zwiebeln.

râ, râb, ronder herunter

räachda, romräachda rechten, streiten, „gerichteln“

Räaf, Râffel, Schätter böses Maul/Mundwerk

râ(â)tscha gerne viel (über jemand) reden, tratschen

Râ(â)tsche, Râ(â)tschkâttel, Rä(ä)tschkätter, Bâ(â)tschkâchel, Bâ(â)tsch|weib, Dâgbläddle, Dôrfbeasa, Dôrfbritsch, Dôrfschell, Kesselbutt, Schwätza|maiere, Schwätzbâs, Schwätzkätter, Trâtschkâchel Frau, die gerne viel redet/alles im Ort weitererzählt; Klatschmaul; eine, die in allen Häusern des Dorfes herumkommt

Räbbel|eise Schäleisen

Râchabutzer, Semsakrebsler, Semsarâssler sehr herber Wein/ Most

räda/reada, raita/reita, reitera sieben (z. B. Mehl oder Erde)

Râdel|rutsch, Schirro Kinderroller

Räff, G'räff besonders ausgeprägtes Gebiß; auch: Aufsatz für Getreidesense

Râffel, Schlâppergosch loses Mundwerk (siehe Schlâppergosch)

Räffla, s'Gräch, Oberdnei, Öberst oberster Scheunenboden

Râgâll, Râffelscheit Frau mit bösem Mundwerk; bösartige Schwätzerin

Râguschter Waschbrett aus Holz; auch: unnachgiebiges, unversöhnliches Weib

râ|hâgla herabfallen, herabstürzen

raibisch wild, wütend

raiera rieseln

raisch/reesch (wörtl. rösch) ist Heu oder Öhmd, wenn es trocken ist; auch: trockene Kräuter oder Teeblätter (siehe re(e)sch)

râ|kanzla, râ|kâppa, râ|laufa (lau), râ|butza, verschempfa arg ausschimpfen; gehörig die Meinung sagen

râlaufa heruntergehen (z. B. von einem Berg)

Râlle, Rälling, Bô(h)le, Baole, Kâtzabô(h)le, Menker Kater

Rambâss sich wild/unruhig Gebärdender; ungehobelter/ grober/lauter Mensch

gang ens Guschee! (fr. H.)
Aufforderung an Kinder, jetzt (endlich) ins Bett zu gehen

Broggala auslaifara isch a Bubâbberlesgschäft
Erbsen aushülsen ist ein mühsames, nervtötendes Geschäft

jed's Häfele fend't sei Deggele
nur keine Angst, jedes Mädchen findet den passenden Mann – aber natürlich auch andersherum

mit deam gôht's Bâchhâgel zua
er macht's/lebt nicht mehr lange

Randich Rote Rüben

rand(l)a, rauda ausgelassen herumtoben; umtreiben

Randlhäs, Omsprenghäs Freizeitkleidung

ranga, rangna, reng(n)a regnen

Ranka großes (Brot-)Stück

Ranka, Omrank/Umrank (scharfe) Kurve

Ranza Körper; Magen; Bauch

Ranza, Hudel, Wampa, Wampes dicker/fetter Bauch (siehe Hudel)

Ranzablitza, Ranzapfeifa, Ranzasausa, Ranzaspanna, Ranzawaih, s'Gremma, Muffesausa Bauchzwicken, Bauchweh

ranzabuckla, buckelkrätza, buckelranza huckepack auf dem Rücken tragen (z. B. ein Kind)

Ranzaklemmer, s'Gschirrle, Gstältle Mieder (mit Stäbchen!), Korsett(chen)

Ranza|quetsche, Quetsch|kommod, Ziag|am|lederle Ziehharmonika (siehe Wanzapress)

Râote/Rote Flecka, Râotsucht Masern

Râppel plötzliche „Anwandlung", Verrücktheit **(den hôt dr Râppel pâckt)** **râppla** zornig/aufgeregt sein

Râppete-Kâppete übereiltes Tun

räs versalzen, salzig; scharf gewürzt; herb (z. B. Most)

Râsselbande übermütige, zu Streichen aufgelegte Kinderschar (ist mit Lärm verbunden!)

râssla klappern

râssla, bläddla, rôifla, saua, socka, sprenga, surra, wetza laufen, eher rennen

Rätsch(a) tragbares handbetriebenes Holzhammergerät – in der Karwoche: Glockenersatz; auch: (Weinberg-)Knarre; auch: geschwätzige Frau mit nie stillstehendem, meist verleumderischem Mundwerk (siehe Bâ[â]tschkâchel)

Râttaschwänz (pl.) kleine, meist abstehende Zöpfe (die Haarlänge reicht noch nicht ganz)

râttebutz, râtzebutz, rompes ond stompes, rubes ond stubes total; völlig (z. B. leer); alles

raubelig rauh, uneben (Oberfläche)

rauf, ruff herauf

Rauhbautz Rauhbein, Grobian, grober Mensch

rausbuddla herausgraben, herauswühlen (z. B. aus Sand)

Rauschi, Angerscha, Dickriaba, Sauriaba Futterrüben, (Feld-)Rüben

rausgruschtla heraus-/ hervorkramen

rausklauba (aus etwas) herauslesen, aussortieren; herauspicken

reada/räda, reita/raita, reitera sieben (z. B. Mehl oder Erde)

Re(a)ga|dächle, Dächle (Regen-)Schirm

Reaga|molch Salamander

Reepfel, Re(m)pfle der schon etwas harte Rest eines Brotlaibs

re(e)sch (wörtl. rösch) knusprig (z. B. Brot; aber auch auf Personen anwendbar) (siehe raisch)

Reeschle Untersetzer für Töpfe (siehe Rööschle)

Reff Weingärtnerkorb

rei herein

Reibe|dââtsche Kartoffelpuffer

(a) Reibeise streitsüchtige Frau

Reiftle/Raiftle, Renftle, Rengg(e)le (siehe Ranka), **Giggele, Kneisle, Riebel(e)** Brotanschnitt oder -ende

Reigschmeckte(r) Zugereiste(r); nicht Einheimische(r); Ortsfremder

rei(h)a lenken, leiten

Reißmateis Rheumatismus

Reiter Getreidesieb

Reit|hâu Hacke zum Roden

reng gering, klein, mickrig; auch: zu klein geblieben **(a rengs Kend);** auch: geschmeidig (z. B. Teig)

Rengela Ringelblumen

renger günstiger (im Sinn von einfacher/besser) **(des hättescht renger so gmacht)**

reng(n)a, ranga, rangna regnen

Riaba|dibbel komischer Kauz

Riabagôischt, Kirbsagôischt ausgehöhlt, von innen beleuchtete(r) Kürbis/ Futterrübe, mit der Kinder im Herbst gerne ihre Zeitgenossen erschrecken

Riabahâfa, Riebeleskopf, Dä(ä)tz(e), Deetz, Gre(n)d, Meckl/Möckl, Megges, Melle Kopf

riabig, griabig (seelen)ruhig, in aller Ruhe; gemütlich, geruhsam

Riach|kolba, Kolba, Kompf(a), Schmeckbecher, Schusterhammer, Zenka, Zôrka (unförmige) große Nase (siehe Kolba) (siehe Zenka)

Riadr, Lôreien in Reihen gerechtes Gras/Heu

Riafla (pl.), **Riefle, Ruf, Rufa** (pl.) verkrustete Wunde, Blutgerinnsel; Wundschorf

Riaster/Riaschdr Lederfleck (auf den Schuh genäht); auch: Schimpfname für ein altes, grantiges Weibsbild/für eine ungebildete tölpelhafte Frau

riddra wiederholen

Riebele Suppeneinlage (siehe Riebelesupp)

Riebele Kopf (siehe Riabahâfa)

Riebele, Giggele, Kneisle, Raiftle/Reiftle, Renftle, Rengg(e)le Brotanschnitt oder -ende

Riebelessupp Fleischbrühe mit Einlage aus geriebenem Nudelteig

riegeldomm, hommeldomm dümmer geht's nicht mehr

Riesamma, Roßmucka Sommersprossen

rießig, rinderig, rossig läufig; zur Fortpflanzung bereiter Zustand bei (jeweils) Schwein, Rind, Roß

Ripp bösartig-zänkische Frau

Rißmâcher Aufschneider

Ritscherla, Sonnawirbela Ackersalat (siehe Sonnawirbela)

den hâo i ogspitzt en Boda nei
mehr oder weniger ernstgemeinte Drohung

dir wer(d) i scho no s'Gweih âbstâuba
mehr oder weniger ernstgemeinte Drohung

der/dia guckt en d'Schweiz
er/sie schielt

der kommt mr grâd gschliffa!
wenn jemand kommt, dem man sowieso (schon lange) einmal die Meinung sagen wollte: du kommst mir gerade recht!

Ritschle klappriges, altes Bett; auch: Mädchen mit schlechtem Ruf

ritz|râod knallrot

roala dürres Gras (am Rain) abbrennen

Ro(a)mstraoh/stroh (wörtl. Räumstroh) ausgelaugter Mist

Rockdot(t), d'Dodde, d'Dote, 's Dötle, d' Dottabäs, d'Go(a)ddere, d'Gotta, d'Gottabäs Patin

(a) Röhrle jemand, der sehr gut lernt (in der Schule oder beim Studium) (siehe Käpsele)

Roi, Roina Rain

rôifla einen Holz- oder Metallreifen/eine Felge mit einem Stecken antreiben

rôifla, bläddla, râssla, saua, socka, sprenga, surra, wetza laufen, eher rennen

rôisa, romsa ein gewisses Bedürfnis einer Zuchtsau nach einem Eber

Rolla|hôôr (Natur-)Locken

rom herüber

Rombala Steckzwiebeln

rom|bolla hacken, jäten

rom|bubäbberla, bubäbberla sinnlose, unnütze Arbeit verrichten

rom|dâlga etwas nur oberflächlich bzw. nicht sorgfältig kneten (z. B. Teig); etwas ohne Zweck immer wieder von einer Hand in die andere nehmen

rom|denderla Zeit vertrödeln

rom|dibbla lustlos gehen/ wandern

rom|doggla herumspielen; nicht ernsthaft arbeiten

rom|dreckla Arbeit langsam/ umständlich verrichten; trödeln

rom|dreesla trödeln

rom|fâgiera (sich) herumtreiben

rom|fitschla (immer) herumputzen, daran reiben

rom|flätza herumlungern

rom|fonzla mit einer Lampe alles, nur nicht einen gewünschten und bestimmten Platz ausleuchten

rom|fuchtla, fuchtla mit den Händen/Armen gestikulieren/ um sich schlagen, diese (drohend) schwenken

rom|fuhrwerka eifrig (und mit viel Aufwand) schaffen

rom|gaugla unruhig sitzen oder hüpfen

rom|gr(a)oma (in etwas) herumwühlen; ohne Ziel herumsuchen

rom|gruppa ständig, aber ineffektiv (vor sich hin) schaffen

rom|krâtza herummäkeln

rom|kuranza schikanierend herumkommandieren

rom|lommla keinen Unternehmungsgeist haben; trödeln

rom|lottera faulenzen

rompes ond stompes, râttebutz, râtzebutz, rubes ond stubes total; völlig (z. B. leer); alles

rompflig, rumpflig zerknittert

rom|räachda, räachda rechten, streiten, „gerichteln"

rom|randla umtreiben, herumtollen, ausgelassen herumtoben

rom|ru(a)dla in etwas Flüssigem/Halbfestem herumrühren

rom|schâlâkla sinnlos und faul herumschlendern

rom|schella tratschen; Neuigkeiten im ganzen Ort verbreiten; über Leute reden

rom|schuastera aufgeregt/eilig umhergehen/laufen

rom|schwanza lustvoll umherschlendern/herumzigeunern; das Heimgehen „vergessen"

rom|schwidisiera an allen möglichen Plätzen nachsehen, was bzw. ob noch etwas los ist

Honger treibt Brôtwürst nei
man ist nicht mehr so wählerisch

lang gwâchsa ond kurz blieba
sagt man von kleinen Erwachsenen

se schwätzt am Deifl a Ohr weg
sie redet unaufhörlich

du bischt âu net hälenga uff dr Welt!
sagt man zu jemand, der sehr laut/auffällig auftritt

dui hôt därfa âu kôin Brotlôib omma|so(n)scht essa
sie wurde gleich nach der Hochzeit schwanger

Hefeteig, süß

(Grundrezept)

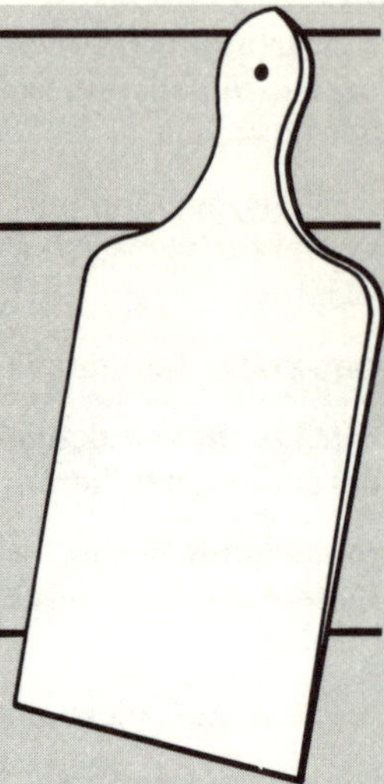

500 g Mehl, 20 g (etwa ½ Würfel) Frischhefe, knapp ¼ l Milch, 80–100 g Butter (ein Teil davon kann Schweineschmalz oder Öl sein), 60–80 g Zucker, 2 Eier, eine Prise Salz, das Abgeriebene einer halben unbehandelten Zitrone, evtl. eine große Handvoll Rosinen oder Sultaninen.

Nur warme Zutaten verwenden (Eier niemals direkt aus dem Kühlschrank). Und noch etwas ist unbedingt zu beachten: Hefeteig verträgt während der ganzen Zubereitungszeit keine Zugluft.

Das Mehl in eine große Schüssel sieben. Die Hefe mit einem Kaffeelöffel Zucker in einer Tasse oder in einer kleinen Schüssel glatt- und gut die Hälfte der Milch lauwarm unterrühren. In der Mitte des Mehls damit einen Vorteig machen. Mit etwas Mehl bestäuben und zugedeckt an einem warmen Platz etwa eine Dreiviertelstunde gehen lassen.
Dann werden die übrigen Zutaten hinzugefügt: die zerlassene Butter, die erwärmten Eier, Zucker, Salz, Zitronenschale und so viel von der restlichen lauwarmen Milch, daß ein geschmei-

diger Teig entsteht. Will man Rosinen oder Sultaninen dazugeben, sollten sie (gewaschen, abgetrocknet und leicht mit Mehl bestäubt) jetzt eingearbeitet werden. Nun den Teig so lange kneten und schlagen, bis er Blasen wirft und sich von Hand und Schüssel leicht löst.
Während man zu kleinen Hefestücken den Teig sofort nach dem Kneten verarbeitet – er ist dann leichter zu formen –, läßt man ihn z. B. für den Hefekranz nochmals zugedeckt gehen, bis er das Doppelte seines ursprünglichen Umfangs hat. Geht der Teig zu lange, wird das Gebäck rauh und trocken.

rom|sirmla wie betrunken durch die Gegend torkeln; ungeschickt/behindernd/den ganzen Weg einnehmend gehen

rom|stefzga; rom|gstefzgd herumstolzieren; herumstolziert

rom|stendera unnütz herumstehen

rom|stiefla stapfen, trotten, gehen

rom|stiera, stiera (herum)suchen, herumstöbern, wühlen (siehe stiera)

rom|trampla (auf etwas) mit den Füßen stampfen; auch: **uff de Nerva romtrampla**

rom|wârgla herumkullern/herumdrehen; etwas mit den Händen bearbeiten

rom|zua herüberwärts/hierher

rom|zwââla eine Meinungsverschiedenheit austragen; sich zu zweit streiten

rom|zwâlga ausgiebig fortgehen (und dadurch zu spät bzw. auf Umwegen nach Hause kommen)

rom|zwirbla mit Schwung jemand/etwas drehen/verdrehen

ronder, râ, râb herunter

dr Roosch, 's Rööschle eiserne Gitterunterlage fürs Feuer (siehe Reeschle)

ropfa wenn es beim Haare kämmen weh tut

ropfa, â(b)ropfa Blumen (lieblos) pflücken, eher abreißen, sinnlos/gedankenlos/aus Langeweile abrupfen

dees dauret ewig ond zwôi Jôhr/drei Dâg
nicht abzuwarten/abzusehen

der pfeift aus-am letzta Loch
bei ihm geht es zu Ende

dees schneid(e)t s'kâlt Wâsser bis uff da Grond
sagt man über ein stumpfes Messer

der ka mi feiferla/femferla
der kann mir den Buckel herunterrutschen/ist mir gleichgültig

Roßbolla Pferdemist, Pferdeäpfel

Roßhuaba, Eselsfuß, Lâbâtscha, Wühlhubberle Huflattich

rossig, rießig, rinderig läufig; zur Fortpflanzung bereiter Zustand bei (jeweils) Roß, Schwein, Rind

Roßmucka, Riesamma Sommersprossen

Roßveigela wilde, blaßblaue Veilchen, die nicht riechen (duften)

Rote/Râote Flecka, Râotsucht Masern

Rotzâff, Rotzleffel Kind, das in einem gewissen Alter frech wird; junger, frecher Mensch (weiblich oder männlich) ohne Verstand und Anstand

Rotzbrems Oberlippenbart

Rotzbua, Rotzbüable frecher Bengel; Lausbub

Rotzglock(a) das, was aus der Nase läuft

Rotzglo(o)ba, Rotzkocher, Glo(o)ba (gebogene) Tabakspeife (siehe Bäggl)

rotzla unentwegt die Nase putzen müssen (oder sollen, aber nicht wollen/tun)

Rotzlâppa, Sâcktuach, Schneuzfleck Taschentuch

Rotznas putzreife Nase; auch: junges, freches, vorlautes Mädchen

ruadla in Hektik (gestikulierend) etwas erledigen

Ruaß, Bâlla, Bleames, Bloddr, Bolla, Dulles, Dullo, Fifâz-Rausch, Glâpf, Granâtafetza, Säbel, Seire, Semseler, Suriâs, Vierfescht|däglicher Schwips/Rausch/Allmachtsrausch

ruaßla, säaga schnarchen

rubes ond stubes, râttebutz, râtzebutz, rompes ond stompes total; völlig (z. B. leer); alles

rucka|bu(r)zla rückwärts hinfallen

Ruf, Rufa (pl.), **Riefle, Riafla** (pl.) verkrustete Wunde, Blutgerinnsel; Wundschorf

Rufagosch (Fieber-/Hitz-) Blasen am Mund

Rufakopf Mensch mit ziemlich unverständlicher Verhaltensweise

ruff, rauf herauf

rugausa unruhig auf einem (Sitz-)Platz hin und her rutschen

Rugel, Hurgel, Wärgel runder, massiver Gegenstand; rundes Stück Holz (z. B. Meterholz von Fichten)

rugla, rusela, drohla, hurgla, husela
(mit Schwung) rollen; etwas/sich rollen (siehe wââla)

ruisa jammern

rumpflig, rompflig zerknittert

Rutscherle kleiner Stiel-Kochtopf

S

säaga, ruaßla schnarchen

Säages Sense

Sä(ä)la, Seela dicke Kümmel-/ Salzstangen (aus Wasserweckenteig), oberschwäbische Spezialität; auch:
gesüßtes kleines Weißbrot, geformt wie eine Mutschel, nur mit abgerundeten Enden

Sä(ä)lawärmer, Seelawärmer (ärmelloses) wollenes Jäckchen

Sâ(â)râle eine Köstlichkeit aus einer schokoladeüberzogenen lockeren schaumigen Nougatcreme auf einem harten Keks

Säbel, Bâlla, Bleames, Bloddr, Bolla, Dibbel, Dulles, Dullo, Fifâz-Rausch, Glâpf, Granâtafetza, Ruaß, Seire,

Semseler, Suriâs, Vier|fescht|däglicher Schwips/Rausch/Allmachtsrausch

Sächla nette Kleinigkeiten

Sächle, Baurasächle, Giatle/Güatle kleiner bäuerlicher Besitz (siehe Giatle)

Sâck/Hosasâck Hosentasche

sâckgrob sehr grob

Sâckhopfa/hupfa Kinderspiel

Sâckpfreama Sacknadel, Pfriem

Sâcktuach, Rotzlâppa, Schneuzfleck Taschentuch

Sâcktuachbrummerles Lausbubenspiel

Sägmehl|dande/tante mit Sägemehl gefüllte Stoffpuppe; auch: umständliche Frau

Sâlä(ä)dr Salate

Sâlär (fr. H.) Entlohnung, also Gehalt/Lohn

sâlbâdra ohne Sachverstand endlos über Unwichtiges reden

sällaweag, (âh!) sellaweag deswegen, deshalb; ach, so ist das!

sällt, selt dort

Sâlzbixle, Sâlzleigl Salzgefäß, Salzfäßle

Sametschüahla, Glesser, Glotzerla, Gsichtla, Pâseela, Sperräugla, Tâg-ond- Nâcht-Blümla/-Schättla/-Veigela, Viegaila Stiefmütterchen

Sandelgschirrla Formen (Schäufele, Eimerle ond Förmla) zum Spielen im Sand

Sa(n)dfräl mit Sand gefüllte Stoffpuppe

sandla im/mit Sand spielen

sâpperlott!, sâpperment! Ausruf des Unwillens oder des Erstaunens

Sârgnâgel Zigarette; auch: Person oder Sache, die zum schnelleren Ableben beiträgt

(an) Sâtz ein (großer) Sprung

saua, bläddla, râssla, rôifla, socka, sprenga, surra, wetza laufen, eher rennen

saua, sauala, sauigla sabbern; unnötig großen Dreck machen; auch: Zoten erzählen

Sau(b)|hengst, Häckel Eber

sau|blöd Steigerung von blöd

Saublôder, Saublôs (aufgeblasene) Schweinsblase (wurde früher bei Hausschlachtungen vors Fenster gehängt als Zeichen dafür, daß die Nachbarn Metzelsuppe holen konnten)

Saublôs auch: lärmende Gesellschaft

Saudâckel Schimpfwort (Steigerung von Dackel)

saudomm Steigerung von dumm

Sauerschelfez Sauerampfer

(an) Saufaus wer all sein Geld in Alkohol umsetzt; Trinker

sau|glatt lustig, eher komisch

Sau|gosch flinkes, böses Mundwerk

Sau|gschäft zeitraubende, harte, aufwendige Arbeit

Sauhond Schimpfwort; auch: Aschenbecher

Sauklob Schimpfwort (ganz grober Mensch)

Saukog Schimpfwort (Steigerung von Kog)

Saukübele, Saukiebel Eimer für Essensreste;
auch: jemand, der alle Reste verzehrt

Saulâch, Lâch(a) Pfütze

Saulâttich, Mâgaputzer, Weiberzorn Giftlattich

Sau|mâga einer, der Unmengen ißt, aber alles durcheinander; einer, der (angeblich) nie genug zu essen bekommt

saumäßig, granâtamäßig, jesasmäßig sehr, ungeheuer, außerordentlich

Sau|riaba, Angerscha,

mi gfrait heit sogâr dr Dreck uff dr Strôß
ich bin bestens gelaunt

ma muaß s'Bett bei feif (fünf) Zipfel pâcka
sehr geschäftstüchtig sein/alle Vorteile wahrnehmen

deam gôht dr Sôifasiader uff, dem gôht a Stâ(â)llatern uff/auf
ihm geht ein Licht auf/er hat eine Erleuchtung; er hat etwas begriffen/ein Problem erkannt

's gôht amôl wieder et hischt ond et hott
bedauernd oder ärgerlich: es tut sich nichts/ es geht nicht voran

henda zehlt ma ze(e)ma (zusammen)
erst das Ergebnis abwarten

Dickriaba, Rauschi Futterrüben, (Feld-)Rüben

Sau|ri(a)bl ungehobelter Mensch

säu|sôicha (in) Schlangenlinien (sich bewegen); hin und her gehen

Saustallpfosta, Stotza dicke Beine (s. Stotza)

Sausteig Schweinegatter

schä(ä)cha frech/ungeniert (an)schauen

Schäaf abfällige Bezeichnung für eine weibliche Person

Schäaf(a), Scheaf(a) Erbsen- oder Bohnen-Hülse(n)

Schâ(â)fs|zung/Schô(ô)fs|zong, Hitzblätter Breitwegerich

schäaga/scheaga, lâ(â)tscha, lô(ô)tscha, schlârpa, schlârra, schlôrba, schlôrfa, schlôrga, schlurka schleppend/schlürfend, schief gehen; unschön gehen

Schâba Motten

schâba (wörtl. schaben) speziell: **Spätzle schâba** auch: **dees schâbt mi** (das ärgert/wurmt mich)

schäbbela kratzen

schäbbs schräg, nicht gerade, schief

schäbla etwas von sich abwimmeln

Schâchtel Pappkarton; auch: altes grätiges Weib

Schächtele kleiner Pappkarton; auch: etwas sonderliche, umständliche Frauensperson

Schâff, Schäffle ovales hölzernes Waschfaß, Bottich

den soll's Meisle beißa
Verwünschung

der hôt guat glâda
er ist betrunken

di hôt doch dr Hâber/Hâfer gstocha
du bist übermütig

i ka di net verbutza
ich kann dich nicht ausstehen

der verbutzt sei ganz' Geld
er verschleudert sein Geld

(a) Schâffer (ein) ganz Fleißiger (höchstes Lob!)

Schâffhäs Arbeitskleidung

schâffig arbeitsam, fleißig

schâlâcka, striala/strüala streunen (siehe striala)

schâlta schieben

Schâltkârra Schubkarren; einrädriger Schiebewagen

schâlu mâcha jem. aufgeregt/ verrückt machen; jem. durcheinanderbringen

Schamää(s)le, Pedäderle Tuschuurle (fr. H.) Maßstab für Funktionsfähigkeit von Feuerzeugen oder anderen mehr oder weniger zuverlässigen Gerätschaften

schanda|hâlber anstandshalber **(schanda[r]halber** muß man etwas tun, ob man will oder nicht, z. B. schenken oder a Bsüachle mâcha)

Schandel Kerze

schandmaula übel nachreden

Schanz, Schänzle/Schenzle offenes Regal

Schâpf Schöpfkübel mit Stiel; Schöpfkelle; auch: Hut

(a) alta Schâpf dümmliches, vorlautes altes Weib

Schäpfle Henkeltöpfchen (für Wasser); kleiner Wasserschöpfer

Schâpo (fr. H.) Hut

Schâpoklâk (fr. H.) Klappzylinder

Schâppel Kopfschmuck (zu Trachten); auch: schmückendes Kopftuch

Schäpper/Schepper, Schippl Haarschopf; dichter (wilder) Haarwuchs (siehe Schepper)

Schâppe(r)le Käppchen

schärig/schearig, gschärig aufsässig, quengelig

schärra schaben, (aus)kratzen, oberflächlich graben

Schärrede, Schärreds, Schuabat Angebackenes (z. B. bei Dampfnudeln); im Hafen leicht angebackener Bodensatz (z. B. von Brei) – von den bescheidenen Kindern früher sehr geschätzt

Schärrede, Duranand, Gschmôrgl, Krâtzede, Schollabrei, Schollamöggela, Stierum, verropfte Pfannakuacha Eierhaber

Schärrettle, Hâckstotzkrâtzerle, Stockkrâtzerle, Zemmadschärretle letztes, spät geborenes (in später Ehe

Fasnetsküachla

Hefeteig nach Grundrezept S. 204, jedoch ohne Rosinen/Sultaninen, Fett zum Ausbacken, Zucker und Zimt.

Gwalete Küachla: Man wellt den Teig auf einem bemehlten Brett fingerdick aus, sticht runde Küchle aus oder rädelt schräge Vierecke ab. Alles dann, mit einem warmen Tuch zugedeckt, nochmals gehen lassen. Nachdem man die Küchlein mit einer Gabel gestupft hat, werden sie schwimmend in heißem Fett schön gelb gebacken und dabei einmal umgewendet. Nicht zu viele in die Pfanne geben, damit sie nicht zusammenkleben. Zum Entfetten werden die Küchle entweder auf ein Drahtsieb gelegt oder auf Küchenpapier ausgebreitet. In Zucker und Zimt wenden.

Kniaküachla: Vom Hefeteig mit einem Eßlöffel eigroße, runde Laibchen abstechen. Auf einem bemehlten Brett eine Viertelstunde zugedeckt gehen lassen. Jedes Küchle rund auseinanderziehen – dazu taucht man die Finger in Wasser oder noch besser in warmes Fett. In der Mitte sollen die Küchlein am dünnsten ausgezogen sein. Allerdings dürfen sie kein Loch bekommen.

Man kann auch eine Serviette oder ein Geschirrtuch übers Knie legen und das Teigbällchen darauf rundherum ausziehen.
Daher der Name „Kniaküachla“.
Ausbacken siehe oben.

geborenes) Kind/ Nachgeborenes

schârwerka Frondienste leisten

Schäslo (fr. H.) Liege mit Kopflehne

schâssa (fr. H.) verjagen; auch: fangen

Schättela Blätter vom Bärenklau

Schätter, Räaf, Râffel böses Maul/Mundwerk

schättera, kläppera, scheppera laut klappern (z. B. mit Geschirr); klirren

schättera schnell und viel reden;
auch: anhaltend halblaut lachen

Schätterbell, Schätterblech, Schätterhex, Schätterkâchel Frau/Mädchen, die/das über jede Kleinigkeit/auch über das Ungeschick anderer lacht; fröhlicher, über alles lachender Backfisch

Schätterhex, Schilthex Elster

Schätterle, Kläpperle Kinderrassel (siehe Kläpperle)

Schaub Strohbüschel, von Hand gedroschen

Schaubdâch Strohdach

Schaubkrättle (runder) Backkorb aus Stroh für (Schwarz-)Brot – darin wurde der Teig ins Backhaus getragen

Schäumle/Schaimle Meringe

Scheaf(a), Schäaf(a) Erbsen- oder Bohnenhülse(n) (siehe Schäaf)

Schea|meahl/mehl feines Weißmehl

i ka mi direkt dra vermôia
ich kann das so richtig genießen; ich freue mich sehr daran

mit-ama Löffel voll Honig fangt mr mâi Mugga als mit-ama Fâß voll Essig
manchmal ist mit kleinen/passenden Dingen mehr zu erreichen als mit großen (aufwendigen), die fehl am Platz/falsch eingesetzt sind

a hausigs Weib isch de beschd Spârkâss
eine sparsame Frau ist die beste Gewähr für Wohlstand

dô isch dr Kirchturm an da Zwetschgaboom na|bonda
so charakterisiert man ein Dorf, dessen Einwohner als unehrlich gelten/in dem viel gestohlen wird

Scheameahldaud Fach für Weißmehl im Mehlkasten

Sche(a)r, Aubâtl, Aubettel, Auwertel, Auwetter, Maulwerfer, Wolwelfer Maulwurf

Schearaschleifer nicht gern gesehener, unzuverlässiger Mann;
auch: kleine Hunde (= Promenadenmischung)

scheedäbla, wohldôb(l)a jem. nach seinem Geschmack/nach dem Mund reden; jem. zuviel schmeicheln/unangemessen Schmeichelhaftes sagen

scheemehlschwätza jem. „hinunterschwätzen" (siehe scheedäbla)

Schees (fr. H.) (Pferde-) Kutsche;
auch: Kinderwagen;
auch: Stuhl, Sessel

Scheestub (wörtl. Schönstube) die „gute Stube", die nur an Festtagen (Weihnachten, Ostern, Pfingsten oder nach der Kindstaufe) benutzt wurde

Scheffel früher: Hohlmaß (4 Simri = ½ Scheffel)

scheißegal, scheißgleich total gleichgültig

Scheißer Schimpfwort (= Angsthase)

Scheißer, Scheißerle Kosename

d' Scheißete, 's Âbweicha, d' Bauchbädsche, d' Lochschnäddere(r), 's Nâbelsurra, 's schnelle Fritzle, d' Schnellkätter, d' Strudelfurzet Durchfall

Scheißkerle einer, der den Rückzug antritt/den andern im Stich läßt/auf den kein Verlaß ist

Scheißpfläumla, Schlucker(la) sehr kleine Pflaumen, Zwetschgen, auch Mirabellen (die nur schlecht vom Stein zu lösen sind) (siehe Zibârten)

Scheiter (nur) längs gespaltetes Holz

Scheiterbeig aufgeschichtetes ofenfertiges Holz; auch: Brotauflauf

Scheitle, Scheitla (pl.) nach dem Sägen kleingespaltetes (also ofenfertiges) Holzscheit

Schelfa sehr magere Äcker

Schelfa, Schelfaza Schalen von Kartoffeln oder Äpfeln

Schell Glocke, Klingel;
auch: Ohrfeige;
auch: blöde Kuh

Schella|bärmel Frauenzimmer, das nicht viel taugt, aber viel im Ort „romschellat"

(a) Schella|berger (ein) Lausbub

schella|bergerles do(a) an den Hausglocken läuten und abhauen

Schella|märte Knecht Rupprecht;
auch: (abwertend) für untergeordnete Person/für einen, der nicht viel denkt

Schemiseddle, Gschmiesle, Schmiesle (fr. H.) ursprünglich nur: (Vor-)Hemd, aber auch: Halskrause/Volant (mit Spitze), z. B. an einer Bluse

schempf(e)la spielen (von Kindern in einem gewissen Spielalter)

Schempf(e)la-Sâch Spielzeug aller Art

schendersdirr, klepperdirr klapperdürr

Schenderwâs(a) Platz zum Verscharren der Roßkadaver

Schenderwâs, elender durchtriebener, boshafter (auch übel gesonnener) Kerl

Schendmä(h)r(r) zänkische, hinterhältige, bösartige Frau;
auch: alter Gaul

Schenkelbâtscha Kinderspiel

Schenzle/Schänzle, Schanz offenes Regal

Schepper/Schäpper, Schippl Haarschopf; dichter (wilder) Haarwuchs

Schepper auch: frisch geschorene Schafwolle

scheppera, kläppera, schättera laut klappern (z. B. mit Geschirr); klirren (siehe schättera)

(an) Scherba irdenes Schüssele (z. B. für saure Milch);
auch: zu Bruch Gegangenes (z. B. ein Glasstück);
auch: schlechtes Frauenzimmer;
auch: **a Siebamonatskendle**

Scherrer, Scherrkuacha Salzkuchen;
auch: Kümmelkuchen

Scherrlôible kleiner Brotlaib aus Teigresten, die aus dem Backtrog gescharrt wurden;
auch: Ausdruck für „Mensch, der in den letzten Jahren des vorigen Jahrhunderts geboren wurde“ (siehe Lôibete)

Scheuer, Schier, Schuir, Stadel Scheune (z. B. Heustadel)

Scheurepurzler Tunichtgut; unzuverlässiger, arbeitsscheuer Mensch; einfältiger/drolliger Tolpatsch

Scheurepurzler, Nârraleit fahrendes Volk

(an) Schiaber (eine) Schublade

schiach schräg, wüst, unansehnlich

Schickgâbel Ladegabel für Heu und Stroh

Schied, Grâtta, Krätta/Kretta, Kreaba, Zaina, Zann, Zoi, Zoin(d)a Korb (siehe Grä(ä)tz) (siehe Grâtta)

schiera feuern; Holz oder Kohle nachlegen

schiergâr fast, beinahe

Schierhôka Feuerhaken

Schiff(le) Warmwasserbehälter im Herd

Schigg (Sechserschick) Kautabak

(oiner) schigged Kautabak kauen

schilba große Schollen auf dem Acker zerkleinern

Schild vier im Karree aneinandergebackene Wecken (= 1 Schild) (siehe Vochez) (siehe Wegga)

schilleg/schialig, bä-âugig, be-aiget schielend

Schilthex, Schätterhex Elster

schinâgla/schinägla, wulâcka schwer arbeiten, sich abschinden

Schippl, Schäpper/Schepper Haarschopf; dichter (wilder Haarwuchs) (siehe Schepper)

Schirabu(ur)zler, Burzelbaum/-boom, Butzagaigel, Stu(u) rzebockel Purzelbaum; Rolle vorwärts (Überschlag)

Schirro, Râdel|rutsch Kinderroller

der môint scheints âo, seine Läus kenntet da Schnupfa kriaga, wenn'r d'Kâpp râduat
sagt man, wenn einer hochnäsig/schlecht erzogen/unhöflich ist

der isch so intressiert, dâß'r s'Steahla schier net vr|hebt
oder:
der dät sich für fünf Pfennig a Hebeisa em Arsch â(b)brecha
sagt man über jemand, der außerordentlich geizig ist

aus anderer Leit Haut isch guat Reama (=Riemen) schneida
es ist einfacher, fremden/anderen Leuten gute Ratschläge zu geben, als sie selbst zu befolgen

dia dät ôim am liabschda d'Sonn vr|hänga
wenn eine Frau besonders mißgünstig ist

Schiß (hau) Angst (haben)

Schisslabritt/-brett, Schissla|gstell, Hâfabritt Hafenbord/Tellerbrett – hing früher in den Küchen von Bauernhäusern

Schlâbba, Schlâpper, Schläpper, Däbber/Debber, Däpper, Lââtscha Hausschuhe, Pantoffeln

schlâbbera geräuschvoll trinken (wie die Katze es macht);
auch: ein weicher, weiter Rock schlâbbert

Schläbble, Schlätterle kleine Kostprobe; ganz kleine Menge

d'Schlâcht steinerne/betonierte Fläche vor dem Bauernhof

schlägged, schleckig wählerisch, verwöhnt

Schlägle Schlaganfall

Schlâgrahm Sahne

Schlanga|fanger liederlicher Kerl; Nichtsnutz

Schlang|gangger, Bauchstöbber, Brugghölzer, Buabaspitzla, Gänswergl, Sperrknecht, Wampabäbber, Wampastecher, Wârgela/ Wergela Schupfnudeln

Schlang|ganggeler unbeholfener, zu lässiger Mensch; hoch aufgeschossener Junge

Schlanga|ziagerles früher beliebtes Kinderspiel: eine Anzahl Kinder reicht sich die Hände, bildet eine Schlange; das vorderste Kind zieht die anderen schnell „in Kurven" nach, so daß das letzte/die letzten nicht mehr nachkommen und im Bogen hinausgeschleudert werden

schlänzig mager, kraftlos (bei Personen)

Schlâppabuchte, Schuahbuchte Schuhmacher

Schlâppergosch, Râffel loses Mundwerk

Schlâppergosch auch: ununterbrochen und schnell Redende

Schlâppermi(h)l saure Milch

Schlârba alter Schuh/Pantoffel; auch: einer, der schlampig und faul ist

schlârpa, schlârra, schlôrba, schlôrfa, schlôrga, schlurka, lâ(â)tscha, lô(ô)tscha, schäaga/ scheaga schleppend/ schlürfend/schief gehen; unschön gehen

Schlättere dünnflüssiger Dreck

schlaucha (jem.) hart fordern; (jem.) scharf/hart herannehmen

(a) Schlauf Schlinge; auch: Kurve

Schlaule Schlaukopf

Schlâwịner Lump (im guten Sinn);
auch: unzuverlässiger, nichtsnutziger Mann

schlebaucha es kaum mehr verschnaufen können; schwer atmen

schlegla mit Armen und/oder Beinen um sich schlagen

schleifa auf dem Eis rutschen/gleiten

Schleifere, Schleife(t)s(e) Gleitbahn aus Eis oder Schnee an Hang oder Straße (Kindervergnügen!); gefrorene Wasserrinne auf der Straße

Schleimscheißer ängstlicher Mensch; Mann, auf den man sich in kritischen Situationen nicht verlassen kann; Mann, der keinen festen Standpunkt hat

Schleissa, Kleischba, Spreißa, Spreißel Holzsplitter (z. B. im Finger)

schlenzerich, schlenzig, schlenzrig, schlonzig schmierig, schleimig, rutschig (siehe schlonzig)

Schlicker, Schliggaler Enterich (siehe Gâtsch)

Schliggaler auch: einer, der außerordentlich schnell ist

schlôifa, schlôipfa (umständlich) tragen, eher ziehen

ma hôt no nia kôis dô|bhâlta zu Soma (= Samen)
sagt man zu jemand, der zu sehr an Irdischem hängt/der Meinung ist, er sei unersetzlich/an sein ewiges Leben auf Erden glaubt

bei deane herrscht Ordnung, dô steckt dr Kamm em Butter, dr Nâchthâfa wird mit-em Brotlôib zuadeckt
sagt man über Familien, in deren Haushalt es chaotisch zugeht/die schlampig sind

der isch so domm wia dr St. Neff (Nepomuk) uff dr Bruck – deam hend d'Spâtza ens Fiedla gnistet, ond gmerkt hôt er's erst, mô de Jonge ausgfloga send
sagt man von einem, der nicht der Schnellste und auch nicht der Hellste ist

Schlombel heruntergekommene Person; (zärtlich gesagt, ist's ein Kosewort)

schlonzig gallertartig, schlüpfrig, schlabbrig

Schlôrber einer, der beim Gehen die Füße nicht abhebt/schwerfällig geht

Schlôrb Mensch ohne Elan

Schloßa Hagelkörner

Schlotter, Schlottermill, gstandene Mil(ch) Milch, die man absichtlich sauer werden ließ

Schlotterbeck liebevoll: Frechdachs

Schlottere Aspik bei Sülzenzubereitung

Schlotterhosa zu weite Hose(n)

Schlotz, Bäpf, Schnulle, Zâpfa, Zäpfle (Gummi-)Sauger, Schnuller

schlotza (Süßes) schlecken, lutschen, im Mund zergehen lassen

Schlotzer, Noller etwas zum Saugen/Aussaugen/Schlecken (z. B. bekamen Babys früher, in ein Leinen- oder Mullfleckchen eingebunden, einen Batzen Brei oder Brot mit etwas Zucker; der Bobbel wurde den Kindern in den Mund geschoben)

Schluab, Schlubb, Lâfz, Läffz, Lätsch(a) Mund (eher Lippe) – kann auch nach unten umgestülpt sein = beleidigt sein (siehe Gosch)

Schlucker(la), Scheißpfläumla sehr kleine Pflaumen, Zwetschgen, auch Mirabellen

so send o(o)s
so sind wir

a Bettfläsch mit Aora/Ohra
ein Mädchen, das man gerne mag

der gibt's gschwolla
der lebt über seine Verhältnisse

komm, gang mr a|weg!
Zweifel an einer Behauptung (mit abweisender Handbewegung)

âch, du liabs Herrgöttle (vo Biberâch)!
Ausruf des Erstaunens

(die nur schlecht vom Stein zu lösen sind) (siehe Zibârten)

Schludere Steinschleuder

Schludrere, Schluder|uurschel Schimpfname für schlampige Frau/für eine, die ihre Arbeit unordentlich verrichtet

schluifa om da Flanka wetza

Schlupferles Verstecken spielen

Schlutt(e) schlampiges Frauenzimmer; leichtes Mädchen

schluttig schlampig

schmäla zürnen, erzürnt sein

schmâlga geschwätzig schmusen;
auch: schwelgen

Schmâlger Schwätzer

Schmälla, Schmeala Grashalme, Rispengräser, Bindegras, Lieschgras

Schmâlzbloama, Dotterbloama, Koppala, Koppeler Sumpfdotterblumen

Schmâlzkächala, Hahnapampel Hahnenfuß

Schmälzkächele langstieliges Töpfchen zum Schmälzen

Schmâlzrommede, Sied(e)re Bodensatz bei ausgelassener Butter (siehe Sied(e)re)

Schmârra Sinnloses und Wertloses;
auch: Narbe

Schmâtz, Schmätzle Kuß

schmaugelesbrau(n), maogelesbrau, monkelesbrau; wia a Hirschfiedla nicht exakt zu beschreibendes, verwaschenes Braun

schmaula schmeicheln

Schme(a)rbauch, Schme(a)rleib Bauch mit dicker Fettschicht, z. B. beim Schwein

schmecka riechen (z. B. an Blumen)

Schmeckbecher, Kolba, Kompf(a), Riachkolba, Schusterhammer, Zenka, Zôrka (unförmige) große Nase (siehe Kolba) (siehe Zenka)

Schmecketsla Pfefferminz-Bombola

schme(e)tzela in sich hineinlachen

schmeißa werfen

Schmeraschmotzle, Schmer(e)motzler, Schmerschneider Schimpfname für einen „schmierigen Kerl“; Schwerenöter;
auch: Fett/Schmer verschütten/

Schwäbische Mostsupp'

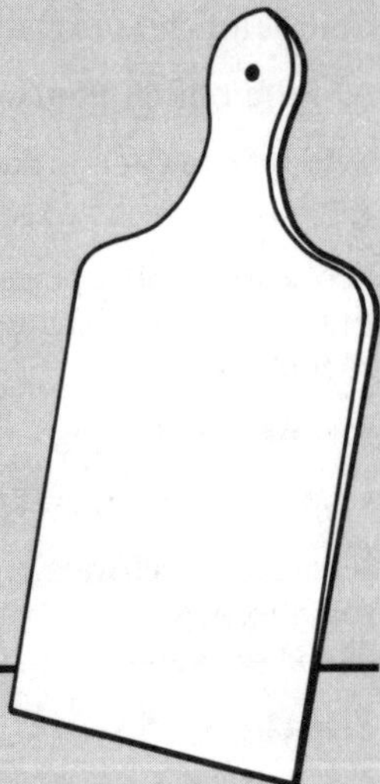

50 g Butter oder Margarine, 50 g Mehl, 2 Eßlöffel Zucker, 1 Liter Most, eine Prise Salz, Saft und die Schale einer halben Zitrone, 2 Eigelb, 1 Becher Sahne, Weißbrotwürfel, Butter, etwas Zimt.

Aus Fett und Mehl eine Einbrenne machen, mit Most ablöschen. Mit Zitrone und Zucker kurz aufkochen und eine Prise Salz hinzugeben. Vom Feuer nehmen. Mit den beiden (verquirlten) Eigelb legieren – nicht mehr kochen lassen.

Die Suppe in Teller geben. Darauf setzt man eine Haube aus 1–2 Eßlöffeln Sahne (geschlagen, ungesüßt). Brotwürfel in Butter mit etwas Zimt rösten, auf die Suppe geben.

Mostsupp' mit Brosamen

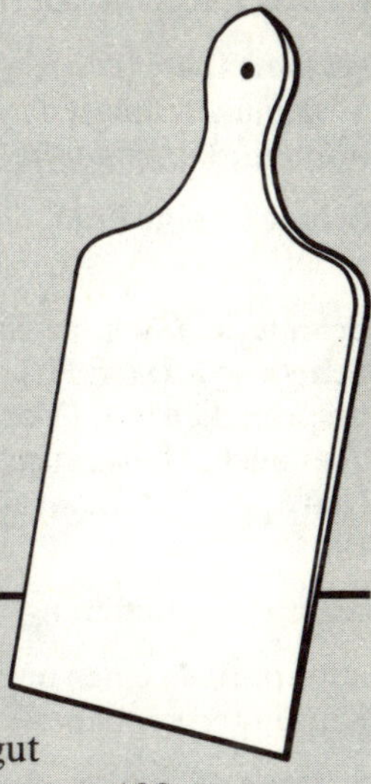

1–2 Eßlöffel Mehl und einen kleinen Teller Schwarzbrot-Brosamen in 2 Eßlöffeln Butter hellbraun rösten. Mit gut ½ l Wasser ablöschen, mit Stangenzimt würzen, 100 g gewaschene Rosinen einstreuen. Alles gut durchkochen. Erst vor dem Servieren ¾ l Most dazugeben (jetzt darf die Mostsuppe nicht mehr kochen!) Nach Gutdünken Zucker dazu. 1–2 Eidotter zum Legieren verwenden.

Auch wenn bei uns im Schwabenland süße Suppen nicht zu den bevorzugten Speisen gehören, sollte man die Mostsupp' ruhig einmal versuchen. Zur heißen oder warmen Mostsuppe passen Waffeln oder Fasnetsküchle.

vermotzen; Schmieriges verursachen

's schmerg(e)let es ist ranzig; Öl/Fett riecht/schmeckt schlecht

Schmerr, Schmerz Frauensperson, die nie ein ganzes Lachen riskiert

schmerra, brägla/breagla ausgiebig/endlos reden, nörgeln, lamentieren

Schmerre eine Frau, die viel redet

Schmiesle, Gschmiesle, Schemiseddle (fr. H.) ursprünglich nur: (Vor-)Hemd; aber auch: Halskrause/Volant (mit Spitze), z. B. an einer Bluse

schmirba schmieren

schmoachala einen unguten Körpergeruch haben

Schmonk Sauerkraut mit Kartoffelbrei

schmotza salben, schmieren; auch: schlagen (i schmotz dir glei oine)

Schmotz(e) Fett, z. B. für Wagenachsen; Schmiere; alles, was man einreiben kann

Schmotzbeutel Schmierfink; auch: bettelhafter Mensch

schmotzig schmalzig, fettig

schmotzige Knöpfla mit viel Fett gebratene Spätzla

Schmu(u) leichter Betrug; betrügerisches Vergehen

Schnâckel einer, der nicht ganz ernst genommen wird

Schnäderich magerer Bub

schnädrig mager, unterentwickelt

schnäfzga mit triefender Nase heulen (und schneuzen zugleich)

Schnäfzger ein vernehmlicher, tiefer Atemzug

Schnäfzgerle Fahrzeug (z. B. Oldtimer oder Lokomotive), das keucht und ächzt

Schnâggerler, Adrecht(er), Lâ(â)trâch Erpel, Enterich

schnâgglig (zu) hoch aufgeschossen (Menschen oder Pflanzen)

Schnai Schnee

Schnaia, Schnaier, Schnaoba/ Schnaupe, Schnôba Spaltbeil für Holz; Reisigdegen; Hackmesser/Haumesser mit einer nach oben oder nach unten gebogenen Spitze

Schnaier auch: Weller/Waller/ Wels

schnaiga, schnôiga von

Eßbarem Kleinigkeiten (unerlaubt) probieren

schnaigig, schnôigig heikel

Schnaikättera, Schnaikätterle Buschwindröschen; Anemone(n); auch: Märzenbecher

Schnâll(a) Schimpfwort für Frau/Mädchen, die viel Umgang mit Männern hat; liederliches Weibsbild

Schnâll(a), Âgrâff Gürtelschließe, Gürtelschloß

Schnâll(a), Schnepper, Türaschnâll Türklinke

Schnâllastöck, Âckerschnâlla, Feckala Klatschmohn

Schnâllatreiber einer, der sich mit schlechten Mädchen abgibt

Schnäppe Bügelverschluß an Flaschen

Schnäpperle, Biberle Glied eines Buben („Buabaspitzle“)

Schnâppkârra zweirädriger Wagen; altes, wackliges Vehikel jeglicher Art

Schnârchzâpfa langweiliger Mensch

schnârrmaula beim Essen zusehen/Hunger leiden/darben müssen; auch: fasten

schnättera plappern; auch: rattern

Schnättere, Schnätt|rede hinten herausragendes Bodenbrett beim (Heu-)Leiterwagen;
Schnättere auch: Fiedla beim Federvieh
Schnätt|rede auch: Hupe mit Mißton

Schnâtterlies(e), Bâbbelbâs

jetz ben-e âber (voll) nei|dâppt!
Feststellung: Jetzt bin ich aber ins Fettnäpfchen getreten

du ârm's Dauerle, du tröpflescht me!
Ausruf des Bedauerns (meistens ironisch gemeint)

so blau – ond aescht/erst koi Veigele!
so siehst du aus!

jetz' hôt's gschnâcklet!
erleichterter Ausruf, weil etwas endlich begriffen/erkannt wurde

eine, die viel redet – ohne lange zu überlegen

schnâtz(e)gâlla, schnâtzgâlga, schnâtzigâlla, schneezgârgela hochkatapultieren, hochschnellen (böses Bubenspiel mit jungen Vögeln)

schnâtzgârgla kitzeln; auch: erwürgen

Schnaufkugla, Äbbiera, Bodabiera, Eabiera, Eibiera, Erdepfel, Grobra, Grombiera, Herdepfel, Jâbbiera Kartoffeln

Schnauz(a), Schneuzle Tülle bei Kannen

Schnauzersupp Soßenreste, die mit (**eidonkde** = eingetunkten) Brotstücken gegessen werden

Schneekitz Goldammer

Schneetropfa, Mai(a)rösla, Môiala, Môiarösla Maiglöckchen (siehe Maia)

Schnegler Penner

Schneiderblätz Abfall(teig) bei Strudel- oder Maultaschenzubereitung

's schnelle Fritzle, d' Schnellkätter Durchfall (siehe 's Âbweicha)

Schneller (gesprochen „e"), **Bâllada, Bâliedla, Bâliete(n), Dätscher, Gligger, Glubetza, Glucker, Hâbergôiß, Märbel, Näggl, Niggel, Schusser, Steinis, Stôiling, Stôinißles, Werbel** Murmeln (siehe Bâllada)

schnellera (gesprochen „e"), **Schneller jâga, Boggis spiela, gluckera, märbla, näggla/neckla** mit Murmeln spielen

des gôht wia dr Witsch!
. . . geht unheimlich schnell

deane ka mr s'Geld em Semmre na|stella – dia weret fertig drmit
Geldverschwender

des ischt selleg
das ist arg

des langet drweilschd
das reicht für eine Weile

dô gôht's handich her
da geht es hart her (sowohl in Worten als auch in Taten)

schnellgâlga (gesprochen „e“) jem. packen und heftig schütteln

schnerra ruckartig ziehend anspannen

Schnerrschenkel/ Schnorrschenkel dünne Oberschenkel

schnerzig barsch

Schneuzfleck, Rotzlâppa, Sâcktuach Taschentuch

schniegla sich fein anziehen/ herausputzen

Schnitz Schnittchen, also ein Stück von etwas Eßbarem (z. B. Äbbieraschnitz); auch: geschälter, zerteilter, getrockneter Apfel (oder Birne); auch: Bezeichnung für eine kleine lustige Geschichte

Schnitzbriah Muggafugg; (früher nur) Malzkaffee, (heute auch) besonders dünner Bohnenkaffee

Schnitzbrot, Bierabrot, Bieralôible, Singadde Früchte-(Birnen-)Brot, Hutzelbrot

Schnitzbuckel Höcker; bucklige Haltung

Schnôkahuaschter Schimpfwort für widerlichen (hageren) Mann/für einen Angsthasen/für Pedant

Schnolla, Schulba (harte) Ackerschollen

Schnôrra, Gosch, Maul, Lâbbel Mund (s. Lâfz)

schnorra dauernd unnütz daherplappern

Schnôrra|gige, Goschahobel, Mauldu(u)dl Mundharmonika

Schnuddabutzer (wörtl. Schnutenputzer) Barbier (siehe Bâder)

d' Schnuderede, Schnudert, 's Geschnuder/ Gschnuder, 's Gschneif Schnupfen, Katarrh

schnulla lutschen

Schnulle, Bäpf, Schlotz, Zâpfa, Zäpfle Kinderzufriedenstellungs-zapfen, (Gummi-)Sauger, Schnuller

schnurbsla Geräusch beim Kartoffelkochen (wenn die Schalen platzen)

Schnürleible Korsage

(an) Schnurpf das Ergebnis von „schnurpfa“

schnurpfa, pfôrka, zamma/ zem(m)apfôrka eine Näh- oder Flickarbeit schlampig ausführen

schnurz, schnurzwurst gleichültig, egal

Schoba/Schobba (derber) Kittel, Jacke

schobba (hinein)stopfen

Schöbel Strohbündel (zum Decken von Dächern)

Schocha (Heu-)Haufen

schocha, schöchla Heu aufhäufen

schofel gemein, niederträchtig, geizig

Schollabrei, Schollamöggela, Duranand, Gschmôrgl, Krâtzede, Schärrede, Stierum, verropfte Pfannakuacha Eierhaber

Schombeler, Bogga|râole, Bogga|râub, Nâ(â)chtkrâbb, Nâchtmâhr, Nâchtschombe(r)ler abendliche/nächtliche Schreckgestalt für Kinder, die nicht heimgehen (wollen)

schomp(f)la schwer arbeiten, schaffen

Schôôfmelker einer, der sich ungeschickt verhält

Schôôfnasa (wörtl. Schafnasen) (Most-) Apfelsorte, so genannt wegen der Ähnlichkeit mit Schafnasen

Schô(ô)fszong/Schâ(â)fszung, Hitzblätter Breitwegerich

schoora, omschora (Garten/ Beet) umgraben

dr Scho(o)ß, dr Schurz, dr Schu(u)z die Schürze; (**da Schooß a|lega** = die Schürze umbinden)

(an) Schopf, Holzschopf, (a) Schupf Holzschuppen; kleiner Hausanbau zum Aufbewahren von Holz;
auch: Geräteschuppen;
auch: Wagenschuppen/Remise

Schöpfhâfa Handschöpfgefäß

Schoppa Flüssigkeitsmaß (1 Schoppen = ½ Liter – z. B. Wein)

Schoppa, Schobba, Bu(u)del (fr. und engl. H.) Milchflasche für Säuglinge; (siehe Bu[u]del)

Schor(a)schaufel Spaten

schottla schütteln, rütteln

Schrâga tischähnliches Gestell, auf das das gebrühte Schwein zum Schaben gelegt wird

Schrann(a) Sitzbank ohne Lehne – hinterm Haus, meist aber zum Freihalten von Ware auf dem Markt;
auch: Beet im Wengert

Schranna|furzer Mitglieder eines Bürgerausschusses oder Rats ohne Stimmrecht bei Gemeinderatsitzungen (früher!) (sie saßen auf der hinteren Bank)

Schreibes Schriftstück

Schreifle, Schreifla (pl.) Schräublein

schrombelig, schrompflig, grombelig runzlig, faltig

Schrompfel Falte/ Zusammengeschobenes, wo sie/es nicht hingehört

Schronda/Schrunda aufgesprungene, rissige Haut (z. B. an den Händen, an den Lippen)

(a) Schuab (ein) großer Löffel voll (beim Essen)

schuaba schnell (unfein) essen

Schuabat, Schärrede, Schärreds Angebackenes (z. B. bei Dampfnudeln); im Hafen leicht angebackener Bodensatz (z. B. von Brei) – von den bescheidenen Kindern früher sehr geschätzt (siehe Schärrede)

Schuahbuchte, Schlâppabuchte Schuhmacher

Schuahnestel, Schuahbendel Schnürsenkel

Schüala Blüten der Waldplatterbse

Schual|ahna überdurchschnittlich großes, kräftiges Kind im schulpflichtigen Alter

Schualhäs . . . trugen die Kinder wirklich nur während der Schulstunden

Schuasternägela, Schuasterstiftla Frühlingsenzian

Schübling Rote Wurst

Schuckl schusseliges Frauenzimmer

des isch a Wetter zom Karolei|soma säa
Karolei = Karolin = etwa um 1800 in der Umgangssprache gedachter (!) Münzwert von 20 Gulden

s'Herz isch mit en d'Leidaschaft zoga
das Herz ist in Mitleidenschaft gezogen

des hôsch net uf-am Briafle
skeptische Äußerung über den Verlauf/Ausgang einer Sache

s'ganz Jôhr krank – ond an Martini erscht kôi Leich
wehleidig, zum Kränkeln neigend

schufta hart arbeiten

schugga, schuggla (an- und weg-)stoßen

Schuggeler Dummkopf

Schuir, Scheuer, Schier, Stadel Scheune (z. B. Heustadel)

Schulba, Schnolla (harte) Ackerschollen

Schuldes/Schultes Bürgermeister

(a) Schupf, (an) Schopf, Holzschopf Holzschuppen; kleiner Hausanbau zum Aufbewahren von Holz; auch: Geräteschuppen; auch: Wagenschuppen/Remise

Schupfnudla, Drillnudla schwäbische Spezialität (siehe Buabaspitzla)

Schur|fuadr gehäckseltes Viehfutter

schurigla zurechtweisen; abkanzeln; ständig an jemand etwas auszusetzen haben; ständig quälend unter Druck setzen

dr Schurz, dr Schu(u)z, dr Scho(o)|ß die Schürze

Schussel aufgeregte, unüberlegt handelnde Frau; kopflos durch die Gegend rennende Person

Schusser Murmeln (siehe Schneller)

Schüssla|britt/-brett, Schüssla|gstell, Hâfabritt Tellerbrett/Hafenbord – hing früher in den Küchen von Bauernhäusern

Schusterhammer, Kolba, Kompf(a), Riachkolba, Schmeckbecher, Zenka, Zôrka (unförmige) große Nase (siehe Kolba) (siehe Zenka)

Schüttstoi, Ausguß, Guß steinerner Wasserausguß in der Küche; Spülstein

Schwäher/Schwear Schwiegervater

schwaia, schwôia, schwôiga Kinder wiegen/schaukeln

schwanza ausgehen, herumstrolchen; unkontrolliert da- und dorthin gehen

Schwanzkâchel Frau, die zuviel unterwegs ist

Schwârzmuas aus Weizenschrot hergestellter Brei **(mit g'schmelztem Butter)** – das gab's zum Frühstück (siehe Hâbermuas)

Schwätza|maiere, Schwätzbâs, Bâ(â)tschkâchel, Bâ(â)tsch|weib, Dâgbläddle, Dôrfbeasa, Dôrfbritsch, Dôrfschell, Kesselbutt, Râ(â)tsche, Râ(â)tschkâttel, Rä(ä)tschkätter, Trâtschkâchel Frau, die gerne viel redet/alles im Ort weitererzählt; eine, die in allen Häusern des Dorfes herumkommt

Schweabela, Schwefela, Zeisla Streichhölzer

Schweizer Stallknecht; auch: Melker

(an) Schwengfelder . . . ist gern im Dorf/in der Stadt unterwegs

schwengfeldera, schwidisiera herumstromern; sich ergehen; nachsehen, was, bzw. ob noch etwas los ist

Schwenkete Wida Wolliger Schneeball

Schwestertochter, Bruadrtochter Nichte

Schwiebel, Lotter Seilrolle (siehe Lotter)

d'Schwieger Schwiegermutter

schwôißela ungewaschen (nach Schweiß) riechen

schwommrig, schwummerig schwindelig, nicht geheuer, flau im Magen

Schwo(o)f, Socka|hopf Tanzveranstaltung (eher abwertend)

schwo(o)fa ordinär für: tanzen

Seages Sense (siehe Säages)

Seela, Sä(ä)la dicke Kümmel-/Salzstangen (aus Wasserweckenteig), oberschwäbische Spezialität; auch: gesüßtes kleines Weißbrot, geformt wie eine Mutschel, nur mit abgerundeten Enden

Seela|fuhrwerkle Ellaboga|deifele Ausdruck für ein Kind, das man ins Herz geschlossen hat

dera ka(a)sch onderwegs d'Schuah ausziah
besonders langsame Frau

dô kommet d'Mäus mit verheulte Âuga d'Beenestiag râ
oder: **bei deane sprenget d'Mäus mit bluatige Zeha|nägel d'Stiag nuff ond râ**
die sind bettelarm

dô hôt's Fiedla s'Bronza glern(a)t
wenn jemand „s'Abweicha"/Durchfall hat

dô muasch hâlt feife grâd sei lao (s. Feifegrädler)
nachsichtig/gleichgültig sein

Seelawärmer, Sä(ä)lawärmer (ärmelloses) wollenes Jäckchen

Sehnere/Söhnere Schwiegertochter

Seier Mund (Gesicht)

Seifzer/Seufzer vornehm für: Furz

Sei(h)er Sieb

Seihtuach/tüachle Tuch, durch das man früher z. B. die frische gemolkene Milch filterte (heute werden Filter verwendet)

Seire, Semseler, Schwips/ Rausch/ Allmachtsrausch (siehe Säbel)

Sekondaspälter Weckuhr alter Bauart mit lautem Laufwerk

Selband, Selbend Webkante

Selbandschuah (siehe End|däpper)

selbander, z'bander, z'hâlbander zu zweit

selbdritt zu dritt

sell das, dieses **(sell sag' i dir!)**

dr Sell, seller jener, dieser

sellamôl, selligsmôl, sellmôls, selbigsmôl damals (im Sinne von diesem einen Mal)

sellaweag, (âh!) sällaweag deswegen, deshalb; ach, so ist das!

selt, sällt dort;
selt dieba dort drüben

Sembl/Sempel, Sembach Dummkopf (unter Freunden harmloses kritisches Wort) (siehe Huatsempel)

Semblfransa in die Stirn gekämmte, „gerade" Haare

Semm(e)re, Simri Hohlmaß für Getreide

Semmer(l)eskrättle, Semrikorb Weidenkorb, der ein Simri/Semmere faßt

Semsa Fensterbank, Sims

Semsakrebsler, Semsarâssler, Râchabutzer sehr herber Wein/ Most

Sepplhos(a), Furzkästla, kurze Wix, Türleshos(a) Lederhosen

Serbling ein nicht zur Aufzucht geeignetes Tier (z. B. Ferkel); auch: schwächliches, bleiches, blutarmes Kind, beim dem nichts „anschlägt"

Siach Schimpfwort für undurchschaubaren, hinterlistigen, durchtriebenen Mann; Tropf

(dr) Siadig Schweißausbruch

Siaßmoscht frisch gepreßter (bis anreißender) Saft von Äpfeln und Birnen

Siaßsächle Süßgebäck (z. B. **Mirbsla)**

Sichelhenke, Sichelhenket(e) Ernteschluß (da wird die Sichel auf- oder weggehängt)

sichlakromm, krottakromm Gebogenes, das gerade sein sollte

siebaschwenzige Kâtz, Hâgaschwanz, Ochsaschwanz (dicke) Lederpeitsche, Lederknute

Siedel/Siddl Truhe

Sied(e)re, Schmâlzrommede Bodensatz bei ausgelassener Butter

Sied(e)re auch: Sulz

siehsch, sigsch(d) siehst du (es)?
auch: Bestätigung – es ist so; da hast du es!

Sierle, Baisele, Ketzle/Kötzle, Ôiterbebbele, Pfuch, Pfu(u)tzger, Suirle Pickel (eitrig); entzündete Hautpore (siehe Baisele)

Simri, Semm(e)re Hohlmaß für Getreide

Singadde, Bierabrot, Bieralôible, Schnitzbrot Früchte-(Birnen-)Brot, Hutzelbrot

sinniera nachdenken; in Nachdenken versunken sein

Sirenka, Gäßnägela, Ziren|ga Flieder

Sirml, Sirmler Torkelnder; Träumer

sirmla torkeln; sich unkontrolliert im Kreis drehen

Sitzerle geschlossener Kinder(hoch)stuhl mit Öffnung fürs Töpfchen

Soapf(a) Seife

du willsch âu amôl wieder en mei Höfle
Rat/Drohung gegenüber jemand, der einem gerade nicht wohlgesonnen/der abweisend ist/überraschend etwas ablehnt

i gang (deane) reacht uf d'Haochzet/Haozig
man nimmt von Anfang an den Hochzeitsfeierlichkeiten teil

s'hôt an hellgelba dompfa Schlâg dao
Schilderung eines Knalls

wia hemmer-s denn?
Zurechtweisung; was ist denn los? auch: sag jetzt, was du willst

Saure Kuttla

375–500 g (vom Metzger bereits gekochte) Kutteln (auch Kalbsgekröse) in ganz feine Streifen schneiden.
In einer Kasserolle aus 40 g Fett, etwas Zucker und 60 g Mehl eine hellbraune Mehlschwitze bereiten, dann erst eine feingeschnittene Zwiebel mitdünsten und mit einem Schuß Essig und gut ¼ l Fleischbrühe ablöschen. Einen Zitronenschnitz, gespickt mit einer Nelke, ½ Lorbeerblatt, Salz, einige Pfefferkörner, 2–3 Wacholderbeeren und Tomatenmark, evtl. einen Rest Bratensoße, Paprikapulver, Tabasco, Maggi und einen Schuß Rotwein dazugeben.
Die Kutteln in der braunen Soße noch eine Viertelstunde weichkochen.
Dazu gibt's geröstete Kartoffeln oder Brotknödel.

G'röschte Kuttla

500–750 g gekochte, feingeschnittene Kutteln werden mit 2 Eßlöffeln Zwiebelwürfeln und 3 aufgeschlagenen Eiern in 50 g Fett geröstet und mit Salz und Pfeffer gewürzt.

Socka Socken; Strumpf; auch: „eine von der Straße"

socka, bläddla, râssla, rôifla, saua, sprenga, surra, wetza laufen, eher rennen

Socka|hopf, Schwo(o)f Tanzveranstaltung (eher abwertend)

sodde, soddene solche

södderla, suttera leise (vor sich hin)köcheln; **(d' Flôischbriah sott bloß södderla!)**

soddigs solches

sodele Bemerkung, wenn z. B. eine Tätigkeit zufriedenstellend abgeschlossen wurde

Söhnere/Sehnere Schwiegertochter

Sôich, Sôiche Harn

sôicha wie aus Kübeln gießen

sôicha, bronsa, bronza Wasser lassen

Sôichblum/bloam/bleamle, Bettscheißer, Bettsôicher, Milbuscha, Milcherleng, Milcheta, We(a)gsôicher Löwenzahn (siehe Weagsôicher)

sôichela nach Harn riechen

(jonger) Sôicher unreifer, junger Mann

Sôichfâß, Güllafâß, Mistlâchafâß Jauchefaß

Sôichgomper, Güllagomp(er), Lâchagomper, Mistlâchagomper Jauchepumpe

Sôichhâfa, Bottschamber, Bottschamberle, Hâfa, Häfele Nachttopf; „Mitternachtsvase"; Nachttöpfle für Kinder (siehe Hâfa)

uff dean Gaul, mô ziaht, hâot ma nei
derjenige, der die Arbeit macht, wird obendrein oft noch kritisiert

ma sieht âu no an de Scherba, wâs amôl a scheener Hâfa gwä/xei isch
Bewunderung für einen älteren Menschen, der noch gut aussieht; aber auch gehässig für einen jungen Menschen, den man ärgern will

dô hôt's drei Guck ond oin Schâff
drei Zuschauer – und nur einer, der etwas tut

sôichlâck (unangenehm) lauwarm, z. B. abgestandenes Bier

sôichnâß tropfnaß

Sôichschâpf, Güllaschâpf, Küahsôichschâpf, Lâchaschâpf, Mistlâchaschâpf Jaucheschöpfer, Güllenkelle

Sôifasiader eigentlich ehrenwerter Beruf, aber auch Schimpfwort (vertrottelter Mensch) (**mir gôht a Sôifasiader uff** jetzt begreife ich/ich habe es durchschaut)

sompfala Acker oder Wiese mit Gülle düngen; biologisch düngen

Sonnawirbela, Ritscherla Ackersalat

Sonnawirbela auch: Löwenzahn (siehe Bettscheißer)

Sonndig|ärbet (wörtl. Sonntagsarbeit) etwas Mißlungenes/nicht recht Gelungenes

d' Sonndig|schual Kindergottesdienst

Sonndigsgeld, Kreizer(le) (= Kreuzer) Taschengeld **(für d'Sparbix oder für a Ziggerle)** (siehe Kreizerle)

Sonndigshäs Sonntagskleider/-Kleidung/-Hose (zum Staat machen) **Sonndigschuah**

So(o)ma Samen

sotte, sötte, sottige solche

Spâcha ein großes Stück

Späch(t)ela Holzspan; Anzündholz; kleingespaltetes Holz zum Anfeuern

spâchtla, spächtla, spächta Kinderspiel: ein angespitzter Stecken wird in feuchten Boden geschleudert; Mitspieler versuchen, den Spächt/Spachtel mit ihrem „Spielzeug" aus dem Grund zu schlagen; **spachtla** auch: viel essen

Spâgât, Spâget Bindfaden; reißfeste dünne Schnur

Spârra|fandel überspannte Frau; spinniges Frauenzimmer

Spätleng Herbst

Spätzla beliebte schwäbische Teigspeise, am originalsten vom Spätzlesbrett gschabt

speagla, âfterbeera, âfterberga, âfzgaberg(l)a, stoopfercha Obst (Äpfel und Birnen) nachernten – vom 3. Sonntag im Oktober an (von fremden Bäumen); auch: Trauben aus dem Wengert nachernten, wenn der Besen (altes Gesetzeszeichen) vom Weinberg verschwunden ist

Speidel, Speigel, Speitel Keil für Werkzeugstiele

Speis Mörtel;
auch: Speisekammer

Spekulier|eise, Glotzmâschee(na), Nasafâhrrädle Brille

Spennaweba, Spennawetta, Spinnabobba Spinnengewebe

Sperenzla dumme Geschichten; Umschweife

sperrangelweit weit offen/ geöffnet (weiter geht's nicht)

Sperräugla, Glesser, Glotzerla, Gsichtla, Pâseela, Sametschüahla, Tâg- ond-Nâcht-Blümla/-Schättla/ -Veigela, Viegaila Stiefmütterchen

Sperrknecht, Bauchstöbber, Brugghölzer, Buabaspitzla, Gänswergl, Schlang|gangger, Wampabäbber, Wampastecher, Wârgela/ Wergela Schupfnudeln

spe(t)zga spucken

Spezial Pfarrer (18./19. Jahrhundert, evtl. auch noch früher)

Spiagala Wiesenschaumkraut

Spialgölt, Brend Spülschüssel

Spiallomba Abwaschtuch, Spültuch

spicka, spick(a)la (unerlaubterweise) gucken/ abschreiben

Spiebâtza, Spucke, Gôifer Speichel

Spinâtwâchtel dumme Gans; nicht gerade lobenswerte Äußerung über die körperlichen Reize einer weiblichen Person

Spitzgugg, Spitzgüggle spitz zulaufende Tüte (vor allem für Obst oder Bombola)

Spond Spitzbube; knitzer, schelmischer Kerl

Sponda Faßverschluß

Sprätle Prise; (kleine) Menge zwischen zwei Fingern (z. B. Salz oder Zucker)

spre(a)za, sprenza, sprenzga sprengen (z. B. den Rasen); gießen mit der Gießkanne (mit Brauseaufsatz)

Spre(a)zkaada, Sprenzka(n)t(a) Gießkanne

Spreier-/Spruier-/Spruil-Säckle ein mit Spreu (eigentlich Hülsen des Dinkels) gefülltes Leinenkissen als Unterlage im (Kinder-)Bett

Spreißa, Spreißel, Kleischba, Schleissa Holzsplitter (z. B. im Finger)

spreita, sprôida Ausbreiten von Gras beim Heuen;
auch: Mist streuen – die Häufen wurden auseinandergestreut

und einige Wochen so liegengelassen, hauptsächlich bei der Wiesendüngung im Herbst

sprenga, bläddla, râssla, rôifla, saua, socka, surra, wetza laufen, eher rennen

Sprenzer, Sprenzger Brauseaufsatz der Gießkanne; auch: kurzer, leichter Regen

Spre(n)zgerle kleiner Springbrunnen

Sprich Redensarten, Redewendungen, Vers(e)

Sprichbeutel, Sprichklopfer einer, der zusammenphantasierte Geschichten für wahr verkauft; jemand, der in seinen Erzählungen maßlos übertreibt
sprichklopfa etwas überzogen darstellen, angeben

Spruier/Gschbruier Spelzen vom Korn; Spreier

Stäära/Steara (pl.) Sterne

Stäckabürst Schrubber mit Stiel

Stâdel, Scheuer, Schier, Schuir Scheune (Heustadel)

Stâffel, Stäffela, Stâpfel, Stäpfele Treppe(n)/Treppenstufe(n) – außen (siehe Stiag)

Stähle Bügeleisen mit (abnehmbarem) Holzgriff; es wurde zum Erhitzen auf den Herd/Ofen gestellt

stâksa mit steifen Schritten gehen

stâlba mit den Füßen stoßen; gegen das Schienbein treten

(an) Stampf Eßbares untereinandergemischt (z. B. [zuviel] Eingebrocktes in Milch oder Kaffee „gestampft")

Standa, Kuaf Holz- oder Steingutbottich zum Einlegen von Sauerkraut, Eiern oder Bohnen . . . (siehe Krautstanda)

Stäpfe Stadtpfarrer (nur aus dem Mund Jugendlicher)

stâtzga stottern

staucha klauen, stibitzen; auch: (Bier) in warmes Wasser stellen;
auch: (den Widersacher) ans Bein kicken/puffen

Staucher (siehe Steeßer)

Steag(a) (siehe Stiag)

Steara/Stäära Sterne

Stechnägela, Studenta-Nägela Bartnelken

Steeßer, Gäder|he(e)d|schich, Gäderstutza, Staucher, Stoß/Stößla, Strupfer Pulswärmer (gestrickt)

stefzga stolzieren

steibera/stäubera (ab)stützen (z. B. Bäume)

Steiberer/St(r)eiberer Baumstütze;

Steinis, Murmeln (siehe Bâllada)

Stemple/Stümple Rest in Tüte, Glas oder Flasche

stendleng(a), stendleng(s) im Stehen (z. B. **stendlenga schlôfa)**

Stenk-Nägela Tagetes

Stenz Angeber; auch: Schläge

sternhâgel|bsoffa, sternhâgelvoll, stock|bsoffa sehr hoher Alkoholspiegel; bis oben voll

sterrig, sterch steif, starr, unbeweglich, nicht geschmeidig

sterrig auch: trocken (Wetter)

Stiaber kurzer, kräftiger Regen- oder Schneeschauer

Stiag, Stiagena (pl.), **Steag(a)** Innentreppen (siehe Stâffel)

Stiagabronzer abgestandener Bierrest

stibi(e)tza, stonza (etwas) sich listig aneignen; (weniger als) stehlen

Stichel/Stickel (setza) Pfahl/Pfähle, Pfosten, Koppelpfahl (setzen)

Stiefelhond Stiefelzieher

stiera, romstiera (herum)suchen, herumstöbern, wühlen;

(ôine) stiera eine langen/verabreichen (z. B. Ohrfeige)

Stierum, Duranand, Gschmôrgl, Krâtzede, Schärrede, Schollabrei, Schollamöggela, verropfte Pfannakuacha Eierhaber

stirma, naufstürma/nuffstürma hochkrempeln (z. B. die Ärmel)

stockala, stotzala stolpern

stock|bsoffa, sternhâgel|bsoffa, sternhâgelvoll sehr hoher Alkoholspiegel; bis oben voll

stocknüchtern, fâtzanüchtern das Gegenteil von „stock|bsoffa", nämlich total nüchtern

Stockhâfa, Straußhâfa Blumentopf

Stockkrâtzerle, Hâckstockkrâtzerle, Schärrettle, Zemmad|schärretle letztes, spät geborenes (in später Ehe geborenes) Kind/Nachgeborenes

Stoffel unhöflicher/ungeschickter Mensch; Tölpel

Stoi|glepfer Steinmetz

Stôiling, Stôinißles, Bâllada, Bâliedla, Bâliete(n), Dätscher, Gligger, Glubetza, Glucker, Hâbergôiß, Märbel, Näggl, Niggel, Schneller, Schusser, Steinis, Werbel Murmeln (siehe Bâllada)

Stoi|riegel Steinhaufen

Stolla, Lôab/Lôib Brotlaib

Stompa Dreikäsehoch; auch: Baumstumpf

Stompascheit Wurzelstöcke

stonza, stibi(e)tza (etwas) sich listig aneignen; (weniger als) stehlen

stoopfercha(siehe speagla)

Stôrra Ast/Gestrüpp – blattlos; krummes Holzstück; auch: Hecken-/Baumstumpf

Stôrzel, Dôrstel, Gnaischbl, Kâga/Käge, Kôga, Krautdôôsch, Krautdôrstel Kohlstrunk

Stoß, Stößer, Stößla, Gäder|he(e)dschich, Gäderstutza, Staucher, Steeßer, Strupfer Pulswärmer (gestrickt)

Stotza Pfosten

Stotza, Saustallpfosta dicke Beine

stotzig steil

strâblig, ao|berrig sperrig, unbiegsam, nicht zu ordnen

strâcka, flâgga sich „hinhauen“; (unschön) (hin)liegen; sich hinstrecken

(a) Strâcke/Strâcket dürftige Liegestatt; unordentliches, zerwühltes Bett

Strähl Kamm

strähla, kambla kämmen

Straich Schläge, Hiebe

pâck deine Sieba|zwetschga/Siebasâcha
pack deine Habseligkeiten ein (und verschwinde)

s'isch uff d'Lahmede ausganga
eine Affäre ist ohne größere Konsequenzen eingeschlafen

dô bleibt mr s'Maul sauber
da habe ich nichts zu erwarten/das kann ich mir nicht leisten

dô bleibt dr s'Maul sauber
da fällt für dich bestimmt nichts ab

(a) Stranzel (ein) Hoffärtiger

strâpliziera strapazieren

Strâps(erla) Strumpfhalter, am „Leible“ befestigt

Sträpslesleible, Leible Strapshalter (siehe Leible)

Straubeta, gwâlete Küachla, Kniaküachla, Pfeisela Fettgebackenes in verschiedenen Formen (hauptsächlich zur Fastenzeit) (siehe Pfeisele)

Straupf|raiga, Straopf|raiga, Strompfbendel, Strompfranga, Knuirenka Strumpfband

Straußhâfa, Stockhâfa Blumentopf

Streithâga, Streithammel stets zum Streiten bereiter Mensch

striala/strüala, schâlâcka streunen

striala/strüala auch: herumnaschen

strialig, hä(l)mauled schleckig, naschhaft, verschleckt (siehe hä(l)mauled)

Strich Zitze

strichweis teilweise/ gebietsweise

Strickets(e) Strickarbeit, Strickzeug

Striegel Pferdebürste

striegla kämmen; herausputzen; auch: hart behandeln

Strietze unseriöser, wenig vertrauenswürdiger Mensch

Strôa|male gestreifte Katze

Strôapfela, Streifala Ackerwinden, Unkrautwinden

Strohbaus/bauz ein Wickel aus Stroh zum Garbenbinden

strompfet(a), strompfig, strompfsocket ohne Schuhe, nur mit Socken/Strümpfen bekleidet

d’ Strudelfurzet, Durchfall (siehe ’s Âbweicha)

Strudla, Greane Grâpfa (= Grüne Krapfen/mit Spinatfüllung), **Mauldâscha** (= Maultaschen) beliebtes schwäbisches Gericht aus Nudelteig mit vielfältiger Füllung

Strupfer, Gäder|he(e)dschich, Gäderstutza, Stoß/Stößla, Staucher, Steeßer Pulswärmer (gestrickt)

Stüahle Fußschemel

Stubabiffee Wohnzimmerschrank

z’Stuba gau, z’hogada, Hôierles hâlta, hoigâ(â)rta (bei einer Nachbarin) einen Besuch

machen; jem. besuchen, um ein Schwätzle zu halten;
schwatzen, tratschen (siehe Hoigâ[â]rta)

Stubagschloapf, Goosnescht/ Gaasnescht Sauerkraut mit Spätzle vermischt (geröstet) (siehe Duranand)

Stubakammer, Ka(a)mer Schlafstube, Schlafzimmer (siehe Kämmerle)

's Stüble, Pfreadhaus/häusle, Ausdinghaus, Austrâghaus Ausgedingehaus; Altenteil neben dem Bauernhof für den Altbauer und seine Frau

studdera stochern

Studenta-Nägela, Stechnägela Bartnelken

Stugger (pl.) Stücke

stugger . . . (z. B. fünf) eine Anzahl von etwa . . . (z. B. fünf) **(stugger feif)**

Stümple/Stemple Rest in Tüte, Glas oder Flasche

stupfa anstoßen, antippen (z. B. mit dem Zeigefinger);
auch: stechen (mit einer Nadel);
auch: Samen einzeln in die Erde drücken (z. B. Rettichsamen)

Stupfla Stoppeln

stupf(l)ig . . . ist etwas, das sticht, z. B. Disteln, auch Bart(stoppeln)

stürza, verstürza wenden, umdrehen (z. B. ein Kleidungsstück von rechts nach links)

Stu(u)rzebockel, Burzelbaum/ boom, Butzagaigel, Schirabu(ur)zler Purzelbaum; Rolle vorwärts (Überschlag)

stu(u)rzebockla Kleinkinder stoßen mit den Stirnen gegeneinander

Süaßleng, Bâchfârzer, Gugauche, Guggelgaich, Guggigai, Hâbermârk Wiesenbocksbart

Sudde (wenig) Verschüttetes, z. B. Kaffe in einer Untertasse

Suddrei (fr. H.) Keller-Vorraum;
auch: Untergeschoß

Sudelwetter naßkaltes Wetter

sudla, kritzla schlecht/flüchtig schreiben; hinschmieren

süffla in kleinen Schlucken genüßlich trinken

Suggel, Sutzel, Lâus/Lôas, Kosel Mutterschwein (siehe Lâus)

Suggel(e), Sutzel(e) auch: weibliches Wesen oder Kind, das sich z. B. beim Essen/beim Spielen bekleckert, beim

Arbeiten/beim Spielen verunreinigt hat

suggla, sutzla läppern, verschütten, feuchtnaß spielen

Suirle, Baisele, Ketzle/Kötzle, Ôiterbebbele, Pfuch, Pfu(u)tzger, Sierle Pickel (eitrig); entzündete Hautpore (siehe Baisele)

sündafürchta ernste Bedenken haben (z. B. über/vor Einkauf eines Luxusartikels), im Sinn von sich Vorwürfe machen/sich wegen Aushauserei versündigen

supfa, supfla schlürfen, abtrinken (z. B. von einer „ebenvollen" Tasse bzw. Schaum vom Bier)

Süpferle kleiner Schluck

Suriâs, Schwips/Rausch/ Allmachtsrausch (siehe Säbel)

Surmel, Sirmel, Drommsler, Dromsel, Zwirbler aufgeregte Person, die verdreht/ohne Überblick handelt/ unberechenbar durch die Gegend schusselt

surra, bläddla, râssla, rôifla, saua, socka, sprenga, wetza laufen, eher rennen

Surrgeig Heulsuse

suscht sonst

Suser neuer Wein – genauer: gärender Traubensaft (dazu beliebt: Zwiebelkuchen)

suttera, södderla leise (vor sich hin)köcheln (z. B. 's Sauerkraut)

Sutterhâfa jemand, der an allem etwas auszusetzen hat

Sutterkruag, Mo(o)stgutter/ Mo(o)schdguddr, Gogga Steinkrug mit Henkel (oft mit Verschluß), in dem der Most aufs Feld gebracht wird (siehe Gutter)

T

tä(a)dla nachhallen

Tâfel, Dâfel (großes) Bild an der Wand

Täfer, Däfer (Holz-)Wand; **(am Däfer nârutscha** = in Ohnmacht fallen)

Tag-ond Nacht-Blümla/ -schättla/-veigela, Glesser, Glotzerla, Gsichtla, Pâseela, Sametschüahla, Sperräugla, Viegaila Stiefmütterchen

Tantle, Dandle, Dändele geliebte oder unterschwellig belächelte Tante („Tantle" wurde auch in Todesanzeigen oder auf Grabsteinen verwendet)

Tanzkränzle Abschlußball der Tanzschüler

Teufels|âug Rotes Adonisröschen

Teufelsklau, Hexamehl Bärlapp

Tisch|nuketse Umzugsgeschenk

Trâgschâff/-schâpf großes Holzgefäß

(a) Trâlâre (ein) besonders Langsamer/Umständlicher

trâlâtschera vergeuden

Trampel, Trampeltier schwerfällige (laute), meist weibliche Person

trampla mit den Füßen stampfen

's tranelet es riecht nach Fisch/ nach Fett von Säugetieren

Tra(n)fonzel trübes Licht; auch: langweiliges Geschöpf, das keinen Spaß versteht/ mitmacht

trâppa in die Pedale treten; auch: schikanieren; jem. „hernehmen"

träppla auf der Stelle treten (z. B. machen das unartige Kinder)

Träppler einer, der nicht ruhig auf der Stelle stehen kann

Trâtschkâchel, Bâ(â)tschkâchel, Bâ(â)tsch|weib, Dâgbläddle, Dôrfbeasa, Dôrfbritsch, Dôrfschell, Kesselbutt, Râ(â)tsche, Râ(â)tschkâttel, Rä(ä)tschkätter, Schwätza|maiere, Schwätzbâs, Schwätzkätter Frau, die gerne viel redet/alles im Ort weitererzählt; Klatschmaul; eine, die in allen Häusern des Dorfes herumkommt

Träubla, Dreib(e)la, Hannesträubla, Hannsaträubla, Zeibeer, Zeitbeer (rote) Johannisbeeren (siehe Kâtzabeer)

(a) Treask Mensch, der immer jammert

treaska, dreißa stöhnen, jammern, quengeln, meckern; auch: knarren

treasla sehr langsam tun

triala etwas langsam/ohne Schwung erledigen; auch: etwas verschütten; kleckern, sabbern, speicheln

Trialer langsamer, langweiliger Mensch

Trialer(le), Trial|schirzle Kinderlätzchen

Trial|lâppa Serviette

tricknet getrocknet

Triebel Hebel, Kurbel

triebla mit einer Kurbel

Schneckennudeln

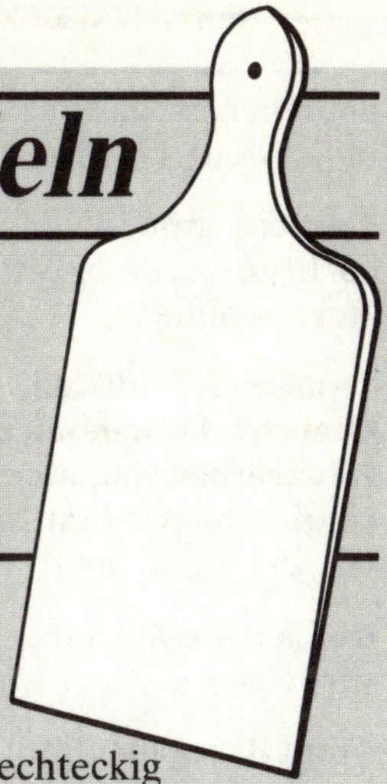

Einen süßen, nicht zu festen Hefeteig nach Grundrezept (S. 204), jedoch ohne Rosinen/Sultaninen, zubereiten. Diesen nach dem Gehen etwa kleinfingerdick rechteckig auswellen und mit zerlassener Butter bestreichen. Darauf verteilen: je 50 g Korinthen, Sultaninen, geriebene Mandeln und 2 Eßlöffel Zucker-Zimt-Mischung. Den Fladen zu einer Rolle formen und zwei bis drei cm breite Stücke abschneiden. Die Schneckle auf einem gefetteten Blech nochmals zugedeckt gehen lassen, mit Eigelb bestreichen, bei etwa 210 Grad hellbraun backen.
Nach dem Backen noch heiß mit Zuckerglasur bestreichen. (125 g Puderzucker mit wenig Zitronensaft und so viel Wasser anrühren, daß die Glasur mit dem Backpinsel gut aufgetragen werden kann).

Eine andere Füllung:
Aus 200 g gemahlenen Haselnüssen oder Mandeln, 100 g Zucker, 4–5 Tropfen Bittermandel-Öl, einem aufgeschlagenen Eiweiß und ½ Eigelb (die andere Eigelbhälfte zum Bestreichen der Schneckennudeln verwenden) und 3–4 Eßlöffeln Wasser eine streichfähige Masse zubereiten, die man auf dem ausgewellten Hefeteig verteilt.

andrehen/in Schwung bringen/ in Schwung halten

Trittleng große Füße; auch: große, derbe Straßen-/Ackerschuhe

Troaschdl, Trutschel, Draostel, Drommsel, Drôschtl, Liesabärmel langsame/begriffsstutzige Frau, der nichts von der Hand geht

trôdla etwas langsam verrichten

Tropf Bezeichnung für einen Lausbub, dem man Bewunderung entgegenbringt

Tropf, armer bemitleidenswerter Kerl

Trottwâr (fr. H.) Gehsteig

Trottwârbeleidiger grobe, ungeschlachte (auch abgetretene) Schuhe

(a) Trüabling Schimpfwort – schon eine Abwertung des Charakters; ein Trüabling kann aber auch so tun, als könne er **„koi Wässerle trüaba"**

Truch Truhe; auch: Pferdewagen mit Bretterumbau

Trüchle kleine Truhe

truele treuherzig-lieb

das Tunell (Zug)Unterführung

Türaschnâll, Schnâll(a), Schnepper Türklinke

Türleshos(a), Furzkästla, kurze Wix, Sepplhos(a) Lederhosen

Tuschuurle (siehe Schamää(s)le

U

übelgrô(a)ta schlecht geratenes Wesen

übergerst (wörtl. übergestern) vorgestern

überhausig, aushausig verschwenderisch (siehe aushäusig)

überhupfa (durch Auslassen etwas) überspringen (z. B. Klasse oder Zeile)

überlengt überbeschäftigt, gestreßt

überkandidelt übertrieben (reden/gebärden/kleiden)

übersche, ibersche hinauf

über 's Môhl (Mahl) schenka, Ei|bende die an einer Hochzeit beteiligten befreundeten oder verwandten Mädchen wurden (während des Hochzeitsmahls) mit kleinen „eingebundenen"

Dampfnudeln

(aufgezogene)

Aus 500 g Mehl, 20 g Frischhefe, etwa einer Tasse Milch, 3–4 Eßlöffeln Butter, 3 Eßlöffeln Zucker, 2 Eiern und einer Prise Salz einen nicht zu festen Hefeteig (wie auf Seite 204, Hefeteig süß, beschrieben) zubereiten.

Sofort nach dem Kneten teilt man den Teig in etwa 12 Stücke und formt daraus kleine Laibchen mit glatter Oberseite. Auf einem bemehlten Brett läßt man sie zu fast doppelter Größe aufgehen. In einer großen, gut schließenden Kasserolle (oder in zwei kleineren Töpfen) – eine eiserne Bratpfanne eignet sich besonders gut – $^1/_8$ l Milch oder Wasser (oder halb Milch, halb Wasser), einen Kaffeelöffel Butter, einen Eßlöffel Zucker und eine Prise Salz zum Kochen bringen. Darein setzt man rasch die Teigbällchen – dicht nebeneinander – und deckt den Topf sofort zu. Der Deckel darf nicht mehr abgenommen werden, bis die Dampfnudeln bei geringer Hitze in 20–30 Minuten aufgezogen sind. Sie dürfen nur sacht köcheln; die Milch sollte nicht überlaufen. Wenn die Flüssigkeit eingekocht ist und die sich unten bildende braune Kruste duftet, sind sie fertig.

Beilage: Vanillesoße und Apfelmus/kompott oder gekochtes Dörrobst.
Wer salzige Dampfnudeln vorzieht, läßt den Zucker ganz weg!
Beilage: z. B. Sauerkraut oder auch eingemachtes Kalbfleisch.

(= hübsch eingepackten) Geschenken bedacht

überzwear, überzwerch (ver)quer, überdreht, übers Kreuz;
auch: querköpfig, dickköpfig

(a) überzwercher Kerle ein etwas widerborstiger Sonderling

Überzwerchs (gut durchwachsenes) Rindfleisch von der Querrippe (zum Sieden)

uffamsla/auf|amsla demjenigen ist kaum mehr zu helfen; stirbt bald/geht bald zugrunde (z. B. Tier)

uffbaia/aufbaia nochmals aufbacken (z. B. Wecken)

uffdonnerat herausgeputzt

uffheba/aufheba hochheben, aufsammeln;
auch: aufbewahren

uffklauba/aufklauba aufsammeln, auflesen

uf Mârga läuta, 's Märga läuta Morgenläuten (siehe Âvemärga)

uffmucka/aufmucka aufbegehren

uffnasa/aufnasa naseweis zuhören

uffrom(m)a/auf|rom(m)a aufräumen

uffruadla/auf|ruadla etwas fast Vergessenes ins Bewußtsein (zurück)rufen;
auch: aufrühren von Flüssigem/ Halbfestem (z. B. auch Schlamm)

uffschaicha/aufschaicha aufstöbern, aufschrecken, aufjagen

uffschlâga/aufschlâga teurer werden

ummodla/ommodla umarbeiten; alles wieder verwerfen

Umôrga, Gugom(m)er, Gugum(m)er Gurke(n) (siehe Gugom(m)er)

um|ôrgla (Möbel) umstellen/ umräumen

Umrank/Omrank, Ranka (scharfe) Kurve (siehe Ranka)

umscheiba ein Fahrzeug wenden

Unterheschpel Unpäßlichkeit

Urausa, Aorosa, Duroasa, Oraosa kleine Reste; übriggebliebenes Essen (vom Vortag); Brösel

Urbat/Urbet, Urhâb Sauerteig

Urschel eigentlich: Ursula;
auch: abwertende Bezeichnung für weibliches Wesen/für einfältige Frau

V

väareg, varndich, feand, ferig vergangenes Jahr

Vâdder, Vâdr, Âtte, Ätte, Dâdde, Dâtte, Dätte, Dâttl, Vôdr Vater

Vâdderguat, Muadrguat Erbe von Vater bzw. Mutter

Vâkanz Ferien

Veasa Dinkel, Korn

Veigela Veilchen

veräppla verlachen, hänseln; auch: nachäffen

verbâddera, verbanscha, verdeffla, vermebla, (her)pritscha jem. verhauen, verprügeln, ausgiebig verklopfen

verbâschgert vermischt; nicht (mehr) reinrassig (z. B. ein Hund oder eine Pflanze) (kommt von Bastard)

verbauset „verstrubelt“; auch: abgekämpft

verbichad verklebt

verbluia, blaia, bluia schlagen

verbobbera, verzwâpsla, verzwârzla, verzwâzz(e)la vor Unruhe vergehen; es nicht erwarten können; (etwas) vor Ungeduld fast nicht aushalten können

verbrennt angebrannt

verbrosla zerbröseln (z. B. Brot)

verbumfidla etwas (leichtsinnigerweise) zu tun vergessen; etwas verlegen; auch: sein Hab und Gut verschleudern

verbuttet mißgestaltet

verdâttert (sei) verschüchtert/verlegen/erschrocken/bestürzt/geschockt (sein)

verdätscha zerdrücken

verdlai(r)na, verdlehna, verdloina ausleihen, entlehnen

verdlôidat eine Sache leid sein; einer Sache verleidet/müde/über sein; (über)genug von etwas haben (negativ gemeint)

verdôba etwas mit den Händen/Fingern berühren und Abdrücke hinterlassen

verdonaierla (etwas) in Unordnung bringen

verdruckt (jem. ist) verklemmt, undurchschaubar, hinterhältig; (etwas ist) zerdrückt, verknittert

verfendera verlieren

vergâggaiera veralbern

verganta Bankrott erklären; in Konkurs geraten; zwangsversteigern

vergleifiagla schmälern

vergrealocha/verg(r)ialocha sich aufregen

vergrôda mißraten, mißlingen, danebengeraten

vergrundet durch mangelnde Pflege an Wert verloren (z. B. Haushalt/Geräte/Maschinen)

(sich) vergugga (sich) in jem./etwas verlieben; auch: etwas falsch sehen, im Sinn von irren; **(du wirsch di scho no vergugga)**

vergwiechda etwas verbiegen; evtl. auch: kaputtmachen

verhächla (über jem.) klatschen; (jem.) zerpflücken

verhäddera/verheddera (etwas) verwirren, durcheinanderbringen

verhaua, verropfa, verziaga

junge Pflanzen einzeln stellen; gesäte Reihen auslichten

verhäubet, verhôôred zerzaust (Frisur/Haare)

verhäusla (jem.) auf die Schippe nehmen

verheba bleiben/sein lassen; unterdrücken; zurückhalten

verhebs! halt dich zurück! auch: das glaubt dir kein Mensch!

verhitzgat überhitzt (durch Sonne oder übermäßige Anstrengung)

verhocka zu lange sitzen bleiben, z. B. bei einem Fest oder in der Wirtschaft

verhôderlocket verwahrlost

verhonza verpfuschen, verunzieren; herabsetzen, abwerten

verkârtla über etwas/jem. diskutieren; etwas/jem. „auseinandernehmen"

verkâsemâduggla jem. hochnehmen/ auseinandernehmen/auf den Arm nehmen/verschlingen

verkelta erkälten

verkibb(e)ra, verschäppera, verscherbla (etwas) in Geld umsetzen

verkirna (sich) verschlucken; etwas „in den falschen Hals"/**en da Sonndigshals** bekommen

verkläppera verquirlen (z. B. rohes Ei)

verklauba verlesen, (aus)sondern

verklâwâschdera, verklâbuschdera über jemanden (nichts Gutes) reden

verknuddla, vernudla liebkosend drücken, heftig

(nur) erzählend: er hôt mi auf d'Kirchweih glâ(â)da
fast salonfähiger Ausdruck für den schwäbischen Gruß

wâ(s) dees bloß na|geit?
ich bin gespannt, was daraus wohl wird

der mâcht älle Duck selber
. . . Boshaftigkeiten . . .

i han scho mein Dâpp
ein gewisses Tempo beim Gehen wird eingehalten

Schupfnudeln

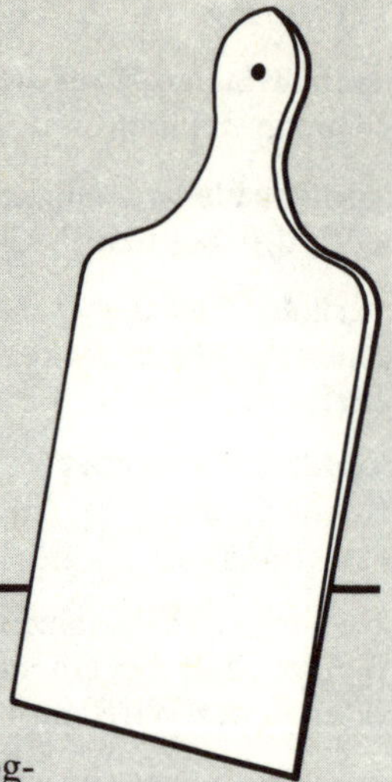

1 kg Kartoffeln, 1 Ei, etwa 150 g Mehl, Salz, Muskat.

Die gekochten, geschälten Kartoffeln möglichst heiß durch eine Presse drücken. Mit den übrigen Zutaten vermengen. Einen nicht zu weichen Teig auf dem bemehlten Nudelbrett kneten. Nötigenfalls noch etwas Mehl zugeben – je nach Feuchtigkeit der Kartoffeln. Aus dem Teig eine Rolle formen und davon dünne Scheiben abschneiden, aus denen man möglichst kleine Würstchen oder Nudeln formt (= schupft). Sie werden (nicht zuviele auf einmal!) in kochendes Salzwasser gegeben und gekocht, bis sie oben schwimmen. Abgetropft in heißem Fett hellgelb rösten.
Oder: Die abgetropften Schupfnudeln auf einer heißen Platte anrichten, mit brauner Butter und Bröseln – oder mit gebräunten Zwiebeln – begießen
oder: Die Buabaspitzla direkt nach dem Formen portionsweise in Fett ringsum braun anbraten.

Krautschupfnudeln

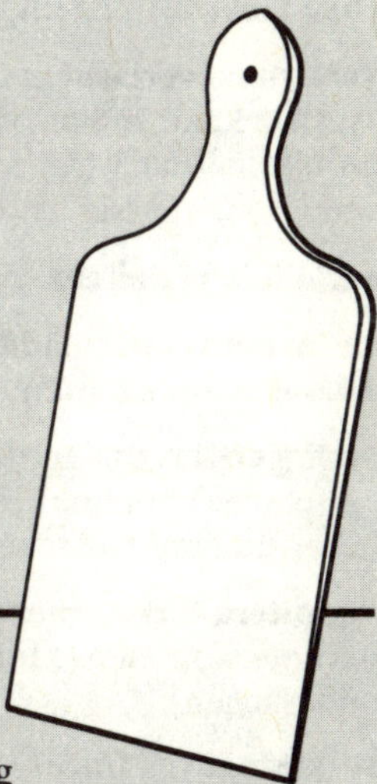

Schupfnudeln, wie auf Seite 258 beschrieben, portionsweise kochen und rösten. In einer anderen Pfanne etwa 500 g Sauerkraut in Fett dämpfen, kleingeschnittene Zwiebeln, Salz und Pfeffer dazugeben. Hin und wieder wenig Wasser beifügen. Das gegarte Kraut so lange braten und wenden, bis es eine hellbraune Farbe angenommen hat. Erst jetzt Schupfnudeln und Sauerkraut gut mischen und servieren.

liebkosen;
auch: zerknittern

verkomma (jem.) begegnen; **(der isch mr verkomma)**

verkromblet zerknittert

verkuahnâschtla, verkuahnäschtla verhandeln

verkustera durchhecheln

verkuttla etwas (miteinander) bereden/verhandeln

verkuzzla, kuzzla (fortdauernd) kitzeln

verlächna, verlächera durch Austrocknen undicht werden; Holzgefäß/Faß wird wasserdurchlässig

verlaifela/verlaifera sortieren

verläppera, verschläddera Flüssiges verschütten

verligger(l)a auf den Geschmack kommen; etwas herausfinden/entdecken

verlottera verkommen, herunterkommen (Menschen und Sachen)

verlupfa zuviel tragen/ (an)heben und danach Schmerzen verspüren

verluschdiera sich ein Vergnügen machen

vermischtgâbla auseinandermachen, teilen

(sich) vermo(a)na sich täuschen

vermockla zerknittern (z. B. ein Kleid)

vermôia ein Gefühl haben, als ob es gerade Mai wäre

vermurksa kaputtmachen (durch Unachtsamkeit/ Unkenntnis)

vernäscha verlocken

verneschda etwas durcheinanderbringen

verpfâlta vergraben (in kriegerischen Zeiten z. B. Geld und Lebensmittel)

verpfupfera ungeduldig sein

verplembera vergeuden;
auch: verzetteln;
auch: verschütten

verre/firre nach vorn

verrâckla Bett zerknautschen

(a) Verreckerle eine „halbe Portion“

Verreckerles doa wenn’s am Sterben/am Aufgeben müssen „heruntergeht“

verropfte Pfannakuacha, Duranand, Gschmôrgl, Krâtzede, Schärrede, Schollabrei, Schollamöggela, Stierum Eierhaber

verrôta verraten;
auch: erraten

versaut mißlungen; fahrlässig/böswillig etwas minderwertiger gemacht/verschmutzt

verschäagt abgeschlurft (bei Schuhen)

verschaicht aufgescheucht, vertrieben;
auch: aufgeregt

verschempfa, râkanzla, râkâppa, râlaufa (lau), râbutza arg ausschimpfen; gehörig die Meinung sagen

verschlupfa, Verschlupferles do(a), Lubbusles do(a) Versteckenspielen

verschnella (fast) zerplatzen (z. B. nach übermäßigem Essen, auch aus Zorn/Wut) **(mi hôts schier verschnellt)**

verschnipfla zerschneiden, in kleine Stücke zerteilen

verschobba (etwas) verstecken

verschossa, âgschossa, gschossa (teilweise/stellenweise) ausgebleicht, z. B. Kleidungsstück

verschribbselt total „versudeltes", vermaltes Papier

verschwedera verräumen

verschwella verlächerte Gölte(n) mit Wasser füllen (zum Aufquellen)

verspâuret wenn nasse Wäsche nicht aufgehängt wurde, daher nicht trocknen konnte und Sporflecken bekam

verstrubelt, verhôôret die Haare sind nicht frisiert/in Unordnung gekommen

verstürza, stürza wenden, umdrehen (z. B. ein Kleidungsstück von rechts nach links)

versurrt abgeklungen (z. B. ein Schmerz)

vertremml(e)t (etwas ist) total verdreht/überdreht (z. B. Kordel)

verweicha; verwicha vergehen; vergangen

verwella, verwölla (leicht) aufkochen (z. B. Milch)

verwettert verstört (z. B. schauen/dreinschauen)

verwurstelt durcheinandergebracht

verzâpfa Unsinniges oder Übles daherreden; daherschwätzen

verzella erzählen

verzirnt erzürnt;
auch: beleidigt **(der isch mit mir verzirnt)**

verzwiebla jemand verhauen; auch: (von Insekten) mehrmals gestochen werden

verzwirbelt verdreht, verknotet, in Unordnung geraten

's Viech (pl.) **d' Viecher** (pl.) Vieh, Tiere

Viegaila, Glesser, Glotzerla, Gsichtla, Pâseela, Sametschüahla, Sperräugla, Tag-ond-Nacht-Blümla/ -schättla/-veigela Stiefmütterchen

Vierfescht hohes/ außergewöhnliches Fest

Vier|fescht|däglicher, Bâlla, Bleames, Bloddr, Bolla, Dibbel, Dulles, Dullo, Fifâz-Rausch, Glâpf, Granâtafetza, Ruaß, Säbel, Seire, Semseler, Suriâs Schwips/Rausch/ Allmachtsrausch

(an) Vierleng ¼ Pfund = 125 g (z. B. Butter)

Visâ(â)sch (fr. H.) verächtlich für: Gesicht

Visamadendla/Visimatenten (fr. H.) Dummheiten

Vochez 4 längs aneinandergebackene Wecken (= 1 Vochez) (= Herrenbrote) (siehe Wegga) (siehe Schild)

Vôdr, Atte, Ätte, Dâdde, Dâtte, Dätte, Dâttl, Vâdder, Vâdr Vater

Vogelbeer Eberesche

Vögeles|dande, Laus|dande Dame vom Gesundheitsamt, die Schüler (und Kinderschüler) regelmäßig auf Kopfläuse (oder Nisse) untersuchte

Vögeles|supp (Hochzeits-) Suppe mit „Vögele" aus Geigamehl als Einlage

Vor|essa (Sauer)Essen aus Fleischresten und Innereien (dazu gibt's „a Schiffle" = Kipf)

vorfeand vorletztes Jahr (siehe feand)

Vorfenster, Fierfeaschdr (zusätzlich einhängbares) Doppelfenster

Vorsitz Die Nachbarn kamen an den Winterabenden zusammen. Die Frauen strickten, die Mannsbilder brockelten Welschkorn (= Mais) aus. Meistens erzählten Großväter Geister- und Hexengeschichten (siehe Konglhaus)

wââla, wârgla, wärgla/wergla (sich) rollend bewegen/wälzen; (etwas) mit Druck rollen (z. B. Teig); etwas/jemand (weg)rollen (siehe drohla)

wâbblig gallertartig wackelnd; unangenehm fett und weich

wâddla durch Gras waten/gehen

wä̲delewarm wohlig/angenehm warm

Wâdl/Wôdl Duftwolke

Wâffla|bâldes einer, der alles besser weiß und vorlaut ist

wägerle, währle, wärrle, weggerle (wohr) wahrlich, wirklich/tatsächlich (wahr)

Wâggele, Wergele kleines Kind

wäh nobel (was die Kleidung betrifft);

auch: unnahbar, stolz (bei Personen)

waidle, wôadle, wôidle, wôile, wôrdle, wôttle, wuedle schnell, flink

Waihdâg, Weidâg, Wôidâg Taugenichts; Schlingel; unangenehmer Zeitgenosse

Waile, Beasele/Baisele, Fäa(h)l, Fexele, Wehwehle etwas Böses/Schmerzendes; kleine Wunde/Entzündung (Wundmal) (siehe Baisele)

Wâldschella, Giftglock Roter Fingerhut

Wammes, Wämsle Joppe, Kittel

Wampa, Wampes, Hudel, Ranza dicker/fetter Bauch (siehe Hudel)

Wampabäbber Schupfnudeln (siehe Wârgela)

Wanzabeer(a), Kâtzabeer, Kâtzadreck(e)la schwarze Johannisbeeren (siehe Dreib(e)la)

Wanzapress alte Ziehharmonika (siehe Quetschkommod)

wârba, wôrba frisch gemähtes Gras mit der Gabel zerstreuen; Mahd ausbreiten

Wârbgâbel frisch gemähtes Gras wird damit zerstreut/ausgebreitet

Wârgel, Wärgele etwas längliches Rundes/Rundgerolltes;
auch: dicke Frau (dicker Mensch)
auch: Orgel

Wärgel, Hurgel, Rugel runder, massiver Gegenstand; rundes Stück Holz (z. B. Meterholz von Fichten)

dia spâret's Sâlz an d'Supp
sie leben äußerst sparsam

dui liegt/leit em Bett bis d'Kuah en Bâtza gilt
sie steht (viel zu) spät auf

hôt dia/dui a Eigschlôif!
. . . unpassende Kleidung

mâch mr jô kôine Visemâdend(l)a!
sei anständig, mach ja keinen Unsinn

dees isch âbr Bschiß!
das ist aber (in kleinem Maße) Betrug!

Wârgela Speckpölsterchen

Wârgela/Wergela, Bauchstöbber, Brugghölzer, Buabaspitzla, Gänswergl, Schlang|gangger, Sperrknecht, Wampabäbber, Wampastecher Schupfnudeln

Wârgelholz Wellholz, Nudelholz; Holz zum Auswellen (von Kuchenteig oder Nudelteig)

wârmlächt wohlig warm

Wâ(r)zakraut Schöllkraut/ Schellkraut

Wâsa (Rasen-)Stück;
auch: Torfstück für Hausbrand;
früher auch: Platz, auf dem der Abdecker (Schinder) die Kadaver verendeter Tiere beseitigte

Wâsametzger Notschlächter

Wâsaschübel ausgestochenes Rasen- (oder Wiesen-)Stück

Wäschba Wespen

Wäschbecket, Wâschlâwor, Lâfohr/Lâwor (fr. H.) Waschbecken;
auch: Waschschüssel (oft mit Henkel[n])

Wäschbrent Waschzuber

Wäschkretta, Wäschschied, Wäschzoina Waschkorb

Wäschlompa Waschtuch/ Waschhandschuh

Wâssergiggl Wasserhuhn, Taucher

Wâsserriebeleskopf Schimpfwort

Wâsserrolla, Bâchrolla Trollblumen

Wâsserschâpf Wasserschöpfkübel mit Stiel

Wâttekutt/Wâkkutt dickgefütterter, mit Watte abgesteppter Unterrock, den besser situierte Bäuerinnen zur Feiertagstracht trugen

Weagelbäuera Wacholderbeeren

demnach:
Weagelbäueraschnâps Gin/ Wacholderschnaps

Weagknecht er war früher für die Wege verantwortlich (= Angestellter vom Schultes)

Weagsôicher Gerstenkorn am Auge

We(a)gsôicher, Bettscheißer, Bettsôicher, Milbuscha, Milcherleng, Milcheta, Sôichblum/bloam/bleamle, Löwenzahn (siehe Bettsôicherle)

We(e)dswo(o)d Schneewand, Verwehung

Wefzg, Wefzga/Weafzga (pl.) Wefzgabäbla (pl.) Wespe, Wespen

wefzig unruhig, aufgeregt, (unstet)

Wegga, Weggla, Mutschel, Mutschla Brötchen; aber: Mutschla sind längliche Wecken mit ausgeprägten Spitzen (siehe Schild) (siehe Vochez)

weggerle (wohr), wägerle, währle, wärrle (wohr) wahrlich, wirklich/tatsächlich (wahr)

weg|schugga wegstoßen

Wehwehle, Beasele/Baisele, Fäa(h)l, Fexele, Waile etwas Böses/Schmerzendes; kleine Wunde/Entzündung (Wundmal) (siehe Baisele)

Weiberkraut, Beasakraut, Jungfraukraut, Männerkrieg Beifuß

Weiberkrieg, Hâsaöhrl(a) Hauhechel

Weiberleut/Weibsleut summarisch für Personen weiblichen Geschlechts (keineswegs abwertend) (siehe Mannsnama)

Weiberzorn, Mâgaputzer, Saulâttich Giftlattich

Weichbrätle Filetstück

Weidâg, Waihdâg, Wôidâg Taugenichts; Schlingel; unangenehmer Zeitgenosse

weifla schwanken (Alkohol!)

Weihbuschel Blumenstrauß zur Kräuterweihe an Maria Himmelfahrt

weiland vormals, ehedem

weisa (her)zeigen

weisa, kendbetta einer Wöchnerin eine Aufwartung und ein Geschenk machen

weißla weißen

(em) Weißmets/ (in) Weißem (in der) Unterwäsche/ohne Jacke, nur im Hemd

Weißzeugtrucha, Weißzeugkâschda Truhe bzw. Schrank zum Aufbewahren der Bett- und Tischwäsche

welaweag(a)/wellaweg dennoch; auf jeden Fall; weil, deshalb

dr well/wehl? de/di well/wehl? welcher? welche?

Wellasôil Befestigung für Wiesbaum am Heuwagen

Welle, Bischele, Krähle/ Krehle/Kröle Reisigbündel/ -büschel

Welschärscha/Welscherscha Stachelbeeren

Schwäbischer Kartoffelsalat

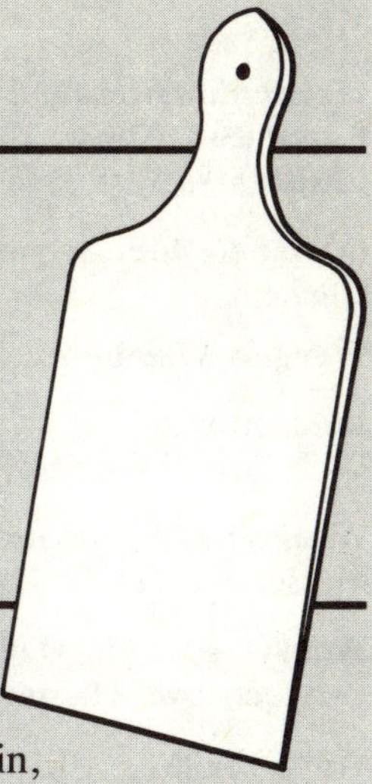

Etwa 1 kg frisch gekochte Salatkartoffeln (z. B. „Sieglinde" – sie müssen eben von einer speckigen Sorte sein, damit sie nicht zerfallen) noch handwarm in möglichst dünne Scheiben schneiden. Salz, weißen Pfeffer, eine feingeschnittene Zwiebel, wenig Senf und 2 Eßlöffel Essig mit einer Tasse heißer Fleischbrühe vermischt (sie nimmt den Zwiebeln die Schärfe und verteilt Salz und Pfeffer gleichmäßiger) hinzugeben.
Vorsichtig untereinandermischen und etwa eine Viertelstunde zugedeckt ziehen lassen (dadurch saugen sich die Kartoffelrädle voll und werden saftig). Etwa 4 Eßlöffel Öl erst jetzt untermischen. Man läßt den fertigen Salat nochmals eine Zeitlang in der Wärme ziehen.
Sofern gleichzeitig auch Spätzle zubereitet werden – und beides paßt ja zum Schweinebraten – kann man einen „Gutsch" Spätzlewasser zugeben. Dann wird der Kartoffelsalat noch „rutschiger".

Welschkorn Mais

Welschkornstroh getrocknete Maisblätter

Welschnüß, Klôsanüß/ Klôsanussa, Christnüß/ Christnussa Walnüsse

(a) weng(e)le ein wenig; ein bißchen

Wengert Weinberg

Wengerter Weingärtner (siehe Gôga)

Wengerthôba gebogenes Messer zur Traubenlese

Wenkel (schmaler) Durchlaß zwischen zwei Häusern

Wenterbeila (wörtl. Winterbeulen) Erfrierungen an Füßen oder Händen

Weranda, Âldana Veranda; Balkon (allerdings aus Holz), evtl. überdacht, manchmal seitlich verglast

Werbel, Bâllada, Bâliedla, Bâliete(n), Dätscher, Gligger, Glubetza, Glucker, Hâbergôiß, Märbel, Näggl, Niggel, Schneller, Schusser, Steinis, Stôiling, Stôinißles Murmeln (siehe Bâllada)

Werdiko Herrenkommode; Zierschrank; kleiner Schrank mit Aufsatz, **Vertiko**

Wer(f)dighäs Werktagskleidung

Wergele, Wâggele kleines Kind

wergla/wärgla, wââla, wârgla (sich) rollend bewegen/wälzen; (etwas) mit Druck rollen (z. B. Teig); etwas/jemand (weg)rollen (siehe drohla)

werkla, anewerkla ständig werken

der verzwâzlet schier(gâr)
der verzweifelt fast/kann es vor Ungeduld kaum mehr aushalten

mei Hâls isch wia a Reibeise
ich habe einen rauhen Hals/Halsschmerzen

i han/hao uff nix an Gluschda
appetitlos

d'Gölta isch verlächeret
der Holzkübel ist undicht geworden (man muß ihn „verschwella")

Werr aushängbares Gartentor

Werr(a), Kôrnverderber Maulwurfsgrille

Werrscheng/Wirsching, Kehlkraut Wirsing

Wertig, Werdich, Werftig Werktag

wertigs werktags

weser, belzig nicht mehr im Saft (z. B. Rettiche, die nicht mehr fest sind);
auch: gefühllos (z. B. Finger, die nicht richtig durchblutet sind)

Wette/Wedde Feuerteich;
auch: feuchter Platz im/beim Dorf;
auch: Wasserstau (Buben bauen ihn am Bach)

Wetterhex unstetes, fahriges Mädchen/Frauenzimmer

wetterwendisch wankelmütig, launisch

wetza, bläddla, râssla, rôifla, saua, socka, sprenga, surra laufen, eher rennen

Wetzstoi Stein zum Schärfen der Sensen/Sicheln

wia a Hirschfiedla, maogelesbrau, monkelesbrau(n), schmaugelesbrau nicht exakt zu beschreibendes, verwaschenes Braun

Wiagagaul Schaukelpferd

Wi(e)bala sehr kleines süßes Tropfgebäck (höchstens so groß wie der Nagel des kleinen Fingers)

wief, gwieft aufgeweckt, pfiffig, wendig, hell/schlau

wiefla flicken, stopfen

Wieflade Flickarbeit

Wiesbo(o)m durchgehende Stange längs über den Heuwagen zum Stabilisieren der Ladung

wiesla Geld wechseln

Widerborst Haarwirbel

wirbeg durcheinander (geraten)

wisawie (fr. H.) gegenüber

(a) Wisch schmächtige Person

Wixebixle, Wixeschächtele Schuhcremedose

wôadla wedeln; sich im Wind bewegen (z. B. Wäsche)

wôadle, wôidle, wôile, wordle, wottle, waidle, wuedle schnell, flink
(mâch' woadle beeil dich)

Wocha|dibbl Mumps

Wôdl/Wâdl Duftwolke

wohldôb(l)a, scheedäbla jem. nach seinem Geschmack/nach

seinem Mund reden; jem. zuviel schmeicheln/ unangemessen Schmeichelhaftes sagen

Wôidâg, (siehe Waihdâg)

wôisch weißt du; verstehst du

wolfel wohlfeil; preisgünstig

Wolkaschiaber großer Damenhut

Wolle|bebbele kleines Wollknäuel

Wolle|bobbel Wollknäuel

Wolwelfer, Aubâtl, Aubettel, Auwertel, Auwetter, Maulwerfer, Sche(a)r Maulwurf

Wonderfitz Neugierde

wonderfitzig naseweise, neugierig

wonderselta höchstselten

Wôôgscheiße Wippe

Wôôgscheißer Zünglein an der Waage; Gewicht Ausgleichender; einer, der auf einer Brettschaukel in der Mitte des Brettes das Gleichgewicht herstellt

Wôôgscheit Zugausgleich beim Pferdegespann

Wôrb Sensenstiel

wôrba, wârba frisch gemähtes Gras mit der Gabel zerstreuen; Mahd ausbreiten

wôrga schwer schaffen

wuala in einem fort arbeiten

(a) Wualer einer, der's mit der Arbeit übertreibt; in einem fort schaffender Mann

Wühlhubberle, Eselsfuß, Lâbâtscha, Roßhuaba Huflattich

mir isch s'Meisle nei|gfâhra
durch Anstoßen verursachter stechender Schmerz im (Ellbogen-)Gelenk

mit deam isch et guat gschirra/Kirscha essa
mit dem ist nicht gut auskommen – er wird gleich ungemütlich

naus, was kôin Hauszens zehlt
Begleitworte akustisch wahrnehmbarer Entlastung des Darms

(no) it luck lao!
Aufforderung, nicht locker zu lassen/keinesfalls nachzugeben

Linsen und Spätzle

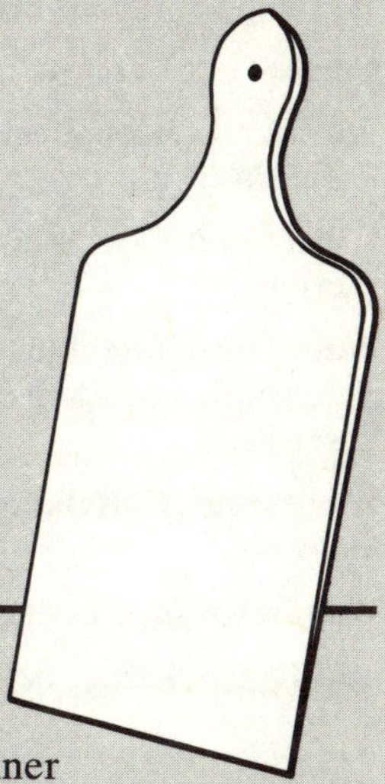

250–375 g Linsen über Nacht in Wasser einweichen. Am nächsten Tag die Linsen mit etwa 300 g Rauchfleisch und einer mit 2 Nelken gespickten Zwiebel in frischem Wasser weichkochen.
In einem anderen Topf eine braune Mehlschwitze, in der man eine Zwiebel glasig gedünstet hat, zubereiten, mit Linsenkochbrühe ablöschen. Einen Eßlöffel Essig, eventuell einen Kaffeelöffel Senf oder einen Schuß Rotwein, Zucker nach Belieben, Salz, Pfeffer, etwas Suppenwürze und die Linsen hinzufügen. Zusammen nochmals gut durchkochen.
Rauchfleisch aufschneiden. Auch heiße Saitenwürste/Wienerle passen dazu.
Spätzle (s. Grundrezept S. 15) zubereiten.

wulâcka, schinâgla/schinägla schwer arbeiten, sich abschinden

Wullebommerer vierschrötiger, ungehobelter Kerl

Wuradippel Schimpfwort

wurma (sich) ärgern

Wurmkraut, Knöpfleskraut, Rainfarn

Wurmkraut auch: Schöllkraut, Wermut

Wurst, furzwurst völlig gleichgültig **(dees isch mir Wurscht)**

Wurstkraut, Kuttelkraut Majoran

Wuschelgre(n)d Lockenkopf

wuselig geschäftig, beweglich, schnell, umtriebig (fast schon haspelig)

Wuselwâr kleine Kinder

wusla sich behend/schnell bewegen

Wussela kleine Gänschen

Wussele, Gnesela, Gnetzele, Gnies(e)le, Gräle, Griele, Grôale, Heale, Hus(s)el(e) Küken;
auch: kleine Kinder
auch: Abc-Schützen (siehe Heale)

Wüterichstengel/Wütigstengel wilder Kümmel

Wu(u)st Durcheinander;
auch: Schutt, Unrat

Wu(u)zschwôb/ Wu(r)z(el)schwôb Urschwabe

zâcket mit Zacken versehen

zâggera pflügen

Zah(n)luggafrieder, jem., der eine Zahnlücke hat;

Zah(n)luggaweible/-male Kind, dem die Milchzähne ausgegangen, die zweiten Zähne aber noch nicht nachgewachsen sind

Zah(n)räff Gebiß; auch: böses, fast zahnloses Weib

Zah(n)schlosser, Goschaschlosser Zahnarzt

Zähra Tränen

Zaia, Zea Zehe, Zehen

zaierscht zuerst

zaina (Weidenkorb) flechten;
auch: einen Zaun machen = zäunen;
auch: das Ausfachen der Wände (Fachwerkbau) mit Hainbuchenstäben und Reisig – und Ausfüllen mit Lehm

Zaina, Zann, Grâtta, Krätta/ Kretta, Kreaba, Schied, Zoi, Zoin(d)a Korb (siehe Grä(ä)tz) (siehe Grâtta)

Zais, Zaes, Zees, Zeis Zins(en);
auch: Miete

zamma, ze(e)ma, zem(m)a zusammen

zammadätscha/ zem(m)adätscha zusammendrücken, zerquetschen, eindellen

zammagstupfelt, zem(m)agstupft (bunt) zusammengetragen/gemischt;
nicht sortiert;
auch: mühselig gesammelt

zamma/zem(m)apfôrka, pfôrka, schnurpfa eine Näh- oder Flickarbeit schlampig ausführen

zammastaucha/ zem(m)astauche jem. in den Senkel stellen/„zur Schnecke" machen

Zâpfa Faßverschluß; auch: Schnuller oder Sauger auf Babyfläschchen

Zâpfa, Zäpfle, Bäpf, Schlotz, Schnulle Kinderzufriedenstellungszapfen, (Gummi-)Sauger, Schnuller

zâpfaduschder, kuahfeischdr, kuahnâcht, kuahranzafeischdr total dunkel; stockfinster **(jetzt isch aber zapfaduschder)**

zäscha Heu reihenweise wenden

Zäsemle, Zôsem, Zôsema (pl.) Faden, Fädchen; (Fleisch-/ Gemüse-)Faser

Zâtzeler Zipfel (z. B. an einer Tischdecke), aber einer, der nicht sein sollte

z'bander, z'hâlbander, selbander zu zweit/zu zweien

Zea, Zaia Zehe, Zehen

Zeah(n)ta der Zehnte (Abgabe);
auch: Markung

z'eberstmôl oft, unzählige Male

Zecker gehäkelter Beutel (zum Zusammenziehen)

Zedderle im Gegensatz zu anderen Beeren, wachsen Träuble an „Zedderla"; man streift sie mit den Fingern oder mit einer Gabel ab

Ze(e) Zähne

ze(e)dera lamentieren
auch: verärgert fortdauernd schimpfen

Zehnerball beliebtes Kinder-Ballspiel (an der Hauswand)

Zeibeer, Zeitbeer, Dreib(e)la, Hannesträubla, Hannsaträubla, Träubla rote Johannisbeeren(siehe Kâtzabeer)

Zei|böbbela kleine Hagelkörner

Zeischdig, Â(â)ftermedig, Âftermedig Dienstag

zeisla herbeilocken

Zeisla, Schweabela, Schwefela Streichhölzer

zeitig reif (werden) – z. B. die Gänse an Martini

Zelta, Beeda/Beta, Beten (pl.), **Blâ(â)tz, Denneda/Dünneta, Flâd(a), Plâtz(et)** dünn ausgewellter Kuchen aus Hefeteig, z. B. mit Zwiebeln, Kümmel, Luggeleskäs, aber auch mit Obst belegt – je nach Jahreszeit;
auch: dünne Brotfladen ohne Belag – im Holzbackofen gebacken

Zeltes Lebkuchen

Zeltesbrot Hutzelbrot (siehe Bierabrot)

ze(m)ma, ze(e)ma, zamma zusammen

zemma|bäbba zusammenkleben

zem(m)a|dätscha/ zamma|dätscha zusammendrücken, zerquetschen, eindellen

Zemmad|schärretle, Schärrettle, Hâckstotzkrâtzerle, Stockkrâtzerle letztes, spät geborenes (in später Ehe geborenes) Kind/ Nachgeborenes

zemma|fâhra erschrecken;
auch: die Milch gerinnt (im Sommer, bei großer Hitze)

zem(m)a|gstupft, zamma|gstupfelt (bunt) zusammengetragen/gemischt; nicht sortiert;
auch: mühselig gesammelt

zemma|hâgla zusammenfallen;
auch: auseinanderfallen

zemma|klemma zusammenklammern; krampfhaft etwas zusammenhalten

zemma|läppera zusammenschütten;
auch: es kommt nach und nach etwas zusammen

zemma|schärra (Restliches) zusammenkratzen

zemma|schnôrra, zemmaschnuddera, zemma|schrulla einlaufen, eintrocknen (z. B. Obst)

zem(m)a|staucha/ zammastaucha jem. in den Senkel stellen/„zur Schnecke" machen

Zenger|essla, Essla, Eselskraut Brennesseln

zengla brennen (z. B. Brennesseln)

Zenka, Kolba, Kompf(a), Riachkolba, Schmeckbecher, Schusterhammer, Zorka (unförmige) große Nase (siehe Kolba)

Zenka auch: Knoblauchzehe; auch: Teilstück eines Dorfes auch: Zahn eines (Holz-) Rechens oder einer Gabel

Zenkenist (wörtl. Zinkenist) Zinkenbläser, Stadtmusikant

zenna beleidigt sein

zenna, blä(ä)ra, bräaga, brâlla, brella, briaga, flenna, flerra, greina, heina, plärra (fr. H.) heulen, weinen

Zensheuler, Furzklemmer Geizhals

zerfa streiten, zanken

Zerpfârrers (= 's Herr Pfarrers) der Herr Pfarrer und seine Frau bzw. seine Familie (siehe Herrdekan)

hâ/jetzt so äbbes/ebbes!
Ausruf des Erstaunens: ja, gibt es denn so etwas!

dô hôsch da Dreck!
da hast du es!

letteret/gleckeret isch au gschissa – bloß it uff en Haufa
wenn jemand eine Arbeit umständlich macht/sich/ etwas verzettelt

der will sôicha wia a graoßer Hond – bloß brengt er da Fuaß it so weit nuff
wenn einer mehr sein will, als er ist/unbedingt mitmachen/dabeisein will, auch wenn er es sich gar nicht leisten kann (finanziell)

Zettel(es)wirtschaft ungeordnet erscheinende Haushalt- oder Geschäftsführung

Zeugle Baumwollstoff

Ziach, Bettziach Bettbezug

ziadig züchtig

Ziag|am|lederle, Ranza|quetsche, Quetsch|kommod Ziehharmonika (siehe Wanzapress)

Ziah|am|reama, Zui|am|reama (wörtl. Ziehamriemen) Geldbeutel

Zibârten, Zipâten wilde Mirabellen (siehe Scheißpfläumla)

Zibe ungeschickter Bub

Zibeb verhutzelte alte Jungfer

Zibeba Weinbeeren

zibebala lange drum herumreden

Zibeba|râssler Most, der aus Zibeben gemacht wird

Ziebele|beeda, Zwiebel|beeret, Posauna|dôrt, Ôrchesterdôrd(a) Zwiebelkuchen

Ziefer Ausdruck für alle Nutztiere/auch abfällig für wenig geschätzte Menschen

Ziega|lâppa Bitterklee

Zieger Kräuterkäse

Zigeunermost was (an Feuchtem) aus der Tabakspfeife geklopft/gebürstet wird

Ziggerle, Bombole, Brocka, Guatsle Bonbon(s) (siehe Brockel)

Zigo(h)re(kaffee) Zichorienkaffee

Zigreana Immergrün

(du) Zipfel! (du) Dummerle/nachsichtige Bemerkung gegenüber jemand, der sich ungeschickt benommen/etwas Ungeschicktes getan/gesagt hat

Zirenga, Gäßnägela, Sirenka Flieder

Ziring Fliederbusch

(im) Zisijan/Zisean/Zision in höchster Erregung; wütend

zizen geblümt

zjäbschmer bei der Nachbarin

Zjassat|trâg|grâtta Als Gras noch mit Sensen gemäht wurde, erwarteten die Mäher nach ein paar Stunden Mahd – so um sieben Uhr morgens herum – die Bauersfrau oder ein Mädchen, die in eben diesem Korb das Frühstück

(Kaffee oder schon Most, Eier, Brot, Butter, Gsälz, evtl. etwas Wurst) auf die Wiese brachten

z'nächt/näht gestern abend

z'nôbed! Guten Abend!

z'ôbed|essa, z'nâcht|essa Abendessen

zocka ruckweise ziehen

zocka, zozga, pflotzga, pfo(o)zga das Klopfen in einer Wunde (Eiterzahn)/ziehender Schmerz

Zoi, Zoin(d)a, Grâtta, Krätta/ Kretta, Kräwa, Kreaba, Schied, Zaina, Zann Korb (siehe Grä(ä)tz) (siehe Grâtta)

Zôichele geweihtes Medaillon, das man früher von einer Wallfahrt als Andenken mit nach Hause brachte

Zombeler Lappen, mit dem Schüler früher ihre Schiefertafeln abwischten (er war seitlich an der Tafel befestigt und hing meistens aus dem Ranzen heraus)

zondel|raot/zondelrot feuerrot

zopfa pflücken, zupfen; auch: einen Zopf (auch einen Hefezopf) flechten/fabrizieren

Zöpflesfrau sie verkaufte (z. B. an Tagen, an denen eine Hochzeit stattfand, vor dem Wirtshaus) süße Stückchen

Zôrka (unförmige) große Nase (siehe Zenka)

Zôrn|igel, Zôrnickel aufbrausender Mensch; unbeherrschte Person; jemand, der seinen Zornausbrüchen freien Lauf läßt

Zôsem, Zôsema (pl.), **Zäsemle** Faden, Fädchen; (Fleisch-/ Gemüse-)Faser

Zottelbock verstrubelte Person

Zotter Traube

zottla ohne Ziel und lustlos gehen

zruck|haufa einen Pferdewagen rückwärts lenken

Zuadecke Deckbett; aber auch: z. B. (Woll-)Decke

Zuafang Vorteig für Hefeteig (siehe ahefla) (siehe Hebe)

zuaschanza jem. etwas zukommen lassen/zu etwas verhelfen (z. B. Stelle/Stellung)

Zuber (Holz- oder Zink-) Waschbottich; Wanne

Zuckerdoggela, Bächtla, Bredla/Brötla, Guadala, Guatsla Weihnachts-Kleingebäck (siehe Guatsle)

Zucker(les)beck (wörtl. Zuckerbäcker) Konditor

Zuckerschäafa, Broggela (Zucker-)Erbsen

Zui|am|reama, Ziah|am|reama (wörtl. Ziehamriemen) Geldbeutel

Zuig Zeug, Sachen; Besitz (**der hôt Zuig gnuag** er ist reich)

zulla nuckeln (z. B. ein Baby); lutschen

Zusel(e) weibl. Kosewort

Zuttel Schlampe; auch: leichtlebiges Mädchen

zuzla schmatzend saugen

zwâ(â)psla wenn jemand sich aus einer mißlichen Situation nicht selbst befreien kann

zwâlga kneten

Zwâlga schlecht gebackenes Backwerk

Zwärle, Zweare Schwitze (Mehlteig) zum Binden von Speisen (z. B. Sauerkraut oder Gemüse)

Zwâtserla kleine Füße/ Beinchen beim Säugling

zwea/zwee (männl.) zwei (z. B. **zwea/zwee Knecht)**

zwua (weibl.) zwei (z. B. **zwua Mägd)**

zwoi (sächl.) zwei (z. B. **zwoi Kender)**

zwe(a)gest wegen

Zweder Pullover, Weste, Strickjacke

Zweel/Zwääl, Ha(n)dzwell grobleinenes Handtuch (es wurde u. U. ein Ende als Waschlappen benutzt, der andere Teil zum Abtrocknen)

s'isch schliaßlich no kôi Ga(n)s em Wâsser versoffa
Aufmunterung: trau dich/probier's ruhig

dees isch it ohne
das ist ganz gut/annehmbar

dua de fei it so aufmandala!
jem. soll sich nicht so wichtig machen/aufplustern/den großen Mann spielen

i hao's brässant
ich bin in Eile

Zweiräder/Zwôaräder, Leitschender/Leutschinder Handwagen mit zwei Rädern (siehe Leitschender)

Zweitâgskleid (helles) Kleid, das am Tag nach der Konfirmation zum erstenmal getragen wurde

Zwetschga|dâ(â)tsche Zwetschgenkuchen (dünner Hefeteig)

Zwetschga|dörre, Juchhe oberster Dachboden, Mansarde
Zwetschga|dörre auch: billige Plätze im Theater ganz hinten oben

Zwetschga|nârra durch Pilz mißgebildete Zwetschgen

Zwiderwurz unausstehliche Person

Zwiebel (abwertend für) Taschen-/(eher) Armbanduhr (Modell ist entweder sehr groß oder unmodern)

Zwiebel|beeret, Ziebele|beeda, Ôrchester|dôrd(a), Posauna|dôrt Zwiebelkuchen

Zwiel|he(e)dscha Fausthandschuhe aus besonders kräftigem Stoff (Zwillich/Drillich)

Zwiel|kittel Jacke aus Zwilch/grobem Leinen, die Bauern im Sommer tragen

zwigga kneifen

Zwirbler, Drommsler, Dromsel, Surmel aufgeregte Person, die verdreht/ohne Überblick handelt

zwirblig verdreht

Zwischa|liacht Dämmerung

zwocha nächste Woche

Zwoggl kleiner Kerl

Schwäbisches
Allerlei

Es sagte der Rechtsanwalt zu seinem Klienten: „**Mir muasch scho d'Wôhret** (die Wahrheit) **sâga, i wur/werd nô scho liaga** (lügen)."

Auf die Frage: „Was schafft der?" kann man die Antwort erhalten: **„Der ond schâffa, 's oizig, was bei dem schâff(e)t, isch dr Moscht em Keller!"**

Und so lautete der Neujahrswunsch: **„I wünsch da Frieda, da Seaga ond da Heiliga Geischt!"**

Die Kusine vom Rheinland darf in den Ferien zur Tante nach Schwäbisch Hall. Mit dem Bäsle dort spielt sie im Sandkasten. Sie fragt: „Kann ich mal das Schippchen haben?" Keine Reaktion beim Bäsle. Noch zweimal wiederholt sich das. Dann ergreift die Kusine kurzentschlossen das Schippchen. Worauf das Bäsle nur sagt: **„Hättscht Schäufele gsâgt!"**

Auf die neugierige Frage, was es denn zu essen gebe, konnte man hören: **„Ei|gmachte Kellerstäffala ond saure Amôisa|gnui!"** oder **„Backene Haileitera ond Hennaschwänz."** oder **„Rösle, wâs geit's heit?" – „Breagelte Kellerstäpfla ond â|gspeckte Mugga|ärsch!"**

Wenn einer seine Tasse oder sein Glas zu voll, nämlich randvoll einschenkt, sagt man: **„Jetzt mâch gau no an Schocha druff!"** oder **„Mâch hâlt an Gâârteshââg drom rom (nô kaschd no meh eischenka)!"**

Schwäbische Grammatik: **der Butter; der Schoklad; der Zwiebel; das Teller; der Bank; der Radio; der Sofa; der Schu(r)z; das Kamin; das Eck.**

Früher konnte man sogar die evangelischen Kinder von den katholischen an der Sprache unterscheiden: die Evangelischen hatten einen **Vâddr,** die Katholischen einen **Vââdr,** bei den Katholischen wurde **beedat,** bei den evangelischen **beddat.**

Fragt man einen Schwaben, was er mache, kann's sein, er antwortet: **a Schnâll an-a Goosfiedla; a Deichsel an-a Suppaschüssel; an Omhang um-a Essigguttr; am Gockeler Hosa; a Hândhebe an-en Meahlsâck.**

Da sagte einer angesichts des sehr großzügigen Dekolletés einer Dame: **Ebbes so|ebbes Ausgloffes, dô kasch nemme!**

Höfliche Schwaben sagen – bevor sie z. B. Platz nehmen oder zugreifen: **Nô ben-e hâlt so frei!**

Frage an einen werdenden Vater: **Isch dr Bâckofa scho eingfâlla?**

Da fragte eine Ebinger Wirtin ihren Stammgast: **„Gottlieb, wo kommscht her?“** Der verärgert: **„Jetz ben i extra wega dera Fliederblüat ge Haigerloch gfahra. Komm i dô na, wa gsiin-ne? Nix als bloß lauter Zirenga!“**

der/dia lauft drvo wia d'Sau vom Trog läßt alles liegen und stehen, räumt nach der Arbeit/nach dem Essen nicht auf/ab

dia macht a Gsicht, wia wenn se Spenna gfressa hett macht eine düstere Miene

liabr koi Gschäft (Arbeit) als nix z'esset sagen ganz Schlaue

Domm wia d' Nâ(â)cht unbeschreiblich dumm/lernunfähig

a Auswâhl, wia d'Mäus en de Hutzla übergroßes Angebot

sitza wie d'Häsläus sehr eng beisammensitzen

jetzt kommt's-am, wia a-ma âlda Weib 's danza nach langem Besinnen fällt's ihm plötzlich ein

der guckt wia verglauret so schaut jemand, der plötzlich eine unerwartete/überraschende Nachricht bekommt

dees isch ghopft wia gspronga das ist egal/ein und dasselbe

dia/dui hôt Fiaß wia Saustâllpfosta eine Frau hat übermäßig dicke/unförmige Beine

der kommt drher, wia dr wiaschd Michel, mit o|butzete Schuah en Hemmel er hat ein schlampiges Äußeres

so gwi(e)ß wia dr Weck uff'm Lâda darauf ist Verlaß (früher trugen die Bäckerbuben frühmorgens Wecken in die Häuser bzw. legten sie pünktlich vors Fenster/auf den Laden)

aufbâssa wia a Hechelesmâcher/Häftlesmâcher besonders genau aufpassen

a Leaba wia zea jonge Gäul frei und unbeschwert

gschissa voll wia d'Äpfelkammer ein überfülltes Zimmer/Stube/ Raum

. . . an Grâddl hau wia a B'standgôiß eine Einbildung haben wie eine Zuchtziege

der duat wia dr Käuter/Kauter, wenn'r en d'Hurd grugget er hat das Gehabe eines Täuberichs, der um die im Nest sitzende Täubin gurrt; also auch: er buhlt um die Gunst des/der anderen

der hôt's scheener/schöner als d'Flâih (= Flöhe) der hat's gut/muß fast gar nichts tun

der schwätzt drher wia a Ma ohne Kopf er redet unüberlegt daher/ Unsinn

dia isch hôikler wia schee sie ist überempfindlich

der isch so gneerig, daß er sich liabr a Heb|eise em Ârsch âbbrecha dät, als daß'r oim ebbes zukomma ließ über die Maßen geizig

a Kerle wia mei Gomâres – deam hend d'Spâtza ens Fiedla baut – ond gmerkt hôter's erst, wo se scho ausgfloga send ein beim Denken und Schaffen etwas langsamer Mensch

dees isch besser als en d'Hos gschissa besser als nichts

Kerle, wenn du so lang wärsch, wia da domm bisch, no kenndesch'd aus dr Dâchrinn saufa Rede an einen unmäßig dummen Menschen

des gôht wia 's Kâtza mâcha sehr schnell/flott

der druckt nei wia dr Michel en Hemmel *oder:* **der druckt rei wia d'Kälte** einer, der sich rücksichtslos Zugang zu etwas verschafft, der auf den besten Platz/den eigenen Vorteil aus ist

der frißt wia a (Scheuna-)Drescher dreschen ist eine harte Arbeit und macht sehr hungrig

der schwitzt onder dr Nees wia d'Ochsa(baura) die Nase tropft

der hot an Grend wia a Bâßgeig riesiger Kopf

's dreht me wia an Gsiedstuhldriebel mir ist sehr schwindelig/es hat mich mehrmals um mich selber gedreht

dia gucket wie d'Gees, wenn's donneret/durnet einfältig dreinschauen

bei deana sieht's aus, wia 's Küah(e)bueba Hemmed der Kühebub, der Tag für Tag mit dem Weidevieh im Freien war, trug ein von Schmutz starrendes Blauhemd

dui duat wia d'Gôiß am Bendel „aufgedreht" reagieren

dees wâcklet wia a Kuahschwanz (etwas) ist nicht mehr fest/stabil

dui stürzt sich druf/drauf, wia d'Ga(n)s uff-an Epfelbutza/uff da Butza . . . gierig, gierig! – etwas rasch anpacken

a Denger wia a Bär ein starker Mensch

a Denger wia a Wiesbaum/boom ein langer Mensch

mainder weder i weniger als ich

dia isch so geniert wia dia Römlinsdorfer/wia Âbrahams Kâtz: dia isch hendersche da Boom (Baum) nuff, daß mr da Ârsch net sieht

des goht drei(n) wia a Scheißpfläumle das gibt man einfach (umsonst) dazu

a Kerle wia em Heiland sei Gaul du bist ein Esel

an Kopf wia a Semmre so viel im Kopf haben, daß nichts mehr hineingeht; ein übergroßer Kopf; ein heller Kopf, der sich alles merken kann

sei/ihr Gosch gôht wia a Bâchstelzafiedla er/sie redet unaufhörlich und schnell

se/'r sieht aus wia 's Kätzle am Bauch sie/er ist sehr bleich/sieht schlecht aus

h<u>e</u> wia a Embele hundemüde

dees stôht dera (oder dem) wia-ra Sau a Schmiesle unpassender geht's nicht

. . . wia a Fu(u)z en dr Latern kopflos, unüberlegt handeln/umherrennen

dees isch drolat wia bolat das ist so oder so egal

der lâuft wia a Bott der geht so schnell er kann (geschäftig)

'r/se schâffet wia a Bronnaputzer er/sie arbeitet, was das Zeug hält

der/dia kommt rom wia 's bâis Geld er/sie ist überall (anzutreffen)

se pfuddet wia-na rinnige Pfann sie schimpft fortwährend vor sich hin

I komm bloß, zom 's Glâtte agucka (mich interessiert nur, was mich erheitert)

der/dia sieht aus wia a kotz(a)te Milchsupp oder: **wia a kotzte Leichapredigt** . . . sieht elend aus

der stenkt wia a Bock von dem geht ein unangenehmer/penetranter Geruch aus

se hôt a Herzle wia a Meisle a Faust das Mädchen ist etwas flachbrüstig geraten

der isch â|gschlâ wia Bettelsteck ein ganz Durchtriebener

heula wia a Schloßhond herzzerreißend weinen

glänza wia a frischbutz(e)te Sonn überfreundlich, gut gelaunt

's wird et so hôiß gessa wia kochet (beschwichtigend): nur langsam/keine Sorge – das ist alles nicht so schlimm

liabr a Laus em Kraut âls gâr koi Flôisch bescheiden sein

alloi trenka isch wia aloi drescha Alleinsein macht kein Vergnügen – weder bei der Arbeit noch in der Freizeit

des Maul lâuft wia gschmiert redet unablässig

des schmeckt wia eigschlôfene Fiaß langweiliger Fraß

a Nas wia a Schleiferskiebele eine Triefnase (Schleiferskübel = ein Gefäß, aus dem während des Schleifens ständig Wasser auf den Schleifstein tropft)

wepsig wia a Käferfiedla ohne Sitzfleisch, ruhelos

der droischget wia a Kuah oder: **dui/dia bläschged/bleffzged wia a alte Kuah** er ist in Atemnot

i frai mi druff wia 's Hondle uf 's Metzga ich freue mich darauf, wie der Hund aufs Schlachtfest

dui/dia hôt an Grâttel (Graddel) wia a Haus sie ist sehr eingebildet

des isch grâd so, als fänd a Ochs a Veigele wenn ein gestandener Mann von etwas nur eine kleine Portion bekommt

dô strâckets rom wia bei Bendeles onderm Sofa da ist eine heillose Unordnung

se pfurret rom wia a Bream kreuz und quer umherrennen

der gucket, wia wenn-am d'Henna 's Brot gnomma häddet verzweifelt, verdattert dreinschauen

dia hanget rom wia Sôilhannes Dill unordentlich; etwas aus dem Lot gekommen; abgerissen aussehen

der wird ôbeds leabeg wia d'Môikäfer Nachtschwärmer

dia hockt dô wia a vermähte Krott wenn jemand nach einem Vorfall total verschüchtert/niedergeschlagen ist

der lebt wia dr Spâtz em Hanfsoma wenn jemand lebt, wie Gott in Frankreich

besser als a Gosch voll Glufa so tröstet man sich, wenn etwas knapper als erwartet/enttäuschend ausfällt

der/dia duat âu liabr a verreckts Goißle em-ma ei|gmâchda Gâârta hüata als schâffa sagt man über jemand, der besonders faul ist

dia hanget do dren wia d'Goiß em Melkkiebl sagt man von einer Frau, die unpassende Kleider trägt

dia hang(e)t na wia a Meahlsâck sich absichtlich schwer machen/ schleifen lassen

dia goht (a)uf wia a Dampfnudel sie wird dick

se sieht aus wia a verloffener Bâchstoikäs sie hat eine unförmige Figur

dui/dia hôt's scheener wia a Kâtz diese Frau hat einen besonders guten Ehemann erwischt, der ihr jeden Wunsch von den Augen abliest

dui/dia hôt a Ausseha wia a gscheelts Ôile sie sieht aus „wia gschleckt"

dia bläht se uff wia drei Ôier em Grâdda sie gibt an wie 10 nackte Neger

ma muaß sich schenda wia a Kârragaul oder: **ma muaß sich plôga wia a Wurm** Schwer(st)arbeit leisten

dees hebt wia a Zäck (Zecke) es ist nicht los-/freizubekommen

mir isch des ârg das tut mir leid

mir isch's drieber nei ich bin total niedergeschlagen/völlig verzweifelt; das ist zuviel

d'Milch fährt zamma/zema die Milch gerinnt (beim Kochen)

d'Gôiß will hau die Ziege bekommt gleich Junge

d'Gosch verbrenna über irgendwen/irgend etwas Heikles/zuviel sagen

a hongrigs Gfräß ein armseliges Essen

glotzige/verglotzte Hôôr verhedderte/verstrubelte Haare – mit Knoten drin

vo dr Kanzel râkeia die kirchliche Trauung eines Paares am Sonntag zuvor von der Kanzel herab ankündigen

da Ranza verschlâ(ga)/voll/vool hâua jemand (ver)hauen, verprügeln, schlagen

em Daubedi(e)cht (zu etwas kommen) im Vor-sich-hin-Träumen, fast im Schlaf/ohne eigenes Zutun/wie von selbst

dees ond sell dieses und jenes

's keit mi ich bereue es

du Grâbalaus, du grâddlige Schimpfwort für ein eingebildetes, nichtsnutziges Weibsbild

Schö(a)mehl schwätza Süßholz raspeln

komm, gang ahne! geh' weiter! lauf zu

a reachta Râffel ein großes Mundwerk

des isch koi Schleckhâf(a) das ist nicht das reine Vergnügen

no net hudla! nur nichts überstürzen!

no nix nârrets! nur nicht abhetzen/nichts übereilen

Geesdreck ziah etwas unnötigerweise in die Länge ziehen/über eine Sache zu lang und kleinlich reden/diskutieren

'r duad reng der hat es leicht

'r duad herb der hat es schwer

z'Strôich komma zurechtkommen

's hot Râtta da ist etwas faul

oim da Pfipfes nemma einem den Schwung/Mut nehmen

a gscheck(e)ts Heale ein gesprenkeltes Hühnchen

an Breschdleng em Gsicht eine große rote Nase (im Gesicht)

breaglede Äbbiera/Breagela geröstete Kartoffeln

bärig lâu nur ein bißchen warm

wädele warm mollig warm

meiner Seel/Sôal! bei meiner Seele! (wahrhaftig!!)

an Duck(a)doa oder: **an Bossa doa** etwas zum Possen/zum Schaden tun; jem. einen (schadenbringenden) Streich spielen

gell, dô glotzsch! na, da staunst du

ge weisa gau/ganga eine Frau, die gerade ein Kind bekam, beschenken

a Bletschmichelgsicht na|mâcha die beleidigte Leberwurst spielen

zwischa Dâg ond donkel oder: **zwischa Dâg/Liacht ond siehsch-me-net** in der Dämmerung, abends

's isch gnuag schö(a) es ist (etwas) richtig schön

's isch ârg gnuag schö(a) das ist das Schönste vom Schönen

jetz(t) wämmer gao gao jetzt gehen wir dann gleich

auf beut schwätza Namen vermeiden

an Brezgamärkt dromrom mâcha etwas austreten, viel drumherum reden

se/dia hôirlesst sie plaudert mit der Nachbarin

der hôt koi Glôich der hat kein G'schick

em Lôga laufa (auf dem Feld) auf der Grundstücksgrenze gehen

zammzupft eigschloffa schlampig/zu lässig angezogen

dia Däg dieser Tage, vor kurzem

rückwärts vespera oder: **em (Sankt) Ulrich schreia/riafa** oder: **Breggala lâcha** erbrechen

a gschuckts Weib eine verschrobene/etwas verrückte Frau

i hâu dir ôis an d'Lubbel ich schlage dich auf den Mund

âlt(e)s Fett schmergelet . . . wird ranzig

an Kretta voll Rombela ein Korb voll Steckzwiebeln

an Brâll lau einen Schrei ausstoßen

em râ auf dem Herunterweg

em redu(u)r (fr. H.) auf dem Rückweg

an Schwâbbler verbâssa jemand anspritzen

a rausbâierter Wecka ein kurz gebackener Wecken

a wulles Gfräß ein trockenes Gebäck/saft- und soßenloses Gericht/ Speise

a wullener Siach ein zäher/derb-trockener Mensch

Beera zopfa Beeren ernten

alt ond bauchfâtzig gebrechlich

en ôi Loch nei fortwährend, ohne Unterlaß

's Mulle streichla schmeicheln/schöntun

's isch de Mäus/Meis pfiffa ohne Effekt

wuseliger Derg(e)l quirliges Kind

da (I)Dibbl (raus)bohra den Rest Verstand verlieren/entfernen

siadige Sauwedel; siadige/bluatige Hennaköpf Wutschreie

a o|gwäsches Maul ein böses Mundwerk

hâ no! in fast allen Situationen anwendbar: anerkennend, überrascht, aufgebracht

's Maul ommebenda beim Essen auf etwas verzichten (müssen)

's Haus nausrom(m)a die Haustreppe (Innentreppe und Flur) putzen

mir isch's ôis mir ist's egal/gleich

uff d'Kâress gau/ganga zur/zum Liebsten gehen; poussieren gehen

Boda|biera leasa, Grombiera glauba (auf dem Acker) Kartoffeln auflesen

komm guateg/guatig komm sofort/gleich

a streitegs Muster ein unfolgsames Mädchen

mâch mi net gelsch mach mich nicht nervös

an Lohkäs (drher)schwätza dummes Zeug reden

oms Nomgucka im Nu

kôi huirigs/heurigs Häsle meh schon etwas älter, ältlich

henda hott gao es geht anders herum, als man dachte

mir gôht 's Drom/'s Drömmle aus ich weiß nicht mehr weiter

sei häbig sei anständig, gehorsam, ruhig

's lâuft aheeba konig (das Wissen) geht zur Neige/oder z. B. der Most im Faß

's wird aheba/afanga Zeit jetzt ist es aber endlich höchste Zeit

grâd zom Bossa jetzt erst recht

onder d'Kutt(a) schella sich beliebt machen

uff da Trâppa/Drâpper helfa jemand weiterhelfen, vollends auf einen Gedanken bringen

kôi Sitzfiedla hau kein Sitzfleisch haben

uff d'Beit gau borgen, bitten, Fristung einer Schuld

a Käpsele schneida einfacher, (zu) kurzer Haarschnitt

om a Mugga|seggele um Haaresbreite

kôine Mätzla mâcha keine dummen (krummen) Sachen machen

an Lebtag mâcha/hao (zu) viel Aufhebens machen – verbunden mit Lärm; Spektakel um einen (meist erfreulichen) Anlaß

an Spârra z'viel hao leicht verrückt sein

mâch mi net schâlu(h) mach mich nicht verrückt/nervös

a gmähts Wiesle von andern gut vorbereitete oder bereits erledigte Sache

i ka dean net verbutza ich kann ihn nicht ausstehen

am Däfr nâgau ohnmächtig werden

dua no gstââd/gschdäd oder: **dua schdäd/gstäht** nur nichts übereilen! halt ein! mach langsamer

d'Stiag nâ|hâgla die Treppe hinunterfallen/-purzeln

mâch dâpfer/dâpferle! beeile dich!

siadige Siadabellabäs, siadigs Donderblechle/Donderwetter zum Donnerwetter noch mal

sch(a)o da Bâch nâ da ist alles zu spät/endgültig vorbei; auch: in Konkurs gegangen

Mähne treiba beim Ackern das Pferd/die Kuh führen

dä(ä)tsch mr (net) . . . würdest du mir bitte . . .

da Deckel vom Hâfa doa etwas aufdecken, ans Licht bringen

des isch für d'Kâtz das ist unnötig, überflüssig

's pfupfer(l)et mi ich bin so gespannt/neugierig; es hält mich kaum mehr

a guate Kuttel hao eine gute Lunge (auch: guten Magen/gute Nerven) haben

der/dia isch it ga(n)z bâcha er/sie ist nicht ganz bei Trost

a breaglets Ôi Spiegelei

uff's Heisle gao sein „Geschäft" verrichten

a hâoer Reia ein hoher Rist

's isch nemme dees es ist halt nicht mehr wie früher

ens Fuader gao Gras/Futter einholen

ebbes/se plotza lau etwas/sich (plötzlich) fallen lassen

an Bâtsch gea(ba)/gee die Hand zum Gruß reichen

mâch anander nôre! beeile dich!

auf dr Schnättere sitza hinten auf dem Heu-Leiterwagenbrett sitzen

an Grâttl hau eingebildet sein

's Bi(h)wo hau tun und lassen können, was man will; Posten, auf dem man sich vor der Arbeit drücken kann

o|gfirmat sei sich ungezogen verhalten

an Schocha lâcha plötzlich laut und herzlich auflachen

an Verzâll/Verzell mâcha um etwas viel herumreden

ebbes lottera lau etwas seinen Lauf gehen lassen, sich nicht darum kümmern

a Loch en d'Luft gucka/stiera nur so tun, als ob man nachsinne/nachdenke

mir isch's gâllebâ̲drisch mir ist es übel, mir geht es nicht so gut

an Daule vor ebbes hao sich vor etwas ekeln

d'Mull strâckt uff dr Hell die Katze liegt auf der oberen Kachelofenabdeckung

'r wird herb|leicht doa er wird sich schwer tun

i bin's inna wôr(d)a ich habe es erfahren

Heardreck râita/räda kleinlich Wortklauben, wörtlich: Hühnerdreck sieben

aus dr Schüssel do(a) (ein Kind) in Pflege/in fremde Hände geben

mir furget's heut mir geht die Arbeit heute leicht von der Hand, bei mir läuft's, es gibt aus

a âlte Gruschdl eine (alte) Frau mit Mödela

ge kro(h)ma gau einkaufen gehen

a gschmâgger Dubbel gutmütiger, umgänglicher Mensch (den man leicht ausnehmen kann)

a glâtter Kerle ein lustiger, humorvoller Mensch

schlodderiche Knui weiche Knie

dr fearndich Schnai der letztjährige Schnee, auch: Vergangenes, das man nicht mehr hat oder findet

dirre Biera Hutzeln

deam hao-ne drfier dao dem hab' ich es (rechtzeitig) gegeben/im voraus heimgezahlt

's isch mr net eba ich fühle mich unwohl, krank

am Butzonkelestag, am Klembemberlestag nie

Râich/Räuch mâcha Sprüche klopfen, übertreiben

an Nârra gfressa hao sich verliebt/sich in etwas/jemand verguckt haben

stupfla ganga/gao um frisch Hausgeschlachtetes „betteln"

wölfler/wohlfeiler dra(n) billiger weggekommen, in günstigerer Lage sein

's tuat mr ant . . . ich sehne mich nach . . .

it/net oms Verrecka nicht um alles in der Welt

wo bisch ane? wo bist du?

a bâise Râffel ein böses Maul

a Gschieß mâcha/hao Tamtam/zu viele Worte um etwas verlieren

gôsch ge schuggala? gehst du spazieren?

iebers Maul nâschwätza Belangloses daherreden

jongs Gschnipf ungezogene Kinder

jâ jetzt/hâ-etz, so äbbes Ausruf des Erstaunens: ja, gibt es denn so etwas?

ha? wâs? wie bitte?

a hälenga Stôig eine kaum merkliche Steigung, die (aber) in die Knochen geht

nix fiar o|guat! sei mir nicht bös!

i ka's-em net verdenka ich kann es ihm nicht übelnehmen

ieberzwerchs Luader; a Bull eigensinnige (okommode) Frau

aus-em Heisle/Häusle sei aufgeregt sein

's ärgschde Schwäbisch das breiteste Schwäbisch

'r schâffet z'hendra(d)für/z'henderschefier er arbeitet ungeschickt, unwirtschaftlich

der/dia isch vom graoßa Vâddrland der stammt aus Norddeutschland/aus dem Preußischen (redet viel, weiß alles besser)

ôi|schichtig hausa wenn ein Junggeselle(-gesellin) den Haushalt allein führt

bôirisch hausa Unverheiratete leben zusammen

's grôtet ebbes etwas gelingt

's hôt Gi(e)chter wenn ein Kleinstkind im Schlaf lächelt/tagträumt

aber: **do ka(a)schd/könntest schier Gi(e)chter kriaga** man könnte vor Ungeduld, Narretei (Wut), Aufregung, Schreck beinahe auswachsen

kôi Firgele gar nichts

mit Fleiß absichtlich; jetzt erst recht

lauterigs Brot Brot ohne Aufstrich

sich ens Hâbitle werfa sich ankleiden

Bohna (aus)laifera Bohnenkerne aus den Hülsen streifen

zom a|gâbla komma zum Essen kommen

Ghâier gee/gea Gehör schenken

Mögerles doa sich lieben

du wâidâgeter Wâidâg du Fetz/eher: hinterlistiger Kerl

d'Henna grobba Hühner nach einem Ei abgreifen

d'Leit ausri(e)chta über Menschen Nachteiliges sagen/schlecht sprechen

uff d'Leich gau an einer Beerdigung teilnehmen

i hao da Ranka net kriagt ich konnte mich (zu etwas) nicht aufraffen

(n)et z'Herz hao sich nicht trauen

a dâolâose/dolâose Supp fade Suppe

d'Bossa eischâiera die Stiefel binden

da Dâdderich hao *oder:* **'s Zipperle hao** zittern (kann vorübergehend sein)

Strempf wiefla Strümpfe/Socken stopfen

der/dia ka kaum no grâddla . . . ist kaum mehr imstande (aufrecht) zu gehen

's bregschde Häs die schönsten Kleider

uff d'Miste dongt *oder:* **'s Wâsser en Bâch trâ(ga)** zugeben/ zutragen, wo schon genug ist – also unnötig

an Hehleng/Häleng hao ein Geheimnis (miteinander) haben

Fluiga (oder Mugga) em Zopf Weinbeeren im Hefezopf

's Zäpfle isch-m nâgrutscht jemand ist nachhaltig erschrocken/hat plötzlich Angst

Heu/Hai (ei)trâbba Heu auf dem Heubarn nach dem Abladen festtreten

an Dusel hao unverdientes Glück haben

ebber ebbes stecka berechnend/mit einer bestimmten Absicht (jemand) informieren

gwi(e)ß ond ver (etwas ist) sicher

da Vortl raus hao den Vorteil nützen (können), etwas besonders geschickt anfassen/das manuelle know-how

sterriger Siach Mensch oder Tier (z. B. Gaul oder Gôiß), der sowohl steif als auch unfolgsam sein kann/das nicht tut, was man will

gschlâchter Stuahlgang Stuhlgang, bemerkenswert in Menge und Konsistenz (dazu tragen z. B. bestimmte Getränke bei)

d(ia) Buurscht vom ganza Flecka alle Kinder im Dorf

a reist(en)es Hemmad selbstgewobenes Leinenhemd

an Schletter(leng) a|hänga abschließend eine abwertende Bemerkung gegenüber jemand machen

Gsell ond Gspiel Trauzeugen

's isch(d) lätz gsei das war verkehrt, auch: ins Fettnäpfchen treten

se richta sich anziehen, fein machen

nonz richta nichts leisten

ebber richta (jemand) die Meinung sagen, aber deutlich

an Scherba Miel/Milch Schüsselchen aus Ton oder Keramik mit Milch

i gang uff . . . ich gehe nach . . . (in einen anderen Ort)

i gang uffe ich gehe hinauf

lautriger Kaffee Kaffee ohne Zusätze

a (âlte) Schiager(e) sie kann nicht mehr gut laufen (also nur noch schiaga/schäaga)

am Bronna motza *oder:* **zemma diesla** etwas heimlich/leise (be)sprechen

(a)uf'm Wâggel sei viel unterwegs sein

a schillige Lôas ungeliebtes weibliches dummes Ding

a kähle Lôas eine Böse

gmiatlich ahne gao schlendern

hendersche lâofa rückwärts/zurück gehen

doa wia a Klôôs, doa wia a Bullabeißer toben

a(n) Gutsch (z. B. Wasser) eine größere oder kleinere aus- oder umgeschüttete (Wasser-)Menge

pfludera lao fliegen lassen, loslassen, sich nicht mehr darum kümmern

a stille Meß hao beleidigt sein

an Wâ(â)l drieber lao kurz aufkochen

ens Schwitzkästle nemma/nea unter Druck setzen; bei Raufereien (unter Buben) Griff, der den andern regungs-/bewegungslos macht und zum Schwitzen bringt

em Reng romsirmla/surmla ziellos/planlos (im Kreis herum) etwas schnell verrichten wollen – ohne Erfolg, weil zu nervös

dürra Habergoiß mageres Mädchen

em Jäschd/Jest in Aufregung (eher Panik), Wut/Zorn

Roßmucka (hau) Sommersprossen (haben); auch: eine Fliegenart

mit ôim geigala/gaigela an der Nase herumführen

a âlder Krauterer schlechgelaunter, vor sich hin wurstelnder Sonderling

Bohna gipfla Bohnen säubern/Enden/Spitzen abschneiden

domme Modena seltsame Angewohnheiten eines Menschen

Stompa scheita Wurzelstöcke von Bäumen zerkleinern (Scheite daraus machen)

dreinei schwätza dazwischenreden, in etwas hineinreden

an Klâpf an der Kutt einen (oder je nach Wetterlage eine Unmenge) Dreckspritzer an der Kutte (langer Rock der Bäuerinnen)

Milcherleng pfupfa die aufgeblühten weißen Kugeln des Löwenzahn ausblasen („Paule-Paule . . .“)

wäldela gao mit der/dem Liebsten im Wald spazierengehen

a gschlâchts Häutle feine, zarte Haut

küahfitzig mâcha neugierig machen (z. B. vor Weihnachten)

hender(sch)efür wer(d)a durcheinander gebracht werden, z. B. durch Lärm, Kindergeschrei oder wenn's pressiert

lottera lao eine Sache gleichgültig treiben lassen; etwas unordentlich hängen/baumeln lassen

zur Hâuzich gea Geld zur Hochzeit schenken

dua de! beeil dich!

a gspâltes Muggaseggele wörtlich ein gespaltenes . . .; eine noch genauere/kleinere Maßeinheit ist kaum denkbar

a klôine Butt ein kleines Mädchen

a lätz Weib ein böses Weib

. . . sonsch isch gfählt . . . sonst geht es schief

net da Geh<u>e</u>rda mâcha kommt nicht in Frage, daß ich den Laufburschen mache/das tue, was verlangt wird

Spuchtla mâcha Faxen machen

Sôich/Sôach/Gilla fiehra (führen) Jauche fahren

en dr Milch verbutt in der Entwicklung leicht zurückgebliebenes, etwas ungepflegtes Kind

a Pfännle mâcha Kleinkind verzieht (bevor es zum Heula anfängt) den Mund/schiebt die Unterlippe vor

a schees Mensch/a saubers Mensch durchaus positiv für ein weibliches Wesen

's geit a Wetter es zieht ein Gewitter auf

a gotzigs Môl ein einziges Mal

a grea|gsottes Kend ein blasses Kind

siaß gugga naschen; etwas Süßes essen

a kriasa|bemener Kâschda *oder:* **a birabema(ner) Kâschda** Schrank aus Kirschbaumholz; Schrank aus Birnholz

zemmagstupft/zemmazupft azoga da paßt bei der Kleidung nichts zusammen

waihdâged hoaß/hôiß *und das Gegenteil:* **waihdâged kâlt** unerträglich heiß (Außentemperatur, aber z. B. auch eine saumäßig heiße Suppe)

en sich nei-gigla; en sich nei-pfiddera in sich hineinlachen

gschwieblet voll zum Überlaufen voll

a Dusenierle a bißle, ein wenig (z. B. a Dusenierle Salz/Pfeffer; a Dusenierle nach links oder rechts)

a bâiser Schnitzer ein böser Fehler/großer Irrtum

vor sich na|dösa halb schlafend vor sich hinstarren

a âlte Mugg nichts Neues; (das ist) längst bekannt

gau glei!/gô glei! demnächst, bald

lettera miaßa in einem fort zahlen müssen

gleich bis uff's i-Dipfele haargenau gleich

o|bâcha schee so schön, daß man es gar nicht mehr ausdrücken kann (Super-Superlativ)

's Schend|luadr treiba schmählich behandeln

er isch letz er ist im Irrtum

für a Nasawâsser für ein ganz geringes Entgelt

ärschlings na|fliaga rückwärts (nämlich auf den Hintern) hinfallen

gäbsch ond glâtt(stricka) linke und rechte Maschen (stricken)

en d'Hend schneiza ungeschickt sein (ein geschickter Mensch schneuzte nämlich – mit Daumen und Zeigefinger – wegwärts!)

a Hôierles hao einen Schwatz halten

a Fäschd/Fest hao sich freuen

an Lebdâg hao übertriebenes Getue

da Dâckl mâcha für andere Leute arbeiten

d'Schuah schmirba die derben Schuhe (fürs Feld) reinigen und einfetten

a irdens Schissele Tonschüsselchen

a verdruckte Zwetschg eine verschlossene Person

en d'Beer gao (in den Wald) zum Beerenpflücken gehen

He(n)dscha/Handschuah(h) a|messa schmerzhaft ums Handgelenk fassen

z'Liacht gao abendlicher Besuch (von Frauen) bei Nachbarn (und zwar abwechselnd in einem der Häuser), um zusammenzusitzen, miteinander zu reden und dabei etwas nebenbei zu arbeiten (zudem wurde Licht und Heizmaterial gespart)

Ave-Märga-Läuta Ave Maria-Läuten

Sôil jucka Seil hüpfen

Spanna standa gespannt warten

em/am morgneds morgens

em Ane|gao, em Ane|gang im (Weiter-)Gehen, nebenher (also ohne Halt, weil etwas so schneller/unauffälliger zu machen ist)

kôin Mucks mâcha sich net mucksa = keinen Laut von sich geben und dabei reglos sein/bleiben

(g)nea na nahe hin

's Fuaddr isch â|brâgget das Futter ist abgetrocknet

feste . . . (schâffa/essa) in verstärktem Maße . . . (arbeiten/essen)

zwâ(â)psla lao in Ungewißheit lassen; in mißlicher Situation (be)lassen

d'Mâgaugel mâcha den Dummen machen

en d'Mâi(a)la/d'Môiela gao im Mai (oder später) zum Maiglöckchenholen gehen

a gotzigs/gottigs (nur) ein einziges (Stück)

koi gotzigs/gottigs (nicht mal) ein einziges (Stück)/kein einziges

da langa Weag längs, der Länge nach

da brôita Weag quer, der Breite nach

ens Fodela gao (fordern), Kinder betteln lassen (noch im vorigen Jahrhundert bei verschämten Armen des Dorfes üblich)

's nui Jôhr a|wünscha/waischa wörtlich: das neue Jahr anwünschen, d. h. Verwandten und Nachbarn z. B. Neujahrsglückwünsche überbringen

em Gschend sei viel Arbeit haben

Riaba liacha Rüben verziehen/herausziehen

dritthâlb Viertel (Ackerland) = 3 halbe Viertel = 12 Ar

omme-komma herüber(ge)kommen

des maielet das schmeckt nach mehr

dr Ferged rei|lao großzügig putzen

a kähle Denge/Dengere häßliches Weibsbild, gemein, schäbig

aus Ehnes Wâld kommt etwa ein Christbaum, der weder gekauft wurde noch auf eigenem Grund gewachsen ist (also gestohlen wurde)

dur-nâ oan/ôin Schroa/Schroi (= Schrei) ein Schmerz geht durch den ganzen Körper

an Metzgergang mâcha unverrichteter Dinge von einer Besorgung zurückkehren (z. B. weil man niemand angetroffen hat)

besser schwätza besser, d. h. in diesem Fall für den Schwaben = hochdeutsch reden (das machen z. B. oft schwäbisch sprechende Kinder, wenn sie „unter sich" spielen)

an Haufa viel; eine Menge

a fest's Mensch ein gutgebautes Mädchen

a Schenderwâs, a râoter (= roter) derbe Beschimpfung

em konträre Gegedôil gänzlich anders/gegenteilig

hâlb muh, hâlb mäh stümperhaft, unvollständig

Gräa(cht) mâcha vor dem Schlafengehen in Haus und Hof nachsehen, ob für die Nacht alles gerichtet (= nachtgerecht) ist

net ganz bhäb nicht ganz ernst zu nehmen

a Rickle Woll ein Strang (auch: Knäuel) Wolle

Mala mâcha *oder:* **Mengenges mâcha** sich zieren, zögern

d' Gosch verbrenna durch vorschnelles/vorlautes Gerede in Schwierigkeiten geraten

dui fernelet eine Frau sieht von weitem gut (aus), aus der Nähe betrachtet jedoch nicht ganz so gut aus

wettera lao fallen lassen

em Nauf|zuas/Nuff|zuas während des Hinaufgehens

em Nâ|zuas/Nâb|zuas während des Hinab-/Hinuntergehens

aus dr Fuhr gao aus dem Weg gehen

domme Gu(u)sel! dumme Gans!

luck ond lepf . . . ist ein Teig, der locker und aufgegangen ist

kâtzadreckig/kâtzadrägged lâcha schadenfroh/höhnisch/frei heraus lachen

gellet Se Unterstreichung einer Abmachung; *oder:* nicht wahr; sind Sie nicht auch meiner Meinung?

's isch dr'wert es lohnt sich

's isch fast/fascht it dr'wert/dr'werdda es lohnt sich (fast) nicht

a kutzalige/kitzalige Ârbet/Sâch eine Arbeit/Sache, die Fingerspitzengefühl/Gespür erfordert

an Ranka Brot/an Riebel Brot ein Kanten/großes abgeschnittenes Stück Brot

a Hendernestles-Ôile/Ôale (wörtlich: letztes Ei im Nest) Nesthäkchen

a boggadiefischer Grend ein starrer Kopf

i herr/zweng mei Essa net ich kann nicht ganz ausessen, es ist mir zuviel

i herr di! ich bezwinge dich!

Eibiera/Äbbiera überdoa Kartoffeln kochen

en d'Scheißgâss' komma unvorhergesehen in Bedrängnis/große Schwierigkeiten kommen/ins Fettnäpfchen treten

am Lottersôil gampa am Lotterseil schaukeln

a schlâdd|âuriger/schlâdd|ohriger Bruader unzuverlässiger, mit Vorsicht zu genießender Kerl

's Gri(e)ß hao einen starken Hang zum anderen Geschlecht haben (vor allem von Mädchen zu Buben); vom anderen Geschlecht begehrt sein

a Handvoll Leit mehrere Menschen; auch: schmächtige, kleine Person

uff-am Wald im Schwarzwald

koine Fänz mâcha keine Umstände/Schwierigkeiten machen

mit ebber gschirra kenna mit jemand auskommen

a herzige Denge ein liebenswertes Mädchen

aufreachte Leit anständige, ehrsame Leute

kôine/koane o|rechte/ao|reachte Leit anständige Leute/Menschen

Giggala schiaßa Purzelbäume schlagen

da Gluschda biaßa nur wenig von etwas probieren; auch: nach Genuß von Verbotenem bestraft werden

's blangt mi es betrifft mich/rührt mich

mi blanget's so ich kann's nicht erwarten

a Säages dengla eine Sense schärfen (mit dem Hammer auf dem Dengel-Eisen (-Stock), auch auf dem Amboß – nicht mit dem Wetzstein!!

i bräschdier's nemme ich halte es nicht mehr aus

môl amôl a Male male einmal ein Männchen

send d'Henna henna? sind die Hühner im Stall?

er sâit, er häb-s-em gsâit er sagt, er habe es ihm gesagt

des isch weit onda vo(o)l (wörtlich: weit unten voll) = fast leer (z. B. Krug oder Glas) also:
mach's voll leer! leere es vollends!

se send se ois sie sind sich einig und:
se send se o|ois sie sind sich nicht einig

dengga denken
denga düngen
dengd gedacht; gedüngt

Dierle kleines Tier; auch: kleine Tür

glidda/glitta geläutet, geklingelt
glidda/glitta gelitten

gnossa geniest
gnossa genossen

gschuckt gestoßen
gschuckt leicht verrückt

Grischt Christ
Grischt Gerüst

ghe(e)mmered gehämmert
ghemmered gekümmert

a Stendle ein Stündchen
a Stendle ein kleiner (Verkaufs-)Stand

wemmer? wollen wir?
wemmer . . . wenn wir . . .

a Buach ein Buch
a Buach eine Buche

Annabogga dusele (oder: diefele), wia macht ma denn da Käs?
ma duat-an en-a Kiebele,
ond druckt-an mit em Fiedele,
drom isch dr Käs so räs.

Dr Memminger Mao (Mond)
hôt s' Fiedla sea lao.

s'isch(t) a Graus uff dera Welt:
wâs-e kâuf koscht älles Geld.
Kâuf-e Ki(e)rscha, kriag-e Stoiner,
kâuf-e Flôisch, nô kriag-e Boiner,
kâuf-e Rettich, kriag-e Schwenz,
komm-e hoim, nô kriag-e Stenz (= da Ranza voll)

duad dr oima ebbes wâih?
tut dir irgendwo etwas weh?
noi, neana nein, nirgends

Moinschst d'magscht Mooscht?
Wenn d'Mooscht magscht,
magscht âu mi!

dr Obr hôt's Bschteck zschpät bschtellt

Lâch a bißle, heul a bißle,
morga kommt dei Bäsle,
hôt a Päckle Schnupftâbâk
ond a zuckrigs Häsle.
oder:
Lâch a bißle, heul a bißle,
morga kommt dei Deetle,
hôt an Mockel Wuurscht em Sack
ond a zuckrigs Breetle.

Dend doch dem Keed
bei dem Weed
an Huat uff da Greed.

a oagnehm grea|agstriches Gâ(â)rdadearle

Hemmadschütz,
dei Fiedla glitzt (glänzt)

hôt dr (amend) ebber ebbes dau?
hat dir jemand etwas angetan?

oms Nomgucka kascht nemme rom gucka
im Nu hast du keine Möglichkeiten mehr

hôt koar koan Kamm?
hat niemand einen Kamm (zur Hand)?

mô gôscht na? wo gehst du hin?
mô gôsch nô na? wo gehst du danach hin?
mô gôsch nô no na?
wohin gehst du dann noch?

A Gletzle Blei leit glei bei Blâubeura,
glei bei Blâubeura leit a Gletzle Blei.
Bei Blâubeura glei leit a Gletzle Blei,
a Gletzle Blei leit glei bei Blâubeura.

Schmiera ond sâlba
hilft âlle(n)thâlba.
Hilft's it bei de Herra,
nô hilft's doch bei de Kerra (Karren).

Reiftle/Lâible, du muasch(t) Riebele hoißa,
Riebele, du muasch(t) gfressa sei!
(mancherorts wird der Brotanschnitt „Reiftle“,
das Brotende „Riebele“ genannt)

Mäschgerle, Mäschgerle, du bisch nix –
du bisch der, wo Lompa frißt!

Hôsch Du(u)scht, schlupfscht en a Wu(u)scht,
hôsch Honger, (nô) schlupfscht en a Gugommer.

Wer 's Sonntigshäs am Wertig trâit,
der ischd a Nârr, den s'Leba frâit.

Einsender von A–Z

Else Ackermann, Heidenheim (Brenz); Ernst Adolph, Heidenheim (Brenz); Josef Aierstock, Zwiefalten; Ruth Aigner, Heidenheim (Brenz); Hedwig Albrecht, Bad Überkingen; Bärbel Allgöwer, Gerstetten; Alfons Allmendinger, Deggingen; Else Alter, Bietigheim-Bissingen; Maria Althammer, Unterkirchberg b. Ulm; Elfi Amann, Ulm; Gertrude Andrä, Neuenbürg; Mathilde Anger, Ulm; Maria Appenzeller, Neu-Ulm; Gabriele Auer, Metzingen; Johanna Auer-Fuss, Mögglingen.

Barbara Bader, Ehingen-Gamerschwang; Helmut Bader, Ulm; S. Bader, Kirchheim/Teck; Rose Bär, Aalen; Ruth Barla, Weil der Stadt; Franz Josef Barth, Dietenheim; Frida Barth, Bad Mergentheim-Wachbach; Inge Bass, Pfuhl; Gerda Bauer, Zell u. A.; Marianne Bauer, Oberkochen; Ruth Bauer, Dettenhausen; Sabine Bauer, Tübingen; Erika Baumann, Sachsenheim; Gerhard Baumann, Wildbad; U. Baumann, Schömberg; Annemarie Bausch, Boll; Helga Bayer, Vöhringen; Mathilde Beck, Oberkochen; Christa Benz, Heidenheim (Brenz); Rose Bernhardt, Sielmingen; Mathilde Bertsch, Dormettingen üb. Balingen; M. Bertschinger, Schwäbisch Hall; Barbara Betz, Weil im Schönbuch; Wilhelm Beutler, Deufringen; Fritz Beutter, Balingen; Josef Binder, Jungingen/Hohenz.; Anneliese Birmelin, Boll; Liselotte Bittin, Bad Herrenalb; Karl Bitzer, Ebingen; Dora Blanz, Giengen (Brenz); Hans Blersch, Rottenburg; Margarete Blessing, Holzgerlingen; Andrea Bocher, Leinf.-Echterdingen; Rudolf Bock, Ulm; Emi Bötsch, Heidenheim (Brenz); Ursula Borst, Tübingen; Egon Bosch, Jungingen/Killertal; Hella Boss, Onstmettingen; Hans Brandauer, Gingen/Fils; Frau Braun, Ulm-Jungingen; Hellmut Braun, Balingen-Ostdorf; M. Braun, Ulm; Wilhelm Braun, Weilheim/Teck; Ernst Brazel, Schwäb. Gmünd; Ilse Brecht, Heidenheim (Brenz); Klara Breitmayer, Sachsenheim; Dr. Helmut Breymayer, Böblingen; Anny Breymeyer, Ulm; Hilde und Deborah Brodersen, Bad Boll; Heidi Bubach, Albstadt; Gabi Buchenmaier, Hechingen; Ingeborg Bühler, Filderstadt-Harthausen; Ingrid Bühler, Senden; Luise Bühler, Hechingen; Hilde Bürglen, Ulm; Anna Buder-Schutz, Ulm; Marianne Bullinger, Neuenbürg; E. Bunk, Blaustein-Ehrenstein; Luise Bunk, Ulm; Helga Burgi, Ulm; A. Burgmayer, Ulm; Albert Burkhardt, Böblingen; Ludwig Burkhardt, Suppingen; Rudolf

Burkhardt, Schelklingen; Hannelore Burst, Neu-Ulm-Pfuhl; Emilie Busch, Zwiefalten.

Lina Carle, Sachsenheim; Rubina Di Carlo, Balingen; Lydia Class, Bempflingen; Hermine Colditz, Königsbronn-Itzelberg; Gustav Conzelmann, Tailfingen.

Erwin Däuber, Ehingen; Rosmarie Degl, Neu-Ulm-Pfuhl; Hedwig Dehner, Ebingen; Lilo Deininger, Neuenbürg; Lotte Deininger, Aalen-Hofherrnweiler; Melanie Deißler, Blaustein-Weidach; Erwin Denzinger, Gschwend; Erna Dick, Ötlingen; Barbara Dietrich, Hochwang; Grete Dillenz, Schwäb. Hall; Inge Dohl, Ehingen-Dächingen; Gertrud Dolde, Urach; Hermine Doll, Ochsenbach; Lore Domini, Moruzzo-Udine (Italien); Elsbeth Dorn, Weilheim/Teck; Ernst Dreher, Königsbronn; Hans Dreher, Blaubeuren; Kurt Dreher, Stuttgart 80; Dr. med. F. Dreiss, Göppingen; Elfriede Dreß, Schelklingen; Eugenie Drössler, Ebersbach; Else Drohmann, Geislingen-Eybach; B. Drück, Leinf.-Echterdingen; Robert Dümmig, VS-Schwenningen; J. Durner, Erbach; Maria Dyke, Salach.

Elfriede Eberhardt, Heidenheim (Brenz); Gisela Eberhardt, Herbrechtingen; Hildegard Ebinger, Owen/Teck; Berta Eckardt, Ulm; Georg Eckle, Tübingen; Heide Eder, Gammertingen; Bernhard Efinger, Münsingen; Eberhard Egelhaaf jun., Balingen; Alfons Eha, Schömberg; Marie Ehmann, Mössingen; Kurt Einstein, Ebingen; Anita Eisele, Balingen-Zillhausen; Hanna Eisele, Tübingen; Martha Eisele, Ammerbuch; Ingeborg Eitel, Göppingen; Karl Eitel, Quito (Ecuador); Marie Elz, Blaustein-Weidach; Gertrude Engel, Untermünkheim; Lore Engl, Bempflingen; Maria Ensinger, Lenningen; Georg Erath, Ulm; Emmi und Erwin Erzinger, Sontheim-Bergenweiler; Ch. Esser, Tübingen.

Barbara Faix-Kaiser, Ehningen; Gertrud Fauser, Metzingen-Glems; Luise Feiler, Heidenheim-Mergelstetten; Josefine Felk, Ulm-Einsingen; Else Fingerle, Stetten/Filder; Christel Finke, Rottenburg; E. Fischer, Boll-Eckwälden; Kurt Fischer, Aalen-Dewangen; Sieglinde Fischer, Dettingen/Teck; Herbert Fitterling, Donzdorf; Ernst Fleck, Bietigheim-Bissingen; Hans Georg

Frank, Flein; Willi Frank, Leinfelden; Karl Friedrich, Meerbusch-Osterath; Eberhard Fritz, Neuhausen/Erms; Karl Fröschle, Stuttgart-Plieningen; Lieselotte Furch, Ulm.

Anni Gabriel, Schwanenstadt (Österreich); Helene Gänßler, Aalen-Unterrombach; Walter Gärtner, Neu-Ulm-Ludwigsfeld; Elisabeth Gajo, Untermünkheim; Hedi Gall, Kirchheim/Teck; Werner Gaus, Haigerloch; Sr. Irmengardis Gebhart, Rottenburg; Maria Geier, Ulm; Theo Geiger, Giengen (Brenz); Frieder Geiße, Tübingen; Hans Gerd Gentner, Göppingen; R. Georgii, Bietigheim; Gretel Gerstlauer, Langenau; Anna Geschwill, Mainhardt; Margarete Getwan, Sachsenheim; Hermann Geywitz, Ulm; Rosa Glöckler, Blaubeuren-Seißen; Klara Göggel, Aalen-Spagenfeld; Elfriede Göhring, Stuttgart 80; Rudolf Götz, Geislingen/Steige; Marianne Götze, Mannheim; Uta Goldmann, Giengen (Brenz); Erich Gosson, Unterensingen; Karl Grammel, Enzklösterle; F. W. Greiner, Bietigheim-Bissingen; Else Gröner, Balingen; Paula Gron, Munderkingen; Anna Gropp, Senden; M. Groß, Sindelfingen-Darmsheim; Dieter Grüner, Gerstetten; Hieronymus D. Grünzweig, Zell u. A.; Maria Grupp, Geislingen/Steige; Erika Günther, Langenau; Eugen Günther, Stuttgart 80; Marianne Gugel, Überlingen; Ludwig Gulde, Geislingen b. Balingen.

Ingrid Haag, Balingen-Ostdorf; Jürgen Haag, Tailfingen; Erwin Haas, Göppingen; Karl Häberlein, Schwäbisch Hall; Hans Häkkert, Heidenheim (Brenz); Edeltraud Haenle, Lauterstein-Weißenstein; Hedwig Häussler, Oberdigisheim; Albert Hagg, Schwäb. Gmünd; H. Hagmeier, Gerstetten; Emmi Hammer, Bietigheim-Bissingen; Mechthild Hammer, Onstmettingen; Elli Hampel, Göppingen-Faurndau; Anton Hanser, Urach; Helene Harm, Nehren; Frida Hartmaier, Tübingen; Babette Hartmann, Neu-Ulm-Pfuhl; Jakob Hassler, Geislingen-Türkheim; Brunhilde Haug, VS-Schwenningen; Else Hauser, Burladingen; Erwin Heer, Bopfingen; M. Heilig, Wasseralfingen; Heimatverein Steinenbronn (Horst Mayer); Alfred Heinle, Bietigheim-Bissingen; Ingeborg Heinroth, Herbrechtingen; Otto Heinz, Balingen; Mariele Helber, Weikersheim; Otto Held, Stuttgart-Möhringen; Werner Hengge, Dornstadt; Hildegard Henssler, Faurndau; H. Herbst-Würthner, Hechingen; Klara Herkommer, Uhingen; Hans Hermann, Urach; Doris Herrmann, Erbach; Susanne Herrmann, Nehren; Ilse Hess, Bempflingen; Karl Hess, Böblingen; Rosine Hiller, Schopfloch; Marta Hils, Metzingen; Hildegard Hinger, Haigerloch-Bittelbronn; Gertrud Hirschbühler, Rottenacker; Inge Hördt, Ulm; Anna Hörger, Langenau; Bertha Hörnle, Rottenburg; E. Hofmann, Stuttgart-Vaihingen; Werner Hofmann, Eberbach; Martha Hohneker, Göppingen; Else Holder, Schwäb. Hall; Klothilde Holocher, Rottenburg-Wendelsheim; Karl Honeker, Tübingen; Max Hornauer, Balzheim; B. Hornung, Giengen (Brenz); Rudolf E. Hornung, Stuttgart-Vaihingen; Wolfgang Hornung, Blaustein-Arnegg; Alfred Hub, Bissingen/Teck; Georg Huber, Steinheim-Sontheim; Hedwig Huber, Giengen (Brenz); Hilde Huber, Holzgerlingen; M. Humm, Ofterdingen; Christa Huß, Kirchheim/Teck.

M. Illner, Schwäb. Gmünd; W. Irrgeher, Geislingen/Steige.

E. Jachmann, Geislingen/Steige; R. Jakob, Ulm; Lore Jetter, Neu-Ulm; Hildegard Jobst, Reutlingen-Betzingen; H. Jöchle, Blaustein-Ehrenstein; Gerda Junger, Tailfingen.

Heinz Käss, Hildrizhausen; Maria Käufer, Ebingen; Lydia Kaiser, Durlangen; L. Kalmbach, Ulm-Wiblingen; Josef Kanz, Bisingen/Hohenz.; Eleonore Kasper, Neu-Ulm-Pfuhl; Walter Kaufmann, Aalen; Kaufmännische Schule, Klasse WG 11c (1982), Schwäbisch Hall; Hans Keck, Giengen (Brenz). Walter Keck, Blaubeuren; Irmtraud Kegreiß, Essingen b. Aalen; Hans Keinath, Onstmettingen; Roswitha Kenntner, Heidenheim (Brenz); Gertrud Kern, Ebersbach/Fils; Irmgard Keßler, Heidenheim (Brenz); Margarete Kettemann, Schwäb. Hall; Elisabeth Kiener, Schömberg; Karl-Heinz Kienzle, Sulz/N.; Herwarth Kieser, Tübingen; Lore Kirschenmann, Horb; Hans Kißling, Tübingen-Hirschau; Otto Klaiber, Ebingen; Erika Klemen, Mosbach; Hartmut Klingenburg, Stuttgart 60; Alois Klingler, Geislingen/Steige; Emilie Klinke, Giengen (Brenz); Fam. Klöss, Tübingen; Albert Klotz, Schelklingen; Kurt Klotz, Uhingen-Sparwiesen; Georg Klotzbücher, Essingen b. Aalen; Lena Knauer, Tübingen; Hanna Koch, Tübingen; Liddy Koch, Wallenhausen; Lilo Koch, Winterlingen; L. Köhler, Bietigheim-Bissingen; Paula Kölle, Schwäb. Hall; Rosl

Kölsch, Pfreimd (Opf.); Wilhelm König, Riederich; Dr. O. von Koenig-Fachsenfeld, Fachsenfeld; Martha Koeniger, Heidenheim-Schnaitheim; F. Kohler, Bad Mergentheim; Marianne Kolb, Boll; Eva Kopp, Tübingen; Johanna Kopp, Heidenheim-Schnaitheim; Rosemarie Koser, Kirchheim/Teck; Roselore Kranert, Böblingen; Joh. Adam Kraus, Freiburg-Littenweiler; Charlotte Krause, Ulm; Werner Krauß, Kaarst; Irene Kraut-Ried, Neu-Ulm; Ernst Kresbach, Rot am See; Katrin Kreutter, Altheim/Alb; Elisabeth Kreuzmann, Mössingen; Wilma Krieger, Geislingen/Steige; Hans-Dieter Krug, Ilshofen; Heiner Kühnle, Berghülen; Friedrich Kürner, Tübingen; Heinz Kürschner, Künzelsau-Haag; Käte Küster, Mühlhausen/Hegau; Alois Kuhn, Kirchheim/Teck; Hermann Kuhn, Ebersbach/Fils; Josef Kuner, Hechingen; Dr. Siegfried Kurz, Schwäb. Hall; Wilhelm Kusterer, Engelsbrand-Salmbach.

Marie-Luise Lässing, Kirchheim/Teck; Ilse Lahres, Schwäb. Hall; Elfriede Lang, Giengen (Brenz); Heinrich Lang, Aalen; Otto Lang, Kirchheim/Teck; Werner Lautenbach, Tübingen; Otto Lechner, Ulm; Georg Lehle, Mannheim; Erna Lehmann, Salach; Wolfgang Leidig, Geislingen b. Balingen; Friedrich Lemmer, Metzingen; Else Leuschner, Balingen; Doris Lichner, Bempflingen; Helmut Lieb, Tübingen; Lotte Liebrich, Stuttgart 80; Käthelore Lindenmann, Bietigheim-Bissingen; Hans Linder, Hirrlingen; Helene Litterst, Metzingen; Monika und Fritz Lörcher, Dotternhausen; Lina J. Ludwig, Schwäb. Hall; Hilde Luithardt, Göppingen-Bartenbach; Hanna Lupfer, Rottenburg; Anne-Marie Lutz, Neu-Ulm.

Erika Maag-Brammer, Nürtingen-Roßdorf; H. Machauer, VS-Schwenningen; F. Mack, Weilheim/Teck; Margret Mähler, Sontheim (Brenz); Inge Männer, Bissingen/Teck; Franz Mahler, Lauchheim; Manfred Mai, Winterlingen; Maria Maichel, Tübingen-Lustnau; Egon Maier, Tübingen; I. Adolf Maier, Ballmertshofen; Karl Maier, Schwäb. Hall; Karl Maier, Balingen; Klara Maier, Herbrechtingen-Bolheim; Maria Maier, Affalterried; Hedwig Maile, Göppingen; Luise Maile, Weidenstetten; C. Majer, Geislingen/Steige; Hedwig Mang, Mössingen-Belsen; Maria Mann, Blaubeuren-Gerhausen; Christian Maute, Bisingen; Andrea Martin, Berghülen; Emma Maurer, Geislingen/Steige; H. Maurer, Göppingen; Karl-Heinz Maurer, Crailsheim; Dr. Charlotte Mayer, Ulm; Johannes Mayer, Göppingen; Lieselore Mayer, Mainhardt-Bubenorbis; Lisa Mayer, Bisingen-Steinhofen; Lucie Mayer, Göppingen; N. Mayer, Böbingen; Berta Mebold, Ebingen; Margret Mechel, Süssen; Karl Meck, Herbrechtingen; Emilie Meiser, Gründelhardt/Frankenhardt; Paula Merkle, Mainhardt; Rosemarie Messner, Grünmettstetten; Mathilde Metz, Ulm; Annemarie Mezger, Altdorf; Gertraud Miller, Ulm; Emilie Mörsch, Stuttgart-Vaihingen; Emma Molitor, Ulm; Agnes Moosmann, Tübingen; Gertrud Mühlbayer, Heidenheim (Brenz); Annerose Müller, Balingen-Engstlatt; Edwin Müller, Bernhausen; Georg Müller, Königsbronn; Helmut F. O. Müller, Blaustein; Inge Müller, Übrigshausen; Liesel Müller, Schelklingen; Liesel Müller, Wildbad; Margot Müller, Geislingen b. Balingen; Mechthild Müller-Langeneck, Boll; G. Munz, Schwäb. Hall; Hedwig Muske, Ammerbuch.

Ruth Nägele, Bietigheim-Bissingen; Arnulf Nagel, Neu-Ulm-Gerlenhofen; Ernst Nassal, Tübingen; Monika Negendank, Nattheim; Maria Neher, Neu-Ulm; Mina und Hans Neuhäuser, Neu-Ulm; Hermann Neumaier, Leinfelden-Echterdingen; Eugen Niederberger, Herbrechtingen; Georg Niederich, Mössingen; Margarete Nusser, Herbrechtingen.

Renate und Brigitte Oberle, Tübingen; Helene Oßwald, Ulm; Berta Ott, Ebingen; Fine Ott, Ehingen; Gertrud Ott, Ellwangen; Karl Ott jun., Abtsgmünd; Manfred Ott, Sachsenheim/Spielberg.

Wilh. D. Pabst, Ulm; Marlene Pajenkamp, Heidenheim-Mergelstetten; Helmut Palmer, Geradstetten; Ulrich Paret, Friedrichshafen; Ruth Perini, Bad Dürrheim; Volkart Peters, Stuttgart 1; Gerdi Pfeiffer, Kirchheim/Teck-Ötlingen; Elisabeth Pfleghaar, Heidenheim-Schnaitheim; Trudel Pöhnl, Bietigheim-Bissingen; Anny Polet, Sulz-Mühlheim; Anna Polony, Göppingen; Martha Pongratz, Ulm; Dr. E. Pressmar, Ulm; Oskar Prinzing, Blaubeuren-Weiler.

Marianne Rademacher, Aalen-Bühl; Jan-Ulrich Rademaker, Nattheim; Carl Raible, Balingen; Lore Rapp, Bad Überkingen; Gertrud Rau, Langenau; Adalbert Rebmann, Börstingen; Lilli Rederer, Ulm; Hilde Rehm, Münsingen-Auingen; Jürgen Reichert, Süßen; Theresia Reichert, Heidenheim (Brenz); Elfriede Reinhardt, Reutlingen; Günter Reisch, Ehingen; Elsa Remus, Bonlanden/Filder; Charlotte Riechert, Münsingen; Hildegard Riedel, Süßen; Paula Rilling, Dußlingen; Fridl Rinck, Ulm; Fini Ritschel, Weißenhorn; Hildegard Röhlk, Murrhardt; Lore Röhrs, Mössingen; Margot Rösch, Ingersheim; Berthold Rösle, Giengen (Brenz); Selma Rossmann, Balingen; Anna Roth, Heidenheim (Brenz); Elisabeth Rothfuß, Kirchheim/Teck; Margarete Rothweiler, Schwäb. Hall; Berta Ruben, Freudental; Helga Ruckaberle, Tailfingen; Anne Ruf, Hüttlingen; Gertrud Ruff, Bietigheim-Bissingen; Rosel Ruof, Urach; Erne Rupp, Gschwend; Martha Rupp, Schelklingen-Schmiechen; Klara Rychlik, Leinfelden-Echterdingen/Stetten.

Eleonore Saile, Hechingen; Karl Salzmann, Pfuhl; Liselotte Sametinger, Neu-Ulm; Rainer Sattler, Eutingen i. G.; Friedrich Sauter, Göppingen; Lore Sauter, Ingersheim; Maria E. Sautter, Giengen (Brenz); Kurt Sax, Bietigheim-Bissingen; Udo Scandolo, Schwäbisch Hall; Gertrud Schädel, Göppingen; Adolf Schäfer, Mössingen-Belsen; Anne Schäfer, Tübingen; Hannelore Schäfer, Deggingen; Eleonore Schadl, Ebingen; Dorothea Schaeffer, Schwäbisch Hall; Wolfgang Schätzle, Geislingen/Steige; Wilhelm Schaible, Balingen; Agnes Schaich, Laupheim; Norbert Schairer, Geislingen b. Balingen; Barbara Schall, Scharenstetten; Heidi Schelling, Bodelshausen; Lorenz Scheu, Geislingen/Steige; Helene Scheub, Tübingen; Klara Schiebel, Rottenburg; Helga Schiele, Uhingen-Diegelsberg; Hilde Schill, Zainingen/Römerstein; Gottlob Schill, Münsingen; Amalie Schlaich, Geislingen; Charlotte Schlang, Senden-Wullenstetten; Lore Schlecht, Stuttgart 80; Trude Schlierer, Giengen (Brenz); Benno P. Schlipf, Geislingen b. Balingen; Edeltraud Schlumpberger, Gerst.-Heuchlingen; Anne Schmid, Heidenheim; Ella Schmid, Göppingen-Bartenbach; Gebhard Schmid, Tübingen-Lustnau; H. Schmid, Aalen; Rudolf Schmid, Blaustein; Walter Schmidt, Kassel; Hannes Schmiedel, Kirchheim/Teck; Helene Schneck, Münsingen-Dottingen; Babette Schneider, Hermaringen; Josef Schneider, Aalen-Unterkochen; Marluise Schneider, Giengen; Hilde Schoch, Königsbronn; Karl Schöllkopf, Herbrechtingen/Bolheim; Antonie Schön, Staig b. Ulm; Elsa Schönmann, Schnaitheim; Johanna Scholder, Rohrdorf; Theresia Scholz, Lauchheim; Dr. Heinz-Eugen Schramm, Tübingen; Lore Schreeck, Kirchheim/Teck; Gertrud Schüle, Ulm; Josef Schülzle, Burladingen; Günter Schukraft, Osterwohld/Nordhastedt; Margot Schuldt, Steinenbronn; Josef Schuler, Jungingen b. Hechingen; Luise Schuler, Heidenheim-Oggenhausen; Sofie Schumacher, Leinfelden-Echterdingen/Stetten; W. Schumacher, Leinfeldern-Echterdingen/Stetten; Dr. med. Fritz Schwägerle, Tübingen; Alfred Schwarz, Ulm; Uwe K. Schweigert, Neu-Ulm; Anne Schwenk, Aalen-Spagenfeld; Lore Schwotzer, Bietigheim-Bissingen; Margarete Seeber, Gaildorf; B. Seefelder, Ehningen b. Böblingen; Renate Seeger, Dettingen/Erms; Gretel Seegräber, Sontheim (Brenz); Meta Seelemann, Neu-Ulm-Offenhausen; Luise Seibold, Tübingen-Unterjesingen; Alfred Seifried, Ellwangen/Jagst; Edith Seilacher, Tübingen; Dorothea Seilacher, Schwäbisch Hall; Anna Seitz, Fichtenberg; Alois Seitzer, Ulm-Unterweiler; Heidrun Semet, Bietigheim-Bissingen; Hanne Seybold, Göppingen; Ingeborg Sihler, Eislingen; Hildegard Sing, Kirchheim/Teck-Ötlingen; Martha Sing, Grafenberg; Hedwig Singele, Dettingen (Erms); Marta Sinn, Bietigheim; Wilhelmine Sinn, Mainhardt; Doris Siol, Neu-Ulm; Elfriede Sohns, Ammerbuch; Hanspeter Sommer, Birenbach; Robert Sommer, Wäschenbeuren; G. Speidel, Westerstetten-Vorderdenkental; Hans Speidel, Crailsheim; Paula Spitzmüller, Neuenbürg; Dr. Oskar Staudacher, Schwäbisch Gmünd; Reinhard Staudacher, Ebersbach; Helga Staudenmaier, Salach; Oskar Steckkönig, Leinfelden-Echterdingen; Frida Stein, Rot am See; Heidrun Stein, Königsbronn; Johann Stein, Onstmettingen; Willi Steisslinger, Ulm-Wiblingen; Hermann Stolz, Heidenheim-Mergelstetten; Anton Straub, Obertalheim; Marion Straube, Ebingen; Doris Streich, Balingen; Friedrich Streich, Ebingen; H. Stumpp, Stuttgart 80; Paul Sulzer, Dettingen b. Reutlingen.

Herta Tarnowski, Geislingen/Steige; Hedwig Taxis, Gaildorf; Elisabeth und Ulrice de Temple, Zwiefalten-Gossenzugen; Ilse Thiede, Boll; Elfriede Thieme, Rangendingen; Heinz Thoni, Bitz;

Leonore Thorbahn, Herbrechtingen; Karin Torge, Aalen; Otmar Traub, Uhingen; Frida Trickel, Frommern.

Sofie Uebele, Göppingen-Faurndau; Brigitte Uhl, Aalen-Hofherrnweiler; Georg Uhl, Ulm; Brigitte Uhlig, Balingen; Alfons Ulmendinger, Deggingen; Gertrud Ulmer, Hirrlingen; Hilde Ulmer, Heidenheim; Anna Unseld, Blaustein-Klingenstein; E. Unseld, Brenz; Maria-Luise Urban, Riederich; Mathilde Urban, Amstetten-Stubersheim.

Rita Viesel, Melchingen; Frida Vogelgsang, Kirchheim b. Bopfingen; Marie Vogelmann, Gaildorf; Alfons Vogt, Bisingen/Hohenz.

Liselotte Wacek, Ulm; Marianne Wachter, Kemnat; Carolin Wagner, Ulm; Rose Wagner, Reutlingen; Erika Waidlein, Schwäbisch Hall; Hilde Waidner, Nersingen; Maria Walcher, Oberbalzheim; Eduard Waldraff, Niederstotzingen; Hans Waldraff, Heidenheim; Doris Walter, Blaustein; Else Walter, Kirchheim/Teck; Erika Walter, Kirchheim/Teck-Lindorf; Hermann Walter, Villingen-Schwenningen; Richard Wanderer, Bietigheim; Karoline Waniek, Dornstadt; Brigitte Weber, Gaildorf; Emmi Weber, Villingen-Schwenningen; Georg Weber, Donzdorf; Lydia Weber, Donzdorf; Hermann Weidle, Leinfelden-Echterdingen; Annemarie Weidner, Beaverton (USA); Rudolf Weinbrenner, Heidenheim (Brenz); Herbert Weinmann, Gomaringen; Rose Weinschenk, Jungingen b. Hechingen; Ursula Weinstock, Ulm; Gertrud Weiß, Stuttgart 80; Pia Weiss, Göppingen; Myrta Weißmann, Meßstetten; Roman Weissmann, Ebingen; Rudolf Weit, Steinheim/Albuch; Luise Wengert, Heidenheim; Richard Werkmann, Neu-Ulm; Hans Werndl, Ulm; Lili Werndl, Ulm; Maria Widmann, Balingen; Marie-Luise Widmann, Balingen-Ostdorf; Marianne Widmar, Stuttgart 80; Berta Wieland, Heidenheim; Franziska Wietschorke, Giengen (Brenz); Liese Wildermuth, Stuttgart; Dr. Roswita Wildermuth, Stuttgart; Emma Winter, Kreßberg-Marktlustenau; Hilde Wintergerst, Balingen; Mathilde Witt, Donzdorf; H. Wittkopf, Tübingen; Hilde Wöhrle, Heldenfingen; Heinrich Wörner, Ehningen; Robert Wohnhas, Geislingen/Steige; Ernst R. Wolf, Kirchheim/Teck; Manfred Wolf, Kirchheim/Teck; L. Wolfer, Burladingen; J. Frhr. von Wrangell, Lauchheim;

Hans Wulz, Heidenheim; Gertrud Würz, Göppingen; Marianne Wypler, Blaubeuren-Seißen.

Elisabeth Zäh, Heidenheim (Brenz); Gerda Zahn, Schwäb. Hall-Sulzdorf; Gerda Zaiser, Dettingen/Teck; Irmgard Zaparty, Saulgau; Irmgard und Anna-Luise Zell, Stuttgart 80; Gertrud Ziegler, Uhingen-Sparwiesen; Elisabeth Zizmann, Ebingen; Emi Zöller, Tübingen; Martha Zoll, Tübingen; Johanna Zoller, Göppingen; Agnes Zuber, Göppingen.